Lindsay C. Gibson

Emotional unreife Eltern

kailash

Lindsay C. Gibson

EMOTIONAL UNREIFE ELTERN

Wie wir mit distanzierten, abweisenden oder ich-bezogenen Müttern und Vätern umgehen

Aus dem Englischen von
Elisabeth Liebl

kailash

Die amerikanische Originalausgabe erschien 2015 unter dem Titel »Adult Children of Emotionally Immature Parents. How to Heal from Distant, Rejecting or Self-Involved Parents.« bei New Harbinger Publications, Inc.

Dieses Buch ist erstmals 2018 und dem Titel *Kalte Kindheit. Wie wir trotz unemotionaler Eltern Wärme im Leben finden* beim Kailash Verlag erschienen.

4. Auflage

Neuausgabe

in der Penguin Random House Verlagsgruppe GmbH,
Neumarkter Straße 28, D-81673 München
produktsicherheit@penguinrandomhouse.de

First published by: New Harbinger Publications, Inc.
Lektorat: Ralf Lay
Umschlaggestaltung: ki 36 Editorial Design, Daniela Hofner, München
Satz: Satzwerk Huber, Germering
Druck: GGP Media GmbH, Pößneck
Printed in Germany
ISBN 978-3-424-63269-9

www.kailash-verlag.de

Für Skip – mit all meiner Liebe

Inhalt

Einführung

Gewöhnlich halten wir Erwachsene für reifer als ihre Kinder. Was aber, wenn besonders sensible Kinder schon wenige Jahre nach der Geburt emotional entwickelter sind als ihre Eltern, die bereits ein paar Jahrzehnte auf dieser Welt leben? Was geschieht, wenn diese unreifen Eltern nicht in der Lage sind, die seelischen Bedürfnisse ihres Nachwuchses zu erfüllen? Solche Konstellationen enden für die Kinder unweigerlich in emotionaler Vernachlässigung, ein Phänomen, das so gravierend ist wie irgendeine körperliche Deprivation.

Emotionale Vernachlässigung in der Kindheit führt zu schmerzlichen Einsamkeitsgefühlen, die sich langfristig schädlich auf die Beziehungsfähigkeit und die Partnerwahl auswirken. In diesem Buch geht es darum, wie emotional unreife Eltern ihre Kinder negativ prägen, vor allem wenn diese besonders sensibel sind. Es soll Ihnen aber auch zeigen, wie Sie Heilung finden können von dem Schmerz und der Verwirrung, die sich unweigerlich einstellen, wenn Ihre Eltern gefühlsmäßig unerreichbar sind.

Solche Eltern haben Angst vor echten Empfindungen und verweigern sich jeder Nähe. Ihre Lebensstrategien sind darauf ausgerichtet, die Realität fernzuhalten, statt sie anzupacken. Sie sind keiner Selbstreflexion zugänglich, daher können sie mit Kritik nicht umgehen und entschuldigen sich nie. Ihre mangelnde Reife macht sie unzuverlässig, vor allem auf emotionalem Gebiet. Sie sind blind für die Bedürfnisse ihrer Kinder, weil sie in erster Linie mit den eigenen beschäftigt sind. Thema dieses Buches ist unter anderem, dass emotional unreife Eltern die gefühlsmäßigen Belange ihrer Kinder immer den eigenen Überlebensinstinkten unterordnen.

Die emotionale Vernachlässigung durch Eltern, die sich nur um sich selbst kümmern, taucht in den berührendsten Geschichten unserer Kultur auf. In Büchern und Filmen begegnen uns immer wieder unreife Elterngestalten, die ihren Kindern das Leben zur Hölle machen. In den Mythen und Märchen aller Länder findet dieses Elternbild seit Jahrhunderten seinen Widerhall. Wie viele Märchen drehen sich um verlassene Kinder, die Hilfe bei Tieren oder anderen Menschen suchen müssen, weil ihre Eltern sich den Teufel um sie scheren! Entweder weil sie keine Ahnung haben oder schlicht nicht verfügbar sind. In einigen dieser Märchen ist die Elternfigur sogar ausgesprochen böse, und die Kinder müssen selbst ihr Überleben sichern. Dieses Narrativ wird nicht umsonst seit Jahrhunderten immer wieder gehört und gelesen: Das Erzählmotiv rührt an eine unbequeme Wahrheit. Kinder müssen für sich selbst einstehen, wenn sie von ihren eigentlichen Beschützern und Förderern vernachlässigt oder im Stich gelassen werden. Offensichtlich sind solche Eltern schon seit der Antike ein Problem.

Sie werden in diesem Buch eingehend in das Thema der emotionalen Unreife eingeführt. Vielleicht fühlen Sie sich ja hier oder da an Charaktere erinnert, die zu den großen Geschichten unserer eigenen Kultur gehören, oder aber an familiäre Situationen, die Sie aus Vorabendserien kennen beziehungsweise in der einschlägigen Presse gelesen haben …

Wenn Sie sich mit der emotionalen Unreife erst einmal eingehend beschäftigt haben, wissen Sie, warum Sie sich manchmal so einsam fühlen, obwohl Ihnen andere Menschen immer wieder sagen, wie sehr sie Sie lieben. Ich hoffe inständig, dass dieses Buch Ihnen befriedigende Antworten auf lang gehegte Fragen geben kann, zum Beispiel warum die Beziehungen zu manchen Ihrer Angehörigen so frustrierend und verletzend sind. Das Gute daran ist: Wenn Sie sich erst einmal bewusst gemacht haben, was emotionale Unreife ist und bewirkt, dann können Sie realistischere Erwartungen an andere Menschen richten. Sie sehen klar und deutlich, welche Art von Beziehung mit ihnen möglich ist, und fühlen sich nicht ständig von der ausbleibenden Reaktion verletzt.

In der Psychotherapie ist es ein wohlbekanntes Phänomen, dass die emotionale Loslösung von schädlichen Elternbeziehungen zu mehr Frieden und Autonomie führt. Doch wie kommt man dahin? Wir gehen den Weg der Einsicht. Man fragt sich, warum selbstbezogene Eltern nicht lieben können. Dieses Buch soll zeigen, dass es solchen Eltern schlicht an emotionaler Reife fehlt. Sobald Sie sich die entsprechenden Charakterzüge verdeutlicht haben, können Sie selbst herausfinden, welche Ebene der Beziehung mit diesem Typ Mensch möglich ist oder eben auch nicht. Ein solches Wissen hilft uns, zu uns selbst zurückzufinden. Wir können das Leben aus uns selbst heraus leben, statt uns ständig auf unsere Eltern zu beziehen, die sich einfach nicht ändern wollen. Wenn wir erst einmal begriffen haben, dass diese Unfähigkeit allein in ihrer emotionalen Unreife wurzelt, können wir unsere Einsamkeit hinter uns lassen. Wir begreifen, dass der Grund für die Vernachlässigung nicht in uns selbst liegt, sondern ausschließlich bei ihnen. Wenn wir erkennen, warum sie nicht anders sein konnten oder können, sind wir in der Lage, uns von unserer Enttäuschung frei zu machen.

Und wir zweifeln nicht mehr länger daran, dass wir liebenswert sind.

In diesem Buch werden Sie herausfinden, warum ein Elternteil oder beide Ihnen nicht jene Form des Umgangs bieten konnten, die Sie emotional zufriedengestellt hätte. Sie werden entdecken, warum Sie ständig das Gefühl hatten, nicht wahrgenommen zu werden, und warum Ihre wohlmeinenden Kommunikationsbemühungen am Ende nicht fruchteten.

Kapitel 1 zeigt auf, warum Menschen, die mit emotional unreifen Eltern aufwuchsen, sich so häufig einsam fühlen. Sie werden darin Geschichten von Menschen finden, deren fehlende tiefere Bindung an ihre Eltern ihr Erwachsenenleben drastisch beeinflusste. Sie erfahren, was seelische Vereinsamung wirklich heißt und wie ein erhöhtes Gewahrsein diese Gefühle der Isolation durchbrechen kann.

In den Kapiteln 2 und 3 erkunden wir gemeinsam die Charakterzüge gefühlskalter Eltern und die Beziehungsprobleme, die sich daraus ergeben. Vor dem Hintergrund des Konzepts der emotionalen Unreife werden viele Verhaltensweisen Ihrer Eltern plötzlich klar. Sie finden darin auch einen Test, der Ihnen helfen soll herauszufinden, an welchen Punkten Ihre Eltern emotionale Unreife zeigten. Außerdem erfahren Sie, welche Gründe es geben kann, dass die gefühlsmäßige Entwicklung Ihrer Eltern an einem bestimmten Punkt stehen geblieben ist.

Kapitel 4 stellt die vier Haupttypen emotional unreifer Eltern vor. Damit können Sie feststellen, mit welchem elterlichen Verhalten Sie konfrontiert waren. Des Weiteren werden Verhaltensweisen beschrieben, mit denen Kinder sich zunächst ihr Überleben sichern, die sich im späteren Leben jedoch nachteilig auswirken können.

In Kapitel 5 geht es darum, wie Kinder die Verbindung zum eigenen Selbst aufgeben, um ihre vorgesehene Rolle in der Familie besser spielen zu können. Dazu gehören auch Fantasien über das Verhalten, das wir von anderen Menschen einfordern können, weil wir hoffen, dass sie uns von der früheren Vernachlässigung heilen. Sie werden zwei verschiedene Reaktionsmuster kennenlernen, die Kinder emotional unreifer Eltern entwickeln: Internalisierung und Externalisierung. Dies erklärt auch, weshalb Kinder aus ein und derselben Familie mitunter so große Unterschiede aufweisen in der Art, wie sie »funktionieren«.

In Kapitel 6 beschreibe ich die internalisierende Persönlichkeit ein wenig ausführlicher. Dabei handelt es sich um den Persönlichkeitstyp, der sich für Selbstreflexion und persönliches Wachstum interessiert, jenen Typus also, der sich von dem vorliegenden Buch am ehesten angezogen fühlt. Der Internalisierer ist ein hoch wahrnehmungsfähiger, sensibler Mensch, dessen Instinkt ihn naturgemäß dazu anhält, sich für andere einzusetzen und mit ihnen Kontakte zu knüpfen. Sie werden sehen, ob dies der Persönlichkeitstyp ist, der zu Ihnen passt. Gewöhnlich meinen diese Menschen, sich entschuldigen zu müssen, wenn sie Hilfe brauchen. Im Kontakt mit anderen übernehmen sie die Beziehungsarbeit und stellen ihre eigenen Interessen zugunsten Dritter konsequent hintan.

Kapitel 7 widmet sich der Frage, was passiert, wenn alte Muster nicht mehr funktionieren und die Betroffenen endlich ihre Bedürfnisse erkennen. An diesem Punkt wenden sie sich häufig um Unterstützung an die Psychotherapie. Hier mache ich Sie mit Leuten bekannt, die aus ihrer Selbstverleugnung erwacht sind und beschlossen haben, künftig ein anderer Mensch zu sein. In diesem Prozess, in dem sie sich selbst die Wahrheit eingestanden haben, konnten sie die Fähigkeit zurückgewinnen, ihren Instinkten zu vertrauen, und haben ihr wahres Selbst wiedergefunden.

In Kapitel 8 stelle ich Ihnen einen Ansatz vor, der hilft, Beziehungen zu anderen Menschen bewusster zu gestalten. Ich nenne dies das »Reifegrad-Gewahrsein«. Wenn Sie im Wissen um die Kennzeichen emotionaler Reife lernen, andere besser einzuschätzen, können Sie diese Menschen objektiver sehen und mit ihnen all die Signale emotionaler Unreife. Sie werden lernen, was mit solchen Leuten geht und was nicht und wie Sie sich vor dem seelischen Stress schützen können, den diese Zeitgenossen mitunter verursachen. All dies wird Ihnen helfen, neuen Frieden zu finden und Selbstvertrauen aufzubauen.

Kapitel 9 dreht sich um Menschen, die sich auf diesem Weg ein neues Gefühl der Freiheit und Ganzheit erobert haben. Ihre Geschichte soll Ihnen vermitteln, wie es sich anfühlt, frei von den Schuldgefühlen und dem Chaos zu sein, die unreife Eltern verursachen können. Wenn Sie sich auf Ihre eigene Entwicklung konzentrieren, können Sie sich von den Nachwirkungen der gefühlskalten Kindheit befreien.

Kapitel 10 soll Ihnen zeigen, wie Sie Menschen finden, die Sie gut behandeln und mit denen Sie eine sichere und verlässliche Beziehung einzugehen vermögen. So können Sie die schädlichen Beziehungsmuster durchbrechen, die für Kinder solcher Eltern so typisch sind. Sie öffnen sich auf eine ganz neue Weise für Beziehungen und sagen der Einsamkeit so ein für alle Mal Ade.

Nach der Lektüre dieses Buches werden Sie fähig sein, in anderen die Zeichen emotionaler Unreife zu erkennen. Ihnen wird klar, warum Sie sich immer so allein gefühlt haben und warum Ihre Versuche, gefühlsmäßige Nähe zu solchen Menschen herzustellen, von vornherein zum Scheitern verurteilt waren. Und Sie werden lernen, mit dem überentwickelten Einfühlungsvermögen umzugehen, das Sie zur emotionalen Geisel von Manipulatoren machte, die Ihnen nichts zurückgeben konnten. Stattdessen werden Sie mit sicherem Blick Leute erkennen, die zu aufrichtiger Nähe fähig sind und ein positives Kommunikationsverhalten an den Tag legen.

Ich freue mich, Ihnen die Resultate meiner jahrelangen Recherchen und Lektüre zu diesem Thema vorstellen zu können – zusammen mit den faszinierenden Geschichten von Klienten, mit denen ich gearbeitet habe. Mich hat dieses Thema den Großteil meiner beruflichen Laufbahn intensiv beschäftigt. Dabei kommt es mir so vor, als würden wir alle auf den Kaiser ohne Kleider starren. Die Wahrheit wurde vor uns verborgen durch das soziale Stereotyp, dass man Eltern nicht objektiv beurteilen könne. Daher ist es mir wirklich eine große Freude, Ihnen meine Forschungsergebnisse vorzulegen, deren Richtigkeit meine Klienten mehr als einmal bestätigt haben.

Ich hoffe, damit dazu beitragen zu können, dass die Verwirrung und das emotionale Leid all jener verringert wird, die mit emotional unreifen Eltern aufgewachsen sind. Wenn dieses Buch Ihnen hilft, Ihre innere Vereinsamung zu verstehen und stattdessen tiefe Bindungen voller Nähe zu knüpfen, dann habe ich meine Mission erfüllt. Unterstützt es Sie dabei, dass Sie sich selbst als wertvollen Menschen sehen, der nicht von den Manipulationen anderer abhängt, dann ist meine Aufgabe getan. Ich weiß, dass Sie vieles von dem, was Sie hier lesen werden, tief in Ihrem Inneren schon immer gewusst haben. Ich kann Ihnen nur sagen, dass Sie damit durch und durch recht hatten.

Ich wünsche Ihnen hiermit das Allerbeste!

Kapitel 1

Wie emotional unreife Eltern das Leben ihrer Kinder beeinflussen

Zur gefühlsmäßigen Vereinsamung kommt es, sofern man nicht ausreichend emotionale Kontakte zu anderen Menschen hat. Das kann bereits in der Kindheit beginnen, wenn man sich von den eigenen, ständig mit sich selbst beschäftigten Eltern nicht wahrgenommen fühlt, aber auch im Erwachsenenleben, während tiefe Verbindungen plötzlich verloren gehen. Tritt dieses Gefühl jedoch in der Kindheit auf, ist die Wahrscheinlichkeit hoch, dass man keinerlei emotionale Reaktion von seinen Eltern bekam.

In einem solchen Klima aufzuwachsen ist eine einsame Erfahrung. Die Eltern mögen nach außen hin vollkommen »normal« wirken und sich auch unauffällig verhalten. Für die materiellen Belange ihres Kindes – dessen körperliche Gesundheit, gute Ernährung, Sicherheit – sorgen sie ausreichend. Doch wenn sie keine starke Gefühlsbindung zu ihm herstellen, wird das Kind dort ein Loch fühlen, wo bei anderen Menschen das Empfinden der Geborgenheit lokalisiert ist.

Das einsam machende Gefühl, von anderen nicht gesehen zu werden, bedeutet einen ebenso grundlegenden Schmerz wie eine körperliche Verletzung. Nur ist es eben von außen nicht sichtbar. Emotionale Vereinsamung ist ein vages Gefühl tief im Innern, kaum zu erkennen oder zu beschreiben. Man könnte es vielleicht als Gefühl der Leere bezeichnen, des Alleinseins. Man hat es auch schon »existenzielle Einsamkeit« genannt, aber es ist daran nichts Existenzielles. Wenn Sie dieses Gefühl haben, geht es auf das Verhalten Ihrer Familie zurück.

Kinder haben keine Möglichkeit, den Mangel an emotionaler Nähe zu identifizieren. Sie haben dafür keine Begriffe. Noch unwahrscheinlicher ist es, dass sie die gefühlsmäßige Unreife ihrer Eltern feststellen können. Sie spüren da nur diese Leere – so empfinden Kinder ihre Einsamkeit. Im »Normalfall« begegnet das Kind diesem Gefühl, indem es zu Vater oder Mutter geht und sich ihrer Zuneigung versichert. Hatten Ihre Eltern aber Angst vor tiefen Empfindungen, dann bleiben Sie zurück mit dem Gefühl der Beschämung, weil Sie vergeblich Trost bei ihnen gesucht hatten.

Wenn die Kinder erwachsen werden, dann bleibt ihnen diese innere Leere erhalten, selbst wenn sie an der Oberfläche ein unauffälliges Leben führen. Sie bleibt bis ins Erwachsenenalter bestehen, wenn die Betroffenen immer wieder unbewusst Beziehungen eingehen, aus denen sie keine emotionale Nähe ziehen können. Sie kommen in die Schule, gehen zur Arbeit, heiraten und ziehen Kinder groß, während sie gleichzeitig in sich immer dieses gewaltige Gefühl der Isolation spüren. In diesem Kapitel werden wir uns mit der Erfahrung der emotionalen Vereinsamung eingehender beschäftigen. Und wir werden sehen, dass ein gesünderes Selbstgewahrsein den Betroffenen helfen kann zu verstehen, was ihnen fehlt und wie sie ihr Leben verändern müssen, um zu diesem optimierten Gewahrsein zu finden.

Emotionale Nähe

Emotionale Nähe zu erleben heißt, dass Sie jemanden haben, mit dem Sie über alles reden können, jemanden, dem Sie all Ihre Gefühle zumuten können. Sie fühlen sich mit diesem Menschen so sicher, dass Sie sich ihm ganz öffnen, ob nun mit Worten, mit Blicken oder einfach nur durch das Gefühl der Verbundenheit beim ruhigen Zusammensein. Diese Intimität ist erfüllend. Sie schenkt uns das Gefühl, so gesehen zu werden, wie wir wirklich sind. Sie kann nur dann entstehen, wenn der andere versucht, uns kennenzulernen, ohne uns zu verurteilen.

Als Kinder fühlen wir uns sicher, wenn wir diese tiefe Verbindung zu jenen Menschen herstellen können, die sich um uns kümmern. Eltern sollen Kindern das Gefühl geben, dass da immer jemand ist, bei dem sie Zuflucht suchen können. Wenn Eltern emotionale Reife besitzen, können sie diese emotionale Verbindung quasi jederzeit herstellen. Sie sind sich ihrer selbst so bewusst, dass sie mit ihren eigenen Gefühlen und denen anderer Menschen gut zurande kommen.

Was noch wichtiger ist: Sie sind ihren Kindern zugewandt, registrieren deren Stimmungen und interessieren sich für deren Gefühle. Ein Kind fühlt sich sicher, wenn es den Kontakt zu solch einem Elternteil sucht, ob es nun seine Begeisterung mit ihm teilen will oder Trost braucht. Eltern sollten ihr Kind spüren lassen, dass sie Freude am Umgang mit ihm haben und dass es in Ordnung ist, über seine Gefühle zu sprechen. Solche Eltern haben ein lebendiges, ausgeglichenes Gefühlsleben und werden nicht wankend in ihrem Interesse und ihrer Aufmerksamkeit für das Kind. Sie sind verlässlich.

Emotionale Vereinsamung

Unentwickelte Eltern hingegen sind so mit sich selbst beschäftigt, dass sie die inneren Befindlichkeiten ihres Kindes gar nicht erst bemerken. In ihren Augen sind Gefühle ohnehin wenig wichtig. Sie haben Angst vor Nähe. Da ihnen ihre eigenen gefühlsmäßigen Bedürfnisse Unbehagen bereiten, sind sie nicht in der Lage, auf dieser Ebene Unterstützung zu geben. Solche Eltern werden selbst nervös oder wütend, wenn ihr Kind sich aufregt. Sie bestrafen es, statt es zu trösten. Derartige Reaktionen führen dazu, dass das Kind sein instinktives Bedürfnis unterdrückt, bei den Eltern Schutz und Erklärungen zu suchen. Damit aber fällt die Pforte zu, die eine gesunde Nähe ermöglicht hätte.

Wenn einer oder beide Elternteile nicht reif genug sind, um Ihnen gefühlsmäßige Unterstützung zu gewähren, dann spüren Sie das als Kind zwar, wissen wie gesagt aber nicht, was da im Argen liegt. Sie nehmen dann vielleicht an, dieses nagende Gefühl des Alleinseins und der Leere sei Ihr höchstpersönliches, merkwürdiges Erfahrungsmuster und Sie seien deshalb anders als andere. Als Kind können Sie nicht wissen, dass jenes hohle Gefühl in Ihrem Innern eine völlig normale Resonanz auf das Fehlen emotionaler Nähe ist, eine Reaktion, die alle Menschen zeigen. »Emotionale Vereinsamung« ist ein Begriff, in dem die heilsame Gegenstrategie schon anklingt: nämlich von einem anderen Menschen mitfühlendes Interesse an unseren Gefühlen zu erfahren. Diese Art der Einsamkeit ist keine grundlose oder gar abnorme Empfindung. Sie entsteht immer dann, wenn wir ohne hinreichendes Interesse vonseiten anderer aufwachsen.

Um diese Beschreibung der emotionalen Vereinsamung zu vervollständigen, möchte ich hier noch die Geschichte zweier

Menschen vorstellen, die sich an dieses Gefühl von Kindesbeinen an lebhaft erinnern und es besonders eindrücklich geschildert haben.

David

Auf meinen Kommentar, in einer Familie wie der seinen aufzuwachsen müsse wohl eine recht einsame Erfahrung gewesen sein, antwortete mein Klient David: »Es war unglaublich einsam. Als wäre ich vollkommen isoliert. Mein Leben war einfach so. Die Einsamkeit fühlte sich völlig normal an. In meiner Familie war jeder vom anderen getrennt, und wir waren alle emotional isoliert. Wir lebten nebeneinanderher ohne jeden Kontakt. In der Highschool fand ich dafür ein Bild: Ich trieb allein auf dem Ozean, niemand war rundum zu sehen. So fühlte ich mich bei mir zu Hause.«

Als ich nochmals nachhakte, meinte er: »Es war einfach ein Gefühl der Leere, des Nichts. Ich hatte keine Ahnung, dass nicht alle Menschen sich so fühlten. Für mich war dieses Gefühl Alltag.«

Rhonda

Rhonda erinnerte sich in ähnlicher Weise noch gut daran, wie allein sie sich als Siebenjährige fühlte, während sie neben dem Umzugswagen stand, der sie, ihre Eltern und ihre drei älteren Geschwister an einen neuen Wohnort bringen sollte. Körperlich war sie natürlich »bei« ihrer Familie, doch niemand legte den Arm um sie oder sagte etwas zu ihr. Sie fühlte sich vollkommen allein: »Ich stand da mit meiner Familie, aber niemand erklärte mir, was dieser Umzug zu bedeuten hatte. Ich fühlte mich vollkommen allein und versuchte herauszufinden, was da vor sich ging. Ich war bei ihnen, aber es fühlte sich nicht so an, als wäre ich mit ihnen zusammen. Ich weiß noch, wie erschöpft ich war und mich fragte, wie ich ganz allein mit alldem fertigwerden sollte. Ich hatte nicht das Gefühl, dass ich ja nur zu fragen bräuchte. Meine Familie war für mich unerreichbar. Ich hatte viel zu viel Angst, um irgendetwas mit ihnen zu teilen. Ich wusste ja, dass ich damit selbst klarkommen musste.«

Die Botschaft in der emotionalen Vereinsamung

Tatsächlich ist dieses schmerzliche Einsamkeitsgefühl eine gesunde Reaktion. Die Angst, die David und Rhonda empfanden, zeigte ihnen, dass sie emotionale Kontakte brauchten. Doch da ihre Eltern nicht mitbekamen, wie sie sich fühlten, konnten sie dieses Gefühl nur tief in sich begraben. Glücklicherweise führen unsere Gefühle uns, sobald wir sie anerkennen, zu einer authentischen Bindung an andere. Die Ursache für Ihre emotionale Vereinsamung zu erkennen ist der erste Schritt zu einem erfüllteren Beziehungsleben.

Wie Kinder mit emotionaler Vereinsamung fertigwerden

Emotionale Vereinsamung ist so belastend, dass ein Kind buchstäblich alles tun wird, um irgendeine Bindung zu einem Elternteil herzustellen. Solche Kinder lernen häufig, die Bedürfnisse der anderen vor die eigenen zu stellen, sozusagen als Preis für die Beziehung zu ihnen. Sie erwarten dann gar nicht mehr, dass andere sie unterstützen oder Interesse an ihnen zeigen. Stattdessen übernehmen sie die Rolle des Helfers und machen alle glauben, dass sie keine eigenen Bedürfnisse hätten. Unglücklicherweise vertieft dies ihre Einsamkeit noch, denn das Verbergen unserer tiefsten Bedürfnisse verhindert echte Bindungen ja gerade.

Da sie keine Unterstützung von den Eltern haben, keine innere Bindung an sie, versuchen diese Kinder schleunigst, die

Kindheit hinter sich zu lassen. Sie merken bald, dass es am besten ist, wenn sie schnell erwachsen werden und für sich selbst sorgen können. Sie entwickeln dann meist mehr Kompetenz, als dies für ihr Alter üblich ist. Im Herzen aber bleiben sie einsam. Sie gehen bald zum Erwachsenendasein über und nehmen Jobs an, sobald dies irgend geht. Viele werden früh sexuell aktiv und heiraten jung oder gehen zum Militär. Als wollten sie damit sagen: »Wenn ich mich sowieso um mich selbst kümmern muss, kann ich genauso gut weitermachen wie gehabt und mir wenigstens die Vorteile des Erwachsenenlebens sichern.« Sie freuen sich aufs Erwachsensein, weil sie glauben, dass es ihnen Freiheit und Zugehörigkeit schenken wird. Traurigerweise passiert es bei dieser Eile häufig, dass sie die falsche Person heiraten, sich ausbeuten lassen oder in einem Beruf verharren, der ihnen mehr nimmt, als er gibt. Und sie lassen sich auch in Beziehungen auf emotionale Vereinsamung ein, einfach weil das Gefühl ihnen von Haus aus vertraut ist.

Warum sich Muster aus der Vergangenheit stets wiederholen

Wie kann es passieren, dass Kinder emotional unreifer Eltern als Erwachsene in gleichermaßen unbefriedigenden Beziehungen landen, obwohl das Fehlen jeglicher gefühlsmäßigen Bindung im Elternhaus so schmerzhaft war? Die entwicklungsgeschichtlich ältesten Bereiche unseres Gehirns sagen uns, dass wir sicher sind, wenn wir zu einer Gruppe gehören.[1] Wir neigen dazu, Situationen zu bevorzugen, mit denen wir Erfahrung haben, weil wir wissen, wie wir damit umgehen können. Als Kinder werden wir uns der Grenzen unserer Eltern nicht bewusst, weil es uns Angst macht, wenn wir sie als unreif oder fehlerbehaftet erleben. Aber wenn uns die schmerzhafte Wahrheit über unsere Eltern nicht bewusst ist, sind wir in künftigen Beziehungen nicht in der Lage, Menschen mit einer ähnlichen Charakterstruktur aus dem Weg zu gehen. Diese Vogel-Strauß-Haltung lässt uns immer wieder in dieselbe Situation geraten, einfach weil wir sie nicht kommen sehen. Sophies Geschichte zeigt diese Dynamik sehr deutlich.

Sophie

Sophie war seit fünf Jahren mit Jerry zusammen. Sie hatte einen tollen Job als Krankenschwester und fühlte sich glücklich, eine feste Beziehung zu haben. Mit zweiunddreißig wollte sie heiraten, aber Jerry hatte es damit nicht so eilig. In seinen Augen war ja alles bestens so. Er war ein witziger Typ, doch emotionale Nähe schien er nicht gut zu vertragen. Jedenfalls machte er stets dicht, wenn Sophie das Gespräch auf Gefühle brachte. Mit der Zeit wurde Sophie immer frustrierter. Sie wandte sich an eine Therapeutin, weil sie nicht wusste, wie sie damit umgehen sollte. Es war ja auch gar nicht so einfach: Sie liebte Jerry, aber sie wollte allmählich eine Familie gründen, und ihr lief die Zeit davon. Außerdem fühlte sie sich schuldig und machte sich Sorgen, ob sie nicht zu viel von ihm verlangte.

Eines Tages schlug Jerry vor, sie sollten doch mal wieder in das Restaurant gehen, wo sie ihr erstes Date hatten. Irgendetwas an seinem Ansinnen ließ Sophie hellhörig werden. Vielleicht würde er ihr ja doch noch einen Antrag machen! Sophie konnte ihre Aufregung während des Essens kaum verbergen.

Und tatsächlich, kaum waren die Teller abgeräumt, holte Jerry eine kleine Schachtel aus der Jackentasche. Er schob sie über den Tisch, Sophie hielt vor Aufregung die Luft an. Als sie die Schachtel öffnete, fand sie jedoch keinen Ring darin. Nur ein Stück Papier mit einem Fragezeichen darauf. Sophie sah ihren Freund verständnislos an.

Jerry grinste sie an. »Nun kannst du deinen Freunden endlich sagen, dass ich ›die Frage‹ gestellt habe!«

»Was jetzt? Willst du wissen, ob ich dich heiraten will?«

»Nein. Das sollte ein Scherz sein. Hast du das nicht verstanden?«

Sophie war stocksauer und tief verletzt. Als sie ihre Mutter anrief und ihr davon erzählte, schlug diese sich auf Jerrys Seite. Das sei doch ganz witzig, Sophie solle das nicht so ernst nehmen.

Ich kann mir beim besten Willen keine Beziehungssituation vorstellen, in der so was ein gelungener Scherz wäre. Tatsächlich ist es herablassend und gemein. Erst später erkannte Sophie, dass Jerry und ihre Mutter viel gemeinsam hatten. Sie legten beide wenig Sensibilität an den Tag, wenn die Gefühle anderer Menschen zu beachten waren. Wann immer Sophie versuchte, einem der beiden zu erklären, wie es ihr ging, fühlte sie sich hinterher abgewertet.

In der Therapie erkannte Sophie allmählich die Ähnlichkeiten zwischen Jerrys Gefühllosigkeit und dem Mangel an Einfühlungsvermögen ihrer Mutter. Sie merkte, dass sie in ihrer Beziehung nur die emotionale Vereinsamung wiederholte, die sie als Kind empfunden hatte. Und sie sah, dass ihre Frustration über Jerrys emotionale Distanz keineswegs neu für sie war. Tatsächlich hatte sie das ganze Leben das Gefühl gehabt, allein dazustehen.

Schuldgefühle, weil man unglücklich ist

Menschen wie Sophie liegen mir sehr am Herzen. Sie »funktionieren« so gut, dass andere immer denken, sie hätten keine Probleme. Tatsächlich macht ihre Kompetenz es schwer für sie, ihren eigenen Kummer ernst zu nehmen. »Ich habe doch alles«, heißt es dann meist. »Ich sollte glücklich sein. Warum geht es mir dann so mies?« Das ist die verwirrende Frage, die sich viele stellen müssen, deren äußere Bedürfnisse in der Kindheit zwar erfüllt wurden, deren emotionale Anliegen jedoch unbeantwortet blieben.

Menschen wie Sophie fühlen sich häufig schuldig, wenn sie sich beklagen. Männer und Frauen gleichermaßen können einem sofort alles aufzählen, wofür sie dankbar sein sollten. Als wäre das Leben eine Additionsaufgabe, deren positive Summe signalisiert, dass alles in Ordnung ist. Und doch werden die Betroffenen das Gefühl nicht los, dass sie vollkommen allein sind und auch in ihren engsten Beziehungen nicht jene Nähe erfahren, nach der sie sich sehnen.

Wenn sie zu mir kommen, sind sie häufig entweder bereit, den Partner zu verlassen, oder sie haben eine Affäre, die ihnen wenigstens ein wenig von dem gibt, was sie brauchen. Andere gehen jeder Liebesbeziehung aus dem Weg, weil sie emotionales Engagement als eine Falle sehen, in die sie nicht tappen möchten. Wieder andere nehmen die unbefriedigende Beziehung der Kinder wegen hin und kommen in die Therapie, weil sie lernen wollen, ihren Ärger und ihre Frustration loszuwerden.

Die allerwenigsten kommen in dem Wissen, dass ihr Mangel an befriedigender emotionaler Nähe seine Wurzeln in der Kindheit hatte. Gewöhnlich wundern sie sich zutiefst darüber, wie sie in dieses Dasein geraten konnten, das sie nicht glücklich macht. Sie kämpfen mit dem Gefühl, selbstsüchtig zu sein, wenn sie mehr vom Leben wollen. Sophie zum Beispiel meinte ganz zu Anfang: »Beziehungen sind doch immer frustrierend. Jede Beziehung ist Arbeit, oder nicht?«

Damit hatte sie natürlich teilweise recht. Gute Beziehungen erfordern Anstrengung und Nachsicht. Doch es darf keine Mühe kosten, überhaupt bemerkt zu werden. Emotionale Nähe herzustellen sollte eigentlich der leichte Teil sein.

Emotionale Vereinsamung betrifft alle Geschlechter

Obwohl Frauen immer noch eher als Männer ihre Zuflucht in der Psychotherapie suchen, habe ich mit vielen Männern gearbeitet, die ebenfalls mit Einsamkeit in ihrer wichtigsten Beziehung zu kämpfen hatten. In gewisser Hinsicht ist dies für sie noch schwieriger, da man in unserer Kultur ja ohnehin davon ausgeht, dass Männer weniger emotionale Bedürfnisse haben. Wenn man sich jedoch einmal die Selbstmordraten ansieht und die Masse an Gewalttaten, wird schnell klar, dass das nicht stimmen kann. Männer neigen, wenn sie sich emotional bedroht fühlen, eher zur Aggression oder zu (leider) erfolgreichen Suizidversuchen. Wenn es ihnen an emotionaler Nähe fehlt, sie keine Zuwendung erfahren oder kein Gefühl der Zugehörigkeit entwickeln, fühlen Männer sich innerlich genauso leer wie Frauen, selbst wenn sie sich Mühe geben, dies nicht zu zeigen. Emotionale Bindungen sind ein grundlegendes menschliches Bedürfnis, das alle Geschlechter gleichermaßen betrifft.

Kinder, denen es nicht gelingt, ihre Eltern zu einer emotionalen Bindung zu bewegen, versuchen, diese herzustellen, indem sie die Rollen übernehmen, die ihre Eltern zu schätzen scheinen. Das verschafft ihnen zwar meist vorübergehende Anerkennung, doch echte emotionale Nähe sieht anders aus. Eltern, die zu dieser Art Bindung nicht fähig sind, entwickeln nicht plötzlich Einfühlungsvermögen, nur weil das Kind etwas macht, was ihnen gefällt.

Wer in der Kindheit nicht genug Nähe erfahren hat, kann später oft nicht glauben, dass jemand tatsächlich eine Beziehung mit ihm eingehen möchte, einfach nur, weil er ist, wer er ist. Das trifft Männer und Frauen gleichermaßen. Sie gehen davon aus, dass sie eine Rolle spielen müssen, wenn sie Nähe haben wollen. Und in diesem Rollenspiel nimmt der andere immer die erste Stelle ein.

Jake

Jake hatte vor Kurzem Kayla geheiratet, ein übersprudelndes Geschöpf, von dem er sich wahrhaft geliebt fühlte. Bis kurz nach der Hochzeit war Jake noch glücklich. Nun aber fühlte er sich zutiefst deprimiert. »Ich sollte mehr als zufrieden sein«, meinte er. »Als Mann bin ich echt ein Glückspilz. Ich versuche ja auch, der Mensch zu werden, den sie in mir sieht. Doch ich habe dauernd das Gefühl, ich spiele ihr etwas vor. Ich zwinge mich dazu, optimistischer zu sein, als ich in Wirklichkeit bin. Aber ich finde es schrecklich, dieses Gefühl, dass ich nur so tue, als ob.«

Ich fragte Jake, welche Art von Mensch er für Kayla denn sein sollte.

»Ein total glücklicher Typ eben, so wie sie selbst einer ist. Ich müsste ihr das Gefühl geben, dass ich sie liebe und glücklich machen will. So sollte es zumindest sein.« Er sah mich an, als erwarte er von mir eine Bestätigung. Ich wartete einfach ab, und so sprach er weiter: »Wenn sie von der Arbeit nach Hause kommt, gebe ich mir wirklich Mühe, zufrieden und guter Laune zu sein. Aber in Wirklichkeit bin ich total erschöpft.«

Ich fragte ihn, was seiner Ansicht nach passieren würde, wenn er Kayla von dem Druck erzählte, den er empfinde. »Sie wäre am Boden zerstört und wahrscheinlich auch ziemlich wütend, wenn ich versuchen sollte, mit ihr darüber zu reden.«

Ich entgegnete, dass sich das eher so anhörte, als habe er in der Vergangenheit mal jemanden wütend gemacht, als er seine Gefühle äußerte. Nach Kayla höre sich das jedenfalls nicht an. Mich erinnerte das mehr an seine cholerische Mutter, die schnell wütend wurde, wenn die Leute nicht taten, was sie wollte.

Jakes Beziehung zu Kayla verlockte ihn, sich zu entspannen und ganz er selbst zu sein, aber er war sicher, dass ihre Beziehung ein Ende finden würde, wenn er aufhörte, sich so viel Mühe zu geben.

Als ich Jake sagte, seine sichere neue Beziehung böte ihm vielleicht die Gelegenheit, endlich um seiner selbst willen geliebt zu werden, konnte er mit dem Verweis auf seine emotionalen Bedürfnisse zunächst wenig anfangen: »Wenn Sie das sagen, hört sich das total armselig und bedürftig an.«

In seiner Kindheit hatte Jakes Mutter ihrem Sohn beigebracht, dass emotionale Bedürfnisse ein Zeichen von Schwäche seien. Und wenn er nicht tat, was sie wollte, fühlte er sich unzulänglich und nicht liebenswert.

Am Ende lernte Jake, zu seinen Gefühlen zu stehen und in seiner Beziehung mit Kayla der zu sein, der er wirklich war. Und Kayla akzeptierte ihn auch so. Erstaunt war er am Ende nur über den leidenschaftlichen Zorn, den er auf seine Mutter hatte. »Ich kann nicht glauben, wie sehr ich sie gehasst habe«, meinte er. Jake war nicht klar, dass Hass eine ganz normale, unwillkürliche Reaktion ist, wenn jemand versucht, uns grundlos zu kontrollieren. So ein Mensch löscht unsere emotionale Lebenskraft aus, indem er seine Bedürfnisse auf unsere Kosten erfüllt.

Beziehungsfalle Elternfürsorge

Zu derartiger emotionaler Vereinsamung kann es nicht nur bei Liebespaaren kommen. Ich habe mit Singles gearbeitet, die über ähnliche Erfahrungen berichteten, nur bezogen diese sich auf die aktuelle Beziehung zu ihren Eltern oder Freunden. Häufig raubt ihnen dabei die Elternbindung so viel Energie, dass sie nicht mehr genug für eine Partnerschaft übrig haben. Sie lehnen eine solche Bindung häufig ab, weil sie in der Beziehung zu ihren Eltern gelernt haben, dass hier Einsamkeit und Belastung nicht selten Hand in Hand gehen. Daher betrachten sie jede Art fester Bindung als Falle, in die sie möglicherweise tappen könnten. Solche Menschen sind meist mit einem Elternteil gestraft, der sie behandelt, als wären sie sein Eigentum.

Louise

Louise war eine alleinstehende Lehrerin Ende zwanzig, die von ihrer dominanten Mutter völlig kontrolliert wurde. Diese war eine ruppige Expolizistin, die von Louise erwartete, dass sie bei ihr lebte und für sie sorgte. Dabei waren ihre Ansprüche so extrem, dass Louise sich schon mit Selbstmordgedanken trug. Daher machte ihre Therapeutin Louise unmissverständlich klar, dass ihr Leben davon abhinge, ob sie sich von ihrer Mutter lösen könne. Als Louise ihrer Mutter sagte, sie würde ausziehen, war deren Antwort: »Das wird nicht geschehen. Du wirst dich deiner selbst schämen. Außerdem komme ich ohne dich nicht zurecht.«

Glücklicherweise brachte Louise die Kraft auf, sich ein eigenes, unabhängiges Leben zu schaffen. Dabei entdeckte sie, wie man mit Schuldgefühlen durchaus gut leben kann – und dass sie ein geringfügiger Preis für die eigene Freiheit sind.

Wenn Sie Ihren Instinkten nicht vertrauen

Emotional unreife Eltern wissen nicht, wie sie ihren Kindern beibringen können, dass deren Gefühle und Instinkte wertvoll sind. Ohne diese Bestätigung aber lernen die Kinder, sich an dem zu orientieren, was andere für wichtig halten. Als Erwachsene verleugnen sie dann ihre Instinkte. Das geht mitunter so weit, dass sie sich auf Partnerschaften einlassen, die sie gar nicht wollen. Und dabei denken sie noch, es sei allein ihre Aufgabe, die Beziehung am Laufen zu halten. Sie sind der festen Überzeugung, es sei normal, darum kämpfen zu müssen, dass man sich mit seinem Partner versteht. Jede Beziehung braucht ein gewisses Quantum Einsatz, um die Kommunikation aufrechtzuerhalten, aber das sollte sich nicht anfühlen, als müsse man sich ewig abmühen, ohne je ein Ergebnis zu erzielen.

Wenn zwei Partner zueinanderpassen, ihre wechselseitigen Gefühle verstehen und sich gegenseitig unterstützen, sind Beziehungen in Wahrheit eine Freude und nicht ewige Mühsal. Es ist keineswegs zu viel verlangt, dass man sich freut, wenn man den Partner sieht oder wenn man miteinander etwas unternimmt. Sagt Ihnen jemand: »Man kann nicht immer alles haben!«, dann können Sie gewöhnlich davon ausgehen, dass dieser Mensch nicht bekommt, was er braucht.

Sie dürfen darauf vertrauen, dass Sie schon spüren werden, wann Sie emotional zufrieden sind und alles bekommen haben, was Sie brauchen. Sie sind kein bodenloses Fass, das immer neue Forderungen stellt. Sie dürfen Ihren inneren Impulsen ruhig glauben. Sie signalisieren Ihnen auch zuverlässig, wenn etwas Wesentliches fehlt.

Hat man Sie aber darauf gedrillt, Ihre eigenen Gefühle zu missachten, werden Sie sich schuldig fühlen, sobald Sie eine Beschwerde äußern, denn von außen sieht ja alles prima aus. Sie haben einen Ort, an dem Sie wohnen können, bekommen regelmäßig Ihr Gehalt, haben genug zu essen und einen Partner oder Freunde. Wie heißt es dann gern? »So schlimm kann es ja wohl auch nicht sein …«

Viele Menschen können problemlos aufzählen, warum sie zufrieden sein sollten. Sie geben nicht gern zu, dass ihnen etwas Grundlegendes fehlt. Und machen sich Vorwürfe, weil sie nicht die »richtigen« Gefühle haben.

Meaghan

Meaghan hatte mit ihrem Freund zweimal Schluss gemacht, bevor sie dann im ersten Studienjahr schwanger wurde. Obwohl er sie heiraten wollte, fühlte diese Beziehung sich für sie nicht richtig an. Ihre Eltern allerdings fanden den Freund ganz toll. Er kam ja schließlich aus einer wohlhabenden Familie. Also drängten sie Meaghan, ihn zu ehelichen, vor allem, wo doch was Kleines unterwegs war. Und Meaghan gab nach. Ihr Mann wurde ein sehr erfolgreicher Immobilienmakler, was ihn für ihre Eltern noch attraktiver machte. Jahre später, als ihre drei Kinder endlich zum College gingen, wollte Meaghan sich scheiden lassen, aber sie fühlte sich immer nur schuldig deshalb.

Bei unserer ersten Therapiesitzung meinte sie: »Ich weiß einfach nicht, wie ich mich ausdrücken soll.« Weder ihr Mann noch ihre Eltern konnten verstehen, weshalb sie mit ihrer Situation nicht glücklich war. Und sie selbst fand nicht die richtigen Worte, um ihre Gefühle zu verdeutlichen. Bei jedem Versuch einer Erklärung konterten ihre Eltern sofort mit Gegenargumenten. Sie werteten ihre Gründe als »rein emotional« ab, zum Beispiel wenn sie klagte, dass er ihr nicht zuhöre, dass er ihre Gefühle und ihre Bitten nicht akzeptiere oder dass sie mit ihrem Mann kein bisschen Spaß habe. Meaghan versuchte, ihren Eltern zu erklären, dass sie und ihr Mann nicht zusammenpassten, weder auf sozialer noch auf sexueller Ebene. Gemeinsame Interessen fänden sie schon gar nicht.

Meaghans Problem war jedoch nicht, dass sie sich nicht auszudrücken verstand. Vielmehr wollte ihre Familie einfach nicht zuhören. Ihr Mann und ihre Eltern versuchten erst gar nicht, sie zu verstehen. Sie konzentrierten ihre Bemühungen lediglich darauf, Meaghan beizubringen, dass sie nicht richtiglag.

Meaghan fühlte sich schuldig und verwirrt, weil ihre emotionalen Bedürfnisse mittlerweile schwerer wogen als ihr Ehegelübde. Ich sagte ihr, Verpflichtungen seien nicht der richtige Nährstoff für Bezie-

hungen. Sie nähren sich aus der Freude emotionaler Nähe, aus dem Gefühl, dass sich da jemand für einen interessiert und sich die Zeit nimmt, einem zuzuhören und die eigenen Erfahrungen verstehen zu wollen. Wenn dieses Gefühl fehlt, wird die Partnerschaft nicht gedeihen. Beiderseitige emotionale Ansprechbarkeit ist das wesentlichste Ingrediens gelingender menschlicher Gemeinschaften.

Meaghan hielt sich selbst für einen schlechten Charakter, weil sie ihren Mann verlassen wollte. Wenn Menschen eine emotional unbefriedigende Beziehung nicht mehr länger ertragen, wie soll man dann ihren Wunsch zu gehen bezeichnen? Sind sie selbstsüchtig, impulsiv oder hartherzig? Geben sie zu früh auf, oder sind sie vielleicht einfach unmoralisch? Wenn sie all das so lange ertragen haben, warum können sie nicht einfach weitermachen? Warum das Boot ins Wanken bringen?

Nun, das ist vermutlich genau der Punkt: dass sie es so lange hingenommen haben. Vielleicht ist mittlerweile einfach alle verfügbare Energie aufgebraucht. Wie bei Meaghan, die jahrelang versucht hat, ihrem Mann und ihren Eltern das zu geben, was sie erwarteten. Meaghan hatte immer wieder probiert, ihren Eltern ihre Gefühle zu erklären, ihnen zu erzählen, wie unglücklich sie war. Sie versuchte, ihrem Mann dies sogar zu vermitteln, indem sie ihm Briefe schrieb. Aber weder er noch ihre Eltern hörten ihr je wirklich zu. Stattdessen machten sie ihr deutlich, was sie von ihr wollten – der klassische egozentrische Impuls emotional unreifer Menschen.

Glücklicherweise begann Meaghan irgendwann, die eigenen Gefühle ernst zu nehmen und konsequent danach zu handeln. Sie ließ nicht mehr zu, dass ihr Mann und ihre Eltern ihre emotionalen Bedürfnisse mit Argumenten abschmetterten, die für ihre Gefühlslage völlig irrelevant waren. Als sie endlich spürte, was sie tatsächlich von einer Beziehung erwartete, erklärte sie mir scheu: »Ich möchte einfach, dass ich für jemanden der wichtigste Mensch auf der Welt bin. Ich möchte, dass diese Person wirklich mit mir zusammen sein will.« Dann blickte sie mich verwirrt an und fragte: »Ist das zu viel verlangt? Ich weiß es nicht.«

Meaghan war von Kindesbeinen an darauf getrimmt worden, ihren natürlichen Wunsch, sich als besonderer und liebenswerter Mensch zu empfinden, als selbstsüchtig zu betrachten. Während ihrer Ehe verstärkte ihr Mann dieses Gefühl noch, indem er ihr ständig zu verstehen gab, dass sie zu viel wolle und erwarte – bis sie aufhörte zu glauben, dass er sie besser kenne als sie sich selbst.

Mangelndes Selbstvertrauen aufgrund elterlicher Zurückweisung

Wenn Eltern ihre Kinder emotional vernachlässigen oder zurückweisen, erwarten Letztere häufig dasselbe von all den übrigen Menschen. Es fehlt ihnen am nötigen Zutrauen, dass andere sie interessant finden könnten. Statt zu fordern, was sie sich wünschen, macht ihr chronisch niedriges Selbstwertgefühl sie scheu und verlegen, wenn es darum geht, die nötige Aufmerksamkeit zu erhalten. Sie sind überzeugt, sie würden den anderen mit ihren Wünschen nur verprellen. Unglücklicherweise führt die Erwartung, dass die Muster der Vergangenheit sich wiederholen, dann tatsächlich dazu, dass sie ihr Selbst im Keim ersticken und seelisch noch mehr vereinsamen.

In solch einer Situation schaffen sich die Betroffenen selbst ihre Einsamkeitserfahrung, indem sie sich ständig zurücknehmen, statt auf andere zuzugehen. Meine Aufgabe als Therapeutin ist es dann, ihnen zu der Einsicht zu verhelfen, wie sehr ihre Eltern ihr Selbstvertrauen beschädigt haben. Und ich ermutige sie, die Ängste auszuhalten, die damit verbunden sind, wenn wir etwas ganz Neues wagen und uns auf andere Menschen einlassen wollen. Die folgenden Geschichten zeigen jedoch, dass die Betroffenen dazu durchaus in der Lage sind. Meist kommen sie nämlich nicht von selbst auf die Idee, Kontakte zu anderen zu suchen. Sie haben einfach keine Erfahrung mit Menschen, die ihnen tatsächlich zu einem besseren Selbstgefühl verhelfen.

Ben

Ben litt den größten Teil seines Lebens unter Ängsten und depressiven Verstimmungen. Seine Mutter schilderte er als zurückweisende Frau, die ihn stets auf Abstand hielt. Außerdem war sie autoritär und machte ihrem Sohn deutlich, dass er in der familiären Hackordnung an unterster Stelle stand. Bens kindliche Gefühle und Bedürfnisse galten einfach als unwichtig. Er hatte gefälligst zu warten, bis die Erwachsenen bereit waren, ihm ihre Aufmerksamkeit zu widmen.

Glücklicherweise heiratete Ben eine liebevolle, gütige Frau namens Alexa. Aber natürlich konnte er nicht verstehen, warum sie ausgerechnet ihn ausgesucht hatte. In seinen eigenen Worten: »Ich bin kein interessanter Mensch. Ich weiß nicht, warum Alexa mich mag. Ich bin zwar nicht gerade ein Nobody, aber …« Bens Stimme erstarb, was deutlich machte, dass er sich durchaus als Menschen sah, den man leicht übersehen und für selbstverständlich nehmen konnte. Bens kindliche Erfahrung der Zurückweisung durch seine Mutter hatte ganz offenkundig sein Selbstwertgefühl verringert. Und sie hatte ihn überzeugt, dass andere seine emotionalen Bedürfnisse genauso abstoßend finden würden, wie seine Mutter dies tat.

Eines Tages sprach Ben an, wie unglücklich und überfordert er sich fühlte. Ich fragte ihn, ob er Alexa von seinen Gefühlen erzählt hatte. »Nein, das geht doch nicht«, antwortete er. »Sie hat schließlich ihre eigenen Probleme. Ich möchte nicht, dass sie mich für ein Weichei hält, das mit seinen Schwierigkeiten nicht fertigwird.« Als ich einwandte, es wäre eher unwahrscheinlich, dass Alexa so reagie-

ren würde, stimmte er mir aber zu: »Ich weiß, dass sie mich um meiner selbst willen liebt. Ich kann mich aber nicht so sehen.«

Als ich Ben vorschlug, Alexa seine Gefühle zu offenbaren, da sie ihn doch auch sonst sehr unterstütze, meinte er, dass er selbst von sich verlange, alles mit sich allein abzumachen: »Ich sollte doch fähig sein, mit so etwas ohne Hilfe klarzukommen. Ist es denn nicht allein meine Sache, meine emotionalen Bedürfnisse zu erfüllen?«

Was für ein einsamer Gedanke! Ich sagte Ben, wir alle bräuchten andere Menschen, um unsere emotionalen Bedürfnisse nach Nähe und Zuneigung zu erfüllen. Darum geht es schließlich in Beziehungen.

Charlotte

Charlotte ist ein weiterer Fall, bei dem eine Betroffene ihre aktuelle Situation durch die Brille vergangener elterlicher Zurückweisung sieht. Sie hatte endlich dem Drängen einer Freundin nachgegeben, eine ihrer Kurzgeschichten bei einem Wettbewerb einzureichen. Sie war sicher, dass die Preisrichter ihre Arbeit ablehnen würden, obwohl sie eine sehr erfolgreiche Zeitungsjournalistin war. Zu ihrer großen Überraschung gewann sie den Wettbewerb.

Für Charlotte rief dies schmerzliche Erinnerungen an ihre Kindheit wach, als sie von ihren Eltern stets kritisiert worden war, auch wenn sie glänzende Leistungen erbrachte. Ihre Eltern konnten sie einfach nicht emotional unterstützen und fanden stets Gründe, ihre Erfolge abzuwerten. Natürlich war sie entzückt, dass sie gewonnen hatte, gleichzeitig aber hatte sie eine geradezu panische Angst, dass jemand sich über sie lustig machen oder ihren Preis als unverdient einstufen könnte. Statt ihr Glück mit allen zu teilen, verheimlichte sie es. Ihr Argument? Es würde ja doch niemanden interessieren.

Erfolgreicher Erwachsener, einsames Kind

Elterliche Zurückweisung führt nicht in jedem Fall zu einem schwach ausgeprägten Selbstwertgefühl. Einige intelligente und höchst widerstandsfähige, also resiliente Menschen bringen es trotzdem zu guten Leistungen und den entsprechenden Erfolgen. Viele finden reife Partner, erfreuen sich dauerhafter Beziehungen und ziehen Kinder groß, zu denen sie eine emotionale Nähe herstellen können. Ihre unerfüllten Bedürfnisse aus der Kindheit aber liegen wie ein Schatten über ihnen und machen sich mitunter als Angststörungen, Depressionen oder Albträume bemerkbar.

Natalie

Natalie ist fünfzig und eine preisgekrönte Unternehmensberaterin, aber auch ein emotional vernachlässigtes Kind, das es trotz alledem geschafft hat, sich ein persönlich und beruflich befriedigendes Erwachsenenleben aufzubauen. Die Vernachlässigung, die sie als Kind erlebte, verfolgt sie in ihren Träumen.

Diese beschreibt Natalie so: »Ich habe ständig wiederkehrende Albträume, die sich immer ums gleiche Thema drehen. Ich bin in einer hoffnungslosen Lage, aus der ich mich nicht befreien kann. Ich versuche verzweifelt, einen Ausweg zu finden. Verschiedene Straßen, verschiedene Schlüssel, verschiedene Türen – nirgendwo wartet eine Lösung auf mich. Ich bin ganz allein, und niemand hilft mir. Da ist einfach keiner. Immer wieder bin ich dabei auch für andere Menschen verantwortlich, die mir zusehen und warten, dass ich alles in Ordnung bringe; aber es springt mir kein Mensch bei. Es gibt keinen Trost und keine Hilfe. Ich habe weder Schutz, noch kann ich mich in Sicherheit bringen. Dann wache ich klopfenden Herzens auf.«

Natalies Traum zeigt sehr anschaulich, wie es sich anfühlt, emotional im Stich gelassen zu werden. Sie muss alles allein schaffen und kommt auch nicht auf die Idee, um Hilfe zu bitten. Genauso fühlen sich Kinder gefühlskalter Eltern. Diese sind zwar anwesend, aber sie bieten keinen Schutz, keine Hilfe, keinen Trost.

Natalie kümmert sich um ihre alte Mutter, die mit ihr, ihrem Mann und den gemeinsamen Kindern lebt. Doch was Natalie auch immer tun mag, ihre Mutter beschwert sich ständig, dass die Tochter sie nie geliebt oder sie nie richtig unterstützt hätte. Von Kindesbeinen an hat Natalie das Gefühl, sie wäre für die Gefühle ihrer Mutter verantwortlich. Natalie selbst hingegen musste schon früh auf eigenen Füßen stehen, weil ihre Mutter nicht für sie da war. Solche Kinder wachsen als kleine Erwachsene auf. Sie helfen ihren Eltern, machen keinen Ärger und scheinen selbst nichts zu brauchen. Diese so unglaublich fähigen Kinder wirken fast, als könnten sie selbst schon die Elternrolle übernehmen, aber das ist natürlich nicht der Fall. Kein Kind kann das. Es lernt nur, sich mit emotionalen Brosamen zufriedenzugeben, weil jede Beziehung besser ist als gar keine.

Wer aber würde diese frühen Untiefen in Natalies Leben vermuten, wenn sie in ihren tadellosen Hosenanzügen zu Businessmeetings erscheint? Sie führt eine gute Ehe, hat erfolgreiche Kinder und liebe Freunde. Natalie kann mit Menschen jeglicher Couleur umgehen. Ihre emotionale Intelligenz schlägt wirklich alles. Nur ihre Träume lüften den Schleier und offenbaren die Einsamkeit in ihrem Inneren. Obwohl sie sich als Erwachsene ein erfülltes Leben geschaffen hat, bleibt sie anfällig für Ängste, die sich ums Alleinsein und um fehlende Unterstützung drehen. Sie war schon fast fünfzig, als sie anfing zu begreifen, was ihre Mutterbeziehung mit diesen tiefsitzenden Ängsten zu tun hatte. Dies war eine der wichtigsten Erkenntnisse in ihrem Leben, denn nun kannte sie den Grund für ihre Albträume.

Warum es sich so schlimm anfühlt, ohne emotionale Bindung zu leben

Natürlich hat es seinen Grund, dass Menschen ein so starkes Bedürfnis nach Kontakt zu anderen empfinden. Entwicklungsgeschichtlich bedeutete es bekanntlich immer Sicherheit und weniger Stress, wenn wir Teil einer Gruppe waren. Jene unserer Vorfahren, die eine entschiedene Abneigung gegen das Alleinsein hegten, hatten einen deutlichen Überlebensvorteil, weil sie sich im sicheren Umfeld der Gemeinschaft entspannen konnten. Menschen hinwiederum, die gegen eine gewisse Isolation nichts einzuwenden hatten, kamen mit der Distanz zu anderen besser zurande, als es für ihr Überleben gut war.

Wenn Sie sich also nach tiefgehenden Bindungen sehnen, dann vergessen Sie nicht, dass der Kummer über das Alleinsein nicht nur aus Ihrer persönlichen Geschichte rührt, sondern fest im genetischen Gedächtnis unserer Art verankert ist. Unsere Urahnen hatten ein starkes Bedürfnis nach emotionaler Nähe, genau wie Sie. Ihr Verlangen nach Aufmerksamkeit und Verbundenheit ist so alt wie die Menschheit selbst. Unsere Abneigung gegen das Alleinsein hat seine Wurzeln also in grauer Vorzeit.

Kurz gesagt

Fehlende gefühlsmäßige Nähe führt zu emotionaler Vereinsamung sowohl bei Kindern als auch bei Erwachsenen. Verlässliche emotionale Beziehungen, die einem Kind Aufmerksamkeit sichern, sind die Grundlage seines Sicherheitsempfindens. Unglücklicherweise kommen einige Eltern mit der Nähe nicht zurecht, die ihr Kind brauchen würde. Vernachlässigung und Zurückweisung durch die Eltern verringern sein Selbstwertgefühl und verhindern so auch beim Erwachsenen befriedigende Beziehungen, da die Betroffenen ständig die alten Muster wiederholen und sich dann auch noch selbst die Schuld geben, weil sie in solchen Bindungen nicht glücklich sind. Selbst wenn sie Erfolg haben, löscht dies die Auswirkungen frühkindlicher Vernachlässigung durch die Eltern nicht vollständig aus.

Der beste Weg, um dieses ewige Wiederabspulen der Vergangenheit zu durchbrechen, ist die Erkenntnis, wie die emotionale Unreife Ihrer Eltern Sie beeinflusst hat. Zu diesem Zweck wollen wir uns im nächsten Kapitel mit den wesentlichen Merkmalen solcher Eltern auseinandersetzen.

Kapitel 2

Woran Sie emotional unreife Eltern erkennen

Manchmal ist es schwierig, sich von seinen Eltern ein objektives Bild zu machen. Vielleicht haben Sie ja das Gefühl, Sie würden Verrat an ihnen üben. Doch darum geht es hier nicht. Verrat oder Missachtung können nicht das Ziel sein, das wir in diesem Buch verfolgen. Hier geht es vielmehr um eine sachdienliche Einschätzung. Sie werden sehen, dass die Diskussion von einem tiefen Verständnis für die Gründe der elterlichen Begrenzungen getragen ist. Denn das verletzende Verhalten geschieht meist unbeabsichtigt. Wenn Sie diese Aspekte Ihres Elternhauses sachlich sehen können, werden Sie vieles über sich selbst und Ihre Geschichte erfahren, das Ihnen vorher vermutlich nicht klar war.

Meist nämlich liegen die Zeichen emotionaler Unreife also außerhalb der bewussten Kontrolle der Betroffenen. Solche Eltern haben häufig keine Ahnung, wie ihr Verhalten auf ihre Kinder wirkt. Daher geht es hier nicht um Schuldzuweisung, sondern um die Einsicht, warum solche Eltern sind, wie sie sind. Meine Hoffnung ist es, dass Ihr neu gewonnenes Verständnis Ihnen dazu verhilft, ein klareres Bild von sich selbst zu bekommen und so zu emotionaler Freiheit zu finden.

Als unabhängige Erwachsene sind wir glücklicherweise in der Lage einzuschätzen, ob unsere Eltern uns tatsächlich die Fürsorge und das Verständnis entgegenbringen können, die wir uns wünschen. Für eine möglichst objektive Beurteilung müssen Sie sich nicht nur mit dem problematischen Verhalten Ihrer Eltern auseinandersetzen, sondern auch mit dem emotionalen Rahmen, in dem dieses entsteht. Sobald Sie die Gründe hinter diesem Verhalten verstehen, wissen Sie, was Sie von Ihren Eltern erwarten können. Sie wissen, wo Sie bei ihnen dran sind, sodass ihre Unterkühltheit Sie nicht jedes Mal buchstäblich kalt erwischt.

Behalten Sie im Hinterkopf, dass Ihre Gedanken über Ihre Eltern Privatsache sind. Möglicherweise erfahren sie nie, was Sie aus diesem Buch gelernt haben. Das wird auch nicht immer nötig sein. Unsere Zielsetzung hier ist, Ihnen das Selbstvertrauen zu geben, das man nun mal hat, wenn man seine wahre Geschichte kennt. Es ist kein Verrat an Ihren Eltern, wenn Sie sie sehen, wie sie wirklich sind. Ihre objektive Einschätzung tut Ihren Eltern nicht weh. Ihnen aber kann sie wirklich helfen.

Wie Sie im vorigen Kapitel gesehen haben, können gefühlskalte Eltern Gift für die Selbstachtung ihrer Kinder sein. Das gilt wie gezeigt auch für die Beziehungen, die solche Kinder später als Erwachsene eingehen. Die Auswirkungen wiegen mal mehr, mal weniger schwer, je nachdem, wie unreif die Eltern emotional sind. Der Effekt aber ist in allen Fällen der gleiche: Die Kinder haben das Gefühl, auf emotionaler Ebene nicht wahrgenommen zu werden, und fühlen sich daher einsam. Sie glauben nicht, dass sie liebenswert sind. Im späteren Leben führt dies häufig zu übermäßiger Vorsicht, wenn es um die Nähe zu anderen Menschen geht.

Test
Wie emotional unreif sind Ihre Eltern?

Emotionale Unreife beim Menschen ist schon lange Gegenstand psychologischer Forschung. Zwar geriet das Thema mittlerweile etwas ins Hintertreffen, weil man mehr damit beschäftigt ist, Verhaltensweisen in einem Krankheitsschema zu erfassen, das hauptsächlich den Krankenkassen dient. Wenn Sie andere Menschen aber besser verstehen wollen, erweist sich das Konzept der emotionalen Unreife als höchst nützlich. Das zeigt Ihnen dieses Kapitel und der folgende Fragebogen.

Lesen Sie die nachstehenden Aussagen durch und überprüfen Sie, inwieweit sie auf Ihre Eltern zutreffen. Kreuzen Sie diese an. Wollen Sie mehr als ein Elternpaar einschätzen (weil Sie zum Beispiel auch Stiefeltern hatten) oder nicht ins Buch schreiben, machen Sie sich Kopien davon.

- ☐ Mein Vater/meine Mutter hat auf vergleichsweise geringfügige Probleme häufig überreagiert.
- ☐ Er/sie hat selten Einfühlungsvermögen oder Fingerspitzengefühl gezeigt.
- ☐ Wenn es um Gefühle und emotionale Nähe ging, schien er/sie immer auszuweichen und sich unwohl zu fühlen.
- ☐ Individuelle Vorlieben oder andere Meinungen haben ihn/sie wütend gemacht.
- ☐ Als ich heranwuchs, benutzte er/sie mich als Vertraute(n), ich aber hatte niemanden, dem ich vertrauen konnte.
- ☐ Mein Vater/meine Mutter sagte und tat Dinge, ohne nachzudenken, welche Auswirkungen sie auf die Gefühle anderer Menschen haben würden.
- ☐ Ich habe von ihm/ihr nicht viel Aufmerksamkeit oder Anteilnahme erfahren, außer vielleicht, wenn ich krank war.

- ☐ Mein Vater/meine Mutter verhielt sich widersprüchlich – mal klug, mal unvernünftig.
- ☐ Wenn mich etwas erschütterte, sagte er/sie entweder etwas total Oberflächliches und Nutzloses oder wurde wütend und sarkastisch.
- ☐ Gespräche drehten sich nur um ihn/sie.
- ☐ Selbst eine höflich geäußerte andere Meinung wurde mit Ablehnung quittiert.
- ☐ Es war jedes Mal ernüchternd, wenn ich ihm/ihr von meinen Erfolgen erzählte, denn er/sie schien das gar nicht zu registrieren.
- ☐ Fakten und Logik sind machtlos gegen seine/ihre Meinung.
- ☐ Mein Vater/meine Mutter dachte nie über sich selbst nach. Seine/ihre Rolle bei einem Problem war nie Gegenstand von Überlegungen.
- ☐ Er/sie denkt in Schwarz-Weiß-Kategorien. Neue Ideen haben keine Chance.

Wie viele dieser Aussagen treffen auf Ihren Vater beziehungsweise Ihre Mutter zu? Da sämtliche skizzierten Verhaltensweisen Anzeichen für emotionale Unreife sein können, sind mehrere Kreuze schon ein deutlicher Hinweis, dass Sie möglicherweise mit einem oder zwei emotional unreifen Elternteilen zu tun hatten.

Persönlichkeitsprofil versus kurzfristige emotionale Regression

Natürlich macht es einen Unterschied, ob Sie mit einem durchgängigen Verhaltensmuster konfrontiert waren oder mit nur gelegentlichen Rückfällen in unreife Denk- und Handlungsweisen. Jeder verliert mal die Kontrolle und reagiert impulsiv, wenn er müde oder gestresst ist. Jeder kennt Momente im Leben, bei denen er in der Rückschau selbst zusammenzuckt.

Gehört ein Mensch von seinem Persönlichkeitsprofil her aber zum emotional unreifen Typus, dann zeigen sich diese Verhaltensweisen immer wieder. Tatsächlich sind sie so automatisiert, dass sie gewöhnlich unbewusst ablaufen. Diese Leute treten nämlich nicht einen Schritt zurück, um zu überlegen, was ihr Verhalten bei anderen auslösen könnte. Das Zusammenzucken angesichts einer eigenen möglichen Fehlleistung kennen sie nicht. Sie kommen auch gar nicht auf die Idee, sich bei jemandem zu entschuldigen.

Was ist Reife?

Bevor wir uns mit dem Thema »Unreife« beschäftigen, wollen wir uns einmal anschauen, wie emotional reife Leute das Leben angehen. Denn das ist wissenschaftlich gut untersucht.

Ein solcher Mensch ist zu objektivem, problemorientiertem Denken in der Lage und baut tiefe emotionale Bindungen zu anderen auf. Er ist unabhängig, hat aber trotzdem tiefgehende Beziehungen. Beides geht im Alltag nahtlos ineinander über. Er verfolgt offen seine Ziele, jedoch ohne andere auszubeuten. Er hat sich von seinem Elternhaus ausreichend gelöst, um ein eigenes Leben aufzubauen.[2] Sein Selbstbewusstsein[3] ist gut entwickelt, die Identität[4] klar abgegrenzt, und er zeigt eine profunde Wertschätzung für seine engen Beziehungen.

Emotional reife Menschen haben keine Probleme mit ihren Gefühlen und zeigen sie offen. Sie kommen gut mit anderen aus, da sie über ein hoch entwickeltes Einfühlungsvermögen verfügen, über eine gute Impulskontrolle und eine gewisse emotionale Intelligenz.[5] Sie sind am Seelenleben anderer interessiert, öffnen sich selbst auch entsprechend und lassen ihr Gegenüber einen Blick in ihr Inneres werfen. Wenn es ein Problem gibt, sprechen sie andere Beteiligte direkt an, um die Differenzen zu klären.[6]

Sie gehen mit Belastungen auf eine realistische, zukunftsorientierte Weise um und sind sich ihrer eigenen Gedanken und Gefühle bewusst. Sie können, wenn nötig, ihre Emotionen kontrollieren. Sie bedenken künftige Entwicklungen, können sich an die Realität anpassen und entschärfen problematische Situationen mit Einfühlungsvermögen und Humor. So knüpfen sie starke Bande zu anderen.[7] Sie sind gern objektiv und kennen sich selbst gut genug, um sich ihre eigenen Schwächen einzugestehen.[8]

Persönlichkeitsmerkmale emotional unreifer Menschen

Das Verhalten emotional unreifer Menschen weicht hiervon deutlich ab. Sie zeigen gefühlsmäßig wie geistig ganz andere Merkmale. Da diese Kennzeichen in einem engen Zusammenhang stehen, treten sie meist gehäuft auf. Im Folgenden finden Sie einige Eigenschaften dieses Menschschlags, die der Deutlichkeit halber hier natürlich »idealtypisch« dargestellt sind und in der Realität mehr oder weniger ausgeprägt zum Tragen kommen.

Sie sind rigide und stur

Emotional unreife Menschen kommen gut zurecht, solange man ihnen eine klare Linie vorgibt. Mitunter erlangen sie sogar hohes Ansehen und einigen beruflichen Erfolg. Doch wenn es um Beziehungen oder emotionale Entscheidungen geht, tritt ihre Unreife deutlich zutage. Sie sind entweder sehr festgefahren oder impulsiv. Der Facettenreichtum der Wirklichkeit wird auf einen einzigen Ausschnitt reduziert, mit dem sie gut umgehen können. Sobald sie sich eine Meinung gebildet haben, rücken sie davon nicht mehr ab. Aus ihrer Sicht kann es auf alles nur eine richtige Antwort geben. Auf abweichende Ansichten reagieren sie abwehrend und ausgesprochen humorlos.

Ihre Stressresistenz ist schwach ausgeprägt

Emotional unreife Menschen werden mit Belastungen schlecht fertig. Ihre Reaktionen sind rein passiv und folgen immer demselben Muster. Statt die Situation neu einzuschätzen und ihre Folgen für die Zukunft zu bedenken, versuchen sie, die Augen vor der Realität zu verschließen, sie zu verzerren oder zu verdrängen.[9] Sie können keine Fehler eingestehen und spielen alles herunter oder geben anderen die Schuld. Da sie ihre Emotionen nicht regulieren können, zeigen sie meistens Überreaktionen. Sind sie erst einmal richtig in Fahrt, schaffen sie es nicht, sich wieder zu beruhigen. Da müssen sich schon die anderen ihren Wünschen und Vorstellungen beugen. Nicht selten suchen sie Zuflucht bei Alkohol, Drogen oder Medikamenten.

Sie tun, was sich für sie am besten anfühlt

Kleine Kinder werden ganz von ihren Gefühlen gesteuert, Erwachsene hingegen bedenken die möglichen Folgen ihrer Entscheidungen. Als Heranreifende lernen wir, dass das, was sich gut anfühlt, nicht immer das Beste ist. Bei emotional unreifen

Menschen hingegen bleibt dieser kindliche Instinkt bestimmend.[10] Sie treffen ihre Entscheidungen einzig danach, was für sie in diesem Augenblick am komfortabelsten ist. So wählen sie immer den Weg des geringsten Widerstands.

Ein reifer Mensch denkt nach, bevor er handelt. Daher dürfte es Ihnen vermutlich schwerfallen, sich vorzustellen, dass nicht alle das so machen. Aus dem Grund möchte ich Ihnen an dieser Stelle noch ein Beispiel geben, das Sie vermutlich verblüffen wird. Anna überzeugte ihren Bruder Tom, sie doch beim nächsten Besuch zu Hause zu begleiten. Sie wollten ihren Vater überzeugen, dass es für ihn nun am besten wäre, in ein Pflegeheim zu gehen. Sie fuhren also bei dem alten Herrn vorbei, tranken Kaffee mit ihm und plauderten eine Weile. Doch als es dann ernst wurde, war Tom plötzlich verschwunden. Anna sah ihn draußen ins Auto steigen. Sie konnte es nicht fassen, dass ihr Bruder einfach davonlief. In diesem Augenblick fühlte sich für ihn das Weglaufen wohl sehr viel besser an als das Gespräch, das schwierig zu werden drohte.

Sie sind subjektiv, nicht objektiv

Emotional unreife Menschen schätzen eine Situation immer rein vom Ich aus gesehen ein, niemals sachlich. Leidenschaftslose Analyse ist ihnen schlichtweg fremd. In ihrer Beurteilung einer Situation zählt am meisten, was sie empfinden, nicht, was tatsächlich gerade passiert. Was wahr ist, hat weniger Gewicht als das, was sich wahr *anfühlt*.[11] Einen rein subjektiv wertenden Menschen zu einer objektiven Einschätzung der Lage bringen zu wollen ist vergebliche Liebesmüh. Fakten, Logik, Vorgeschichte – all das stößt bei ihm auf taube Ohren.

Sie haben keine Achtung vor der Verschiedenheit der Menschen

Emotional unreife Menschen stören sich an den abweichenden Meinungen ihrer Mitwelt. Sie glauben, alle müssten die Dinge genauso sehen wie sie. Die Vorstellung, dass jeder das Recht auf eine eigene Meinung hat, ist ihnen völlig fremd. Auf gesellschaftlichem Parkett treten sie häufig ins Fettnäpfchen, weil ihnen das Taktgefühl abgeht, andere nicht wegen ihrer individuellen Eigenheiten zu diskriminieren. Sie fühlen sich nur wohl in Beziehungsnetzwerken, in denen die Rollen ganz genau verteilt sind und jeder den gleichen Glaubenssätzen folgt. Die ruhigen, einnehmenden Vertreter dieses Typs machen da keine Ausnahme, auch wenn sie ihre Ansichten auf nettere Weise präsentieren.

Sie sind egozentrisch

Alle kleinen Kinder sind ichzentriert. Doch die Selbstbezogenheit emotional unreifer Erwachsener ist eher kindisch als kindlich. Ihrer Egozentrik fehlt es – anders als bei Kindern – an Offenheit und Freude. Bei ihnen wird die Selbstbezogenheit oft zur Besessenheit, denn sie hat nicht die Unschuld des Kindes. Kleine Kinder sind egozentrisch, weil sie allein vom Instinkt gelenkt werden. Emotional unreife Erwachsene sind von Angst und Unsicherheit getrieben wie ein Verwundeter, der sich ständig seines Zustands vergewissert. Sie leben in der permanenten Furcht, es könnte am Ende doch noch herauskommen, wie wenig liebenswert, fähig oder gut sie sind. Nur ganz selten lassen sie die Zugbrücke so weit herab, dass andere ihnen nah genug kommen können, um für ihren schwankenden Selbstwert eine Bedrohung darzustellen.

Und bevor sie Ihnen jetzt leidtun: Vergessen Sie nicht, dass es in ihren Schutzwällen keine Ritzen gibt. Die Ängste, die sie umtreiben, sollen unter Verschluss bleiben. Emotional unreife Menschen würden sich nie als unsicher oder schutzbedürftig sehen.

Sie sind nur mit sich selbst beschäftigt

Die ängstliche Beschäftigung mit sich selbst ist ein Verhalten, das alle emotional unreifen Menschen teilen. Sie überprüfen ständig, ob ihre Bedürfnisse auch ja erfüllt werden oder ob jemand sie vielleicht gar beleidigt hat. Ihr Selbstwert steigt oder fällt mit der Reaktion der anderen. Kritisiert zu werden können sie nicht ausstehen, also achten sie peinlich genau darauf, nur ja keine Fehler zu machen. Da ihre Selbstbezogenheit so umfassend ist, überlagern ihre eigenen Bedürfnisse die Gefühle anderer mühelos. Als eine Tochter ihrer Mutter einmal sagte, dass es sie verletze, wenn die Mutter ständig über ihren Vater herziehe, meinte diese nur: »Aber mit wem soll ich denn sonst reden? Ich hab ja nur dich!«

Begriffe wie »narzisstisch« oder »selbstverliebt« erwecken den Eindruck, als würden diese Menschen es genießen, dauernd über sich selbst nachzugrübeln. Tatsächlich aber haben sie gar keine andere Option. Sie verspüren einen nagenden Zweifel an ihrem grundlegenden Wert als menschliche Wesen. Sie sind ständig mit sich selbst beschäftigt, weil ihre Entwicklung in der Kindheit von allerlei Ängsten beeinträchtigt wurde. Sie sind narzisstisch, aber ihre Egozentrik ähnelt mehr der eines Menschen mit chronischen Schmerzen, der ebenfalls permanent mit sich selbst befasst ist, als der eines selbstverliebten Narziss.

Für sie zählt nur ihre eigene Welt

Alles, was auf der Welt passiert, hat in ihren Augen notwendig mit ihnen zu tun. Jede Straße führt am Ende doch zu ihnen. Trotzdem fehlt es ihnen an sinnvoller Selbstreflexion. Bei ihren Selbstbetrachtungen geht es nicht um mehr Verständnis oder Einsicht. Sie sehen sich einfach im Mittelpunkt der Aufmerksamkeit.

Jedes Gespräch, das Sie mit einem solchen Menschen führen, endet früher oder später wieder bei dem, was er erlebt hat. Ein Beispiel: Sie erzählen Ihrer Mutter von Ihren Partnerschaftsproblemen, nur um zum hundertsten Male die endlose Geschichte von ihrer eigenen Scheidung aufgetischt zu bekommen. Und da gibt es dann auch noch jene Eltern, die über die Leistungen ihres Kindes mit einem Wisch hinweggehen, um von ihren eigenen Großtaten zu berichten.

Ein emotional unreifer Mensch mit entwickelteren sozialen Fähigkeiten hört vielleicht höflich zu, sein Interesse aber fesseln Sie nur, wenn Sie über ihn reden. Er wechselt vielleicht nicht brüsk das Thema, doch er hakt auch nicht nach und will keine Einzelheiten wissen. Und am Ende würgt er Ihre Ausführungen mit einem lockeren Spruch ab, etwa: »Das ist ja wunderbar, meine Liebe. Hört sich an, als hätte es dir Spaß gemacht!« Und damit hat sich's dann für ihn.

Da emotional unreife Menschen nicht über die Gabe der Selbstreflexion verfügen, verkennen sie, inwieweit sie zu einem Problem beitragen. Sie machen sich keine Gedanken über ihr Verhalten oder ihre Motive. Fehler und verletzendes Verhalten werden bagatellisiert: »Aber ich hatte doch nicht die Absicht, dir wehzutun.« Man könne schließlich niemandem einen Strick aus etwas drehen, was er nicht absichtlich getan habe, oder? So rückt man elegant sich selbst und seine eigenen Motive in den

Mittelpunkt und lenkt ab von den Auswirkungen, die das eigene Tun auf andere hatte.

Sie stehen gern im Zentrum der Aufmerksamkeit

Wie Kinder drängen sie sich immer wieder in den Mittelpunkt. In Gruppen ist es meist der emotional unreifste Mensch, der die Zeit und Energie der Allgemeinheit beansprucht. Wenn die anderen es zulassen, konzentriert sich die ganze Aufmerksamkeit auf ihn. Ist es erst einmal so weit gekommen, wird es schwierig, noch gegenzusteuern. Will man tatsächlich auch mal jemand anderen zu Wort kommen lassen, muss man schon hart dazwischengehen – was die meisten ja nicht so gern tun.

Sie fragen sich jetzt vielleicht, ob solche Leute nicht einfach besonders extravertiert sind. Nein, sind sie nicht. Der Unterschied ist der, dass extravertierte Menschen es gewöhnlich mögen, wenn viele Themen angesprochen werden. Sie lieben den Austausch. Sie wünschen sich nicht nur ein Publikum, sondern interessieren sich tatsächlich für ihr Gegenüber und lassen sich auf diese Menschen ein. Extravertierte Menschen unterhalten sich gern. Sie führen keine Endlosmonologe, um andere mundtot zu machen.

Sie kehren die Rollen um

Der Rollentausch ist das Hauptmerkmal emotional unreifer Menschen. Solche Eltern verhalten sich, als wären sie die Kinder, und drängen diesen die Elternrolle auf. Sie erwarten Aufmerksamkeit und Trost von ihnen. Sie machen ihre Kinder häufig zu Vertrauten, und zwar selbst in Angelegenheiten, die nur Erwachsene etwas angehen. Da gibt es Eltern, die ihre Eheprobleme mit dem Kind besprechen oder die vom Kind Lob erwarten, ganz so, als wären sie die Kleinen.

Laura, eine meiner Klientinnen, musste als Achtjährige damit fertigwerden, dass ihr Vater mit einer anderen Frau durchbrannte und sie mit ihrer depressiven Mutter allein ließ. Eines Tages kreuzte er wieder auf, in einem schicken neuen Wagen mit Verdeck, total stolz auf sein neues Spielzeug. Und er erwartete von Laura tatsächlich, dass sie sich über sein neues Auto freute, in völliger Verkennung der Tatsache, dass Lauras Leben mit der verlassenen Mutter mehr als bedrückend war, während er ja offenkundig im Glanze seines Glücks badete.

Im Folgenden möchte ich Ihnen Frieda vorstellen. Auch sie hatte mit einem Vater zu kämpfen, der von ihr Lob und Unterstützung erwartete, obwohl er sie brutal misshandelt hatte.

Frieda

Frieda war Ende dreißig, als ich sie kennenlernte. Sie wuchs in einem von Angst beherrschten Haushalt auf. Ihr Vater Martin agierte seine mangelnde seelische Reife durch körperliche Gewalt aus. Obwohl er in der Außenwelt als guter Arbeiter und anständiger Bürger galt, schlug er zu Hause Frau und Kinder. Meist nahm er dabei den Gürtel, was deutlich sichtbare Striemen auf der Haut hinterließ. Als Frieda ihm einmal die Stirn bot, ließ er sie künftig in Ruhe. Ihre jüngere Schwester aber verprügelte er weiter. Und Friedas Mutter setzte er ständig in Wort und Tat herab.

Martin war unberechenbar, manchmal ungeduldig und zornig, dann wieder großzügig, fröhlich und liebevoll. Je nachdem, wie sein Tag gelaufen war. Er wollte seinen Kindern kein Vater sein. Er erwartete vielmehr von ihnen, dass sie ihn beruhigten, ihn in den Mittelpunkt ihrer Aufmerksamkeit rückten und sich selbst total kontrollierten. Ein klassischer Rollentausch also: Er verlangte von den

Kindern bedingungslose Zuneigung, während er selbst jeder seiner Stimmungen nachgab. Dies wurde vor allem in der Beziehung zu Frieda sichtbar, denn Martin erwartete von ihr eine beinah mütterliche Liebe und Bewunderung.

Als Frieda ein eigenes Haus bezog, entschied Martin, dass sie eine Hollywoodschaukel für die Veranda brauchte. Und zwar nicht irgendeine. Er wolle sie selbst bauen – aus massivem Holz. Ohne sie auch nur zu fragen, machte er sich an die Arbeit und ließ sie dann auf ihrer schmalen Veranda montieren. Dort nahm sie fast den ganzen Platz ein. Sie war riesig, man kam fast nicht mehr daran vorbei. Für Frieda war dies ein anschauliches Sinnbild für die Art, wie der Vater mit seiner Familie umsprang, in der er allen Raum einnahm, der zur Verfügung stand. Er war stolz auf sich wie ein Kind, das seiner Mutter eine Zeichnung aus dem Kunstunterricht mitbringt. Glücklicherweise zeigte die Schaukel Frieda auch, wie unreif ihr Vater war und wie sehr er sie in die Rolle der Mutter drängte. Danach hatte sie keine Probleme mehr, die Schaukel abmontieren zu lassen und ihre Veranda nach ihren eigenen Wünschen zu gestalten.

Sie haben kein Einfühlungsvermögen und sind unsensibel

Mangelnde Empathie ist ein zentrales Charakteristikum emotional unreifer Menschen. Außerdem sind sie nicht in der Lage, Nähe herzustellen. Da sie keinen Kontakt zu ihren eigenen Gefühlen haben, sind sie blind dafür, wie sie auf andere wirken.

Einfühlungsvermögen ist nicht einfach ein Schmiermittel, das uns – wie etwa das Taktgefühl – hilft, unsere sozialen Beziehungen zu gestalten. Empathie ist die wesentliche Voraussetzung für die Entwicklung menschlicher Nähe. Ohne sie können wir keine tiefe Beziehung eingehen. Meine liebste Definition von Empathie stammt von den großen Erforschern der Eltern-Kind-Bindung Klaus E. und Karin Grossmann und Anna Schwan. In einer ihrer Publikationen bezeichnen sie das Einfühlungsvermögen als die Fähigkeit einer Mutter, Absichten und Seelenzustände aus der Sicht des Babys wahrzunehmen.[12] Diese Definition schließt also Gefühle und Absichten ein. Es geht nicht um bloßes Mitgefühl, sondern auch darum, die Interessen anderer korrekt wahrzunehmen und herauszufinden, in welche Richtung ihre Absichten gehen.

Die höchste Form des Einfühlungsvermögens erfordert also Fantasie. Man hat dies auch als »Mentalisierung« bezeichnet.[13] Damit ist die Fähigkeit gemeint, den anderen Menschen als Wesen mit eigenständigen innerseelischen und mentalen Prozessen wahrzunehmen. Die Entwicklungspsychologie nennt das, eine Theory of Mind (ToM) oder »native Theorie« zu haben. Diese Fähigkeit zu erwerben ist ein wichtiger Schritt für ein Kind. Das Mentalisieren erlaubt uns, den Standpunkt anderer Menschen und ihre innere Erfahrung zu verstehen, einfach weil wir wissen, dass sie einen eigenen Geist haben. Gute Eltern sind Vollprofis im Mentalisieren. Ihr Interesse an den innerpsychischen Prozessen ihres Kindes vermittelt diesem das Gefühl, wahrgenommen und verstanden zu werden. Auch für Führungspositionen im Geschäftsleben oder beim Militär ist diese Fähigkeit unverzichtbar, weil es ein zentrales Moment solcher Stellungen ist, die Motive anderer zu verstehen und vorherzusagen. Empathie ist das Fundament jeglicher Form sozialer Intelligenz.[14] Und ohne diese ist kein Erfolg im Beruf oder im Sozialen möglich.

In seinen Gesprächen mit dem Dalai Lama unterscheidet der Psychologe Paul Ekman verschiedene Formen von Empathie und Mitgefühl. Wahres Einfühlungsvermögen umfasst weit mehr als nur das Wissen darum, was andere Menschen fühlen. Auch die Fähigkeit, diese Gefühle *nachzuempfinden*, gehört dazu.[15] So können Soziopathen sich beispielsweise durchaus in die emotionale Verwundbarkeit von Menschen einfühlen, doch ohne die Fähigkeit zum Mitempfinden wird diese Gabe zu einem Werkzeug der Manipulation, nicht der Bindung.

Dies erhellt eine merkwürdige Tatsache im Hinblick auf emotional unreife Menschen. Obwohl sie nicht mitempfinden können, sind sie manchmal recht geschickt darin, die Absichten und Gefühle anderer zu erkennen. Allerdings nutzen sie diese Gabe nicht, um emotionale Nähe herzustellen. Ihre Empathie funktioniert quasi auf einer eher instinkthaften und oberflächlichen emotionalen Ebene. Bei solch einem Gegenüber fühlt man sich eher taxiert als verstanden.

Die fehlende Fähigkeit mitzuempfinden lässt erkennen, dass hier in der Persönlichkeitsentwicklung etwas schiefgegangen ist. Damit Eltern verstehen, was ihre Kinder empfinden, muss ihre Persönlichkeit weit genug entwickelt sein, dass sie sich über ihre eigenen Emotionen im Klaren sind. Ohne dieses emotionale Selbstgewahrsein können sie nicht nachvollziehen, wie es anderen Menschen geht, nicht einmal bei den eigenen Kindern.

Warum es so viele emotional unreife Eltern gibt

Viele meiner Klienten erzählen Geschichten, die darauf schließen lassen, dass ihre Eltern emotional unreif sind. Das wirft natürlich die Frage auf, warum so viele Elternpaare diese defizitären Züge zeigen. Meine klinische Erfahrung und meine Beobachtungen lassen mich vermuten, dass die Eltern meiner Klienten als Kinder gefühlsmäßig quasi »stillgelegt« wurden.

Beim Durcharbeiten der Familiengeschichte haben meine Klienten häufig herausgefunden, dass ihre Eltern in einer frühen Kindheitsphase schwere Schicksalsschläge ertragen mussten. Dazu gehören Drogenerfahrungen, Verlassenwerden, Missbrauch, Emigration, der Verlust des Lebensunterhalts und nicht zuletzt der Krieg. Dies führte natürlich zu traumatischen Erfahrungen bei den Kindern. Viele meiner Klienten sagten mir, sie erlebten sich zwar nicht als geschätzt und gewürdigt, doch sei dies nichts im Vergleich zu den Erfahrungen ihrer Eltern. Nicht selten gab es auch Konflikte zwischen den Müttern meiner Klienten und deren Müttern beziehungsweise Schwiegermüttern. Für meine Klienten selbst war die Großmutter aber meist eine positive Figur im Familiendrama. Jedenfalls scheint mir, dass viele Menschen dieser Elterngeneration keine enge emotionale Beziehung zu ihren eigenen Eltern hatten. Daher mussten sie Schutzmechanismen entwickeln, um ihre emotionale Verlassenheit in der Kindheit zu überstehen.

Auch sollten wir nicht vergessen, dass die erzieherischen Ideale zu jener Zeit noch ganz andere waren. Viele unserer Eltern wurden nach dem Motto »Kinder soll man sehen, aber nicht hören« erzogen. Körperliche Bestrafung war nicht nur akzeptiert, sondern als Erziehungsmittel durchaus geschätzt, selbst in Schulen. Man dachte, man könnte Kinder nur so zu verantwortungsbewussten Menschen heranziehen. Viele Eltern glaubten an den Grundsatz »Lass die Rute weg, und das Kind wird verzogen«. Die Gefühle der Kinder zählten nicht. Sie sahen ihre Aufgabe als Eltern vorzugsweise darin, dem Nachwuchs beizubringen, wie er sich zu verhalten hätte. Erst im Jahr 1946 machte Dr. Benjamin Spock mit seinem Megaseller *Säuglings- und Kinderpflege* die Idee populär, dass Gefühle und Individualität von Kindern wichtig seien, dass Erziehung mehr sei als nur materielle Versorgung und Disziplinierung.[16] In den Generationen davor betrachteten Eltern Gehorsam als Leitprinzip für die kindliche Entwicklung und nicht die bestmögliche Förderung der Individualität und Emotionalität.

Die folgenden Geschichten zeigen, wie sich diese Erziehung alter Schule auf das Leben von Menschen auswirken kann.

Ellie

Ellie war die Älteste in einer großen Familie. Sie erinnert sich an ihre Mutter Trudy als »großzügigen Menschen, aber hart wie Stein«. Trudy war in der Kirche und Gemeinde aktiv und hatte den Ruf, nett und hilfsbereit zu sein. Wo es jedoch um Empathie für die Gefühle ihrer Kinder ging, war sie völlig unzugänglich. Ellie litt schon sehr früh unter Albträumen. Nur ihr Lieblingsplüschtier konnte sie beruhigen, wenn sie schreiend aufwachte. Als sie etwa elf Jahre alt war, nahm die Mutter ihr das Tier weg mit den Worten: »Das verschenken wir jetzt, du bist ohnehin zu alt dafür.« Obwohl Ellie ihre Mutter anflehte, das ja nicht zu tun, meinte Trudy nur, Ellie solle sich nicht so lächerlich aufführen. Obwohl sie ihre Tochter materiell gut versorgte, hatte sie kein Gespür für deren emotionale Bindung an das Kuscheltier.

Ellie liebte eine bestimmte Katze sehr, die seit eh und je in ihrer Familie lebte. Eines Tages, sie kam gerade aus der Schule, sagte Trudy ihr, sie habe das Tier weggegeben, weil es ins Haus gemacht habe. Ellie war verzweifelt, doch wie Trudy ihr Jahre später wörtlich sagte: »Eure Gefühle waren uns gleichgültig. Schließlich haben wir euch ein Dach über dem Kopf gegeben.«

Sarah

Sarah, deren Mutter emotional gestört und sehr spröde war, wurde sehr streng erzogen. Sie erinnert sich noch gut daran, dass die Mutter ihre Gefühle immer unter Verschluss hielt, als stünde eine Wand zwischen ihr und ihren Kindern. Eines Morgens aber lag Sarah noch im Halbschlaf und bemerkte, wie die Mutter neben ihrem Bett stand und ihre Tochter liebevoll musterte. Sarah tat, als schliefe sie, und genoss diesen Moment heimlicher Nähe. Sobald sie aber wach war, fuhr der Schutzwall wieder hoch, und die Mutter ging auf »angemessene« Distanz.

Die tiefgreifenden Auswirkungen »emotionaler Stilllegung«

Natürlich waren solche Eltern selbst einmal Kinder. Vermutlich hatten sie ihre Gefühle ihrerseits unter Verschluss halten müssen, damit ihre Eltern sie akzeptierten. Möglicherweise wuchsen sowohl Sarahs als auch Ellies Mutter in einem Haushalt auf, in dem die Eltern ihren eigenen Gefühlen keine große Aufmerksamkeit widmeten. Viele emotional unreife Menschen wurden in der frühen Kindheit gleichsam »beschnitten«, da im Elternhaus nur wenige Verhaltensweisen als akzeptabel galten. Ihre Persönlichkeit entwickelte sich wie ein Bonsaibaum in völlig unnatürliche Richtungen. Da sie sich den Familienverhältnissen anpassen mussten, konnten sie sich nicht zu den gesunden Menschen entwickeln, die sie von Natur aus vielleicht geworden wären.

Vermutlich durften sie ihre Gefühle und Gedanken nicht ausdrücken. So konnten sie kein starkes Selbst entwickeln und keine gereifte individuelle Identität. Sie lernten sich selbst kaum kennen, und so mochte auch ihre Fähigkeit, emotionale Nähe herzustellen, nicht gedeihen. Wenn Sie kein grundlegendes Gespür dafür haben, wer Sie als Mensch sind, können Sie auch keine tieferen Beziehungen zu anderen eingehen. Diese gebremste Persönlichkeitsentwicklung führt zu persönlichen Schwächen, die häufig auftreten unter emotional unreifen Leuten, wie wir sie in diesem Kapitel darstellen.

Sie verhalten sich widersprüchlich

Da sie kein gut integriertes Selbstgefühl haben, sind emotional unreife Menschen wie eine Mischung aus geliehenen Teilen, die nicht zusammenpassen wollen. Da sie wichtige Bereiche ihrer Persönlichkeit abschalten mussten, weil sie die Reaktion ihrer Eltern darauf gefürchtet hatten, bildete ihre Persönlichkeit sich sozusagen in einzelnen Blöcken aus. Man muss sich das in etwa vorstellen wie Puzzleteile, die nicht zusammengehören. Dies erklärt ihre paradoxen Reaktionen, die sie so schwer durchschaubar machen.

Da sie ihre emotionalen Erfahrungen als Kinder nicht integrieren beziehungsweise verarbeiten durften, wuchsen sie zu emotional inkonsistenten Erwachsenen heran. Ihre Persönlichkeitsstruktur ist schwach ausgeprägt. Aus diesem Grund zeigen sie oft gegensätzliche Gefühle und Verhaltensweisen. Sie gehen durch die verschiedensten emotionalen Zustände, als wären es Wechselbäder. Wie unzusammenhängend dies oft wirkt, fällt ihnen gar nicht erst auf. Wenn sie selbst Eltern werden, verwirrt diese Mehrdeutigkeit ihre Kinder zutiefst. Eine Klientin beschrieb das Verhalten ihrer Mutter als völlig chaotisch: »Sie flippt einfach vollkommen sinnlos herum.«

Diese Unbeständigkeit bringt es mit sich, dass emotional unreife Eltern ganz nach Stimmung entweder liebevoll oder völlig abwesend sind. Ihre Kinder erleben zwar flüchtige Momente von Verbundenheit, finden aber nie heraus, wann und unter welchen Umständen ihre Eltern für sie emotional verfügbar sind oder nicht. Verhaltensforscher nennen dies »intermittierende Verstärkung«. Das bedeutet, dass die Belohnung für ein bestimmtes Verhalten zwar möglich, aber nicht vorhersagbar ist. Dies führt dazu, dass die Betroffenen sich quasi ununterbrochen um die Belohnung bemühen, weil ihre Bedürfnisse ja nur hin und wieder zufriedengestellt werden. Die elterliche Widersprüchlichkeit bindet die Kinder also enger an die Eltern, da sie ständig hoffen, diese flüchtigen Momente der Belohnung zu erhaschen.

Mit einem derart unbeständigen Elternteil aufzuwachsen untergräbt das Sicherheitsempfinden des Kindes, das wie der Esel ständig der Karotte hinterherläuft, die vor seiner Nase baumelt. Da die Reaktion der Eltern auf ihr Kind die emotionale Kompassnadel für dessen Selbstwert darstellt, führen solche Kinder die wechselnden Stimmungen ihrer Eltern immer auf sich zurück.

Elizabeth

Elizabeths Mutter war emotional unberechenbar. Sie ließ ihre Tochter ständig im Ungewissen. Elizabeth empfand stets Angst, wenn sie sich ihrer Mutter näherte. Würde sie sie zurückweisen oder sich ihr zuwenden? Elizabeth sagte mir einmal: »Ich musste ständig ihre Stimmung prüfen. Wenn sie schlecht drauf war, hielt ich Abstand. Wenn sie aber guter Laune war, konnte ich mit ihr reden. Sie hatte die Macht, mich glücklich zu machen, und ich tat mein Bestes, um von ihr Bestätigung zu bekommen.« Als Kind glaubte Elizabeth, dass sie für die negativen Stimmungen ihrer Mutter verantwortlich war. Das verleitete sie zu dem Schluss: »Mit mir stimmt etwas nicht.«

Mit Elizabeth war natürlich alles in Ordnung. Doch das Mädchen konnte sich die Launen ihrer Mutter nur so plausibel machen, dass es an ihm selbst liegen müsste – an seinem Verhalten oder, schlimmer noch, an seinem Charakter.

Ihre Abwehrmechanismen ersetzen irgendwann das Selbst

Statt sich selbst kennenzulernen und ein starkes, integriertes Selbst zu entwickeln, lernen emotional unreife Menschen in der Kindheit, dass bestimmte Gefühle schlecht und verboten sind. Sie bilden also Abwehrmechanismen gegen tiefgehende Regungen. Die Energie, die man gewöhnlich für den Aufbau eines funktionierenden Selbst verwendet, wird voll und ganz in die Unterdrückung natürlicher Instinkte gesteckt. Auch dies verringert die Fähigkeit, emotionale Nähe zu anderen herzustellen.

Die Kinder emotional unreifer Menschen merken nicht, wie unterentwickelt ihre Eltern sind. Sie gehen natürlich davon aus, dass sich hinter der abweisenden Maske ein voll entwickelter Mensch befindet, ein echtes Selbst, zu dem sie Kontakt aufnehmen könnten, wenn dies es nur zuließe. Das gilt vor allem, wenn ihnen vonseiten der Großen gelegentlich Anflüge von Zuneigung oder Aufmerksamkeit zuteilwerden.

Eine meiner Klientinnen erzählte mir einst: »Mit meinen Eltern bin ich wie folgt verfahren: Ich habe mir die guten Seiten herausgepickt und so getan, als sei *dies* ihre wahre Natur. Ich sagte mir, diese guten Seiten würden irgendwann gewinnen; das geschah allerdings nicht. Ich tat auch so, als wären ihre verletzenden Züge nicht real. Mittlerweile ist mir natürlich klar, dass *alles* Wirklichkeit war.«

Wenn die Abwehrmechanismen zu einem integralen Teil der Persönlichkeit werden, dann sind sie so faktisch wie Narbengewebe, das der Körper bildet. Es mag ursprünglich nicht dazugehört haben, doch sobald es sich entwickelt hat, ist es ein Teil des Gewebes. Diese Begrenzungen werden zu einem wichtigen Teil der Persönlichkeit. Ob solche Menschen am Ende authentischer und emotional verfügbarer werden, hängt von ihrer Fähigkeit zur Selbstreflexion ab.

Die meisten Betroffenen fragen sich irgendwann einmal, ob ihre Eltern sich je ändern werden. Letztlich hängt das ganz davon ab, ob diese bereit sind, sich selbst zu hinterfragen, denn das wäre der erste Schritt eines potenziellen Wandels. Unglücklicherweise zeigen sie aber keinerlei Interesse daran, über ihre Wirkung auf andere nachzudenken. Sie haben nicht den leisesten Ansporn, sich selbst zu erforschen. Und ohne diese Art der Selbstreflexion gibt es keine Möglichkeit einer Wendung zum Besseren.

Hannah

Hannah sehnte sich ihr Lebtag nach mehr Nähe zur strengen, hart arbeitenden Mutter. Als Erwachsene bat sie sie einst während eines ihrer Besuche, ihr doch mal etwas über sich zu erzählen, was sie Hannah nie gesagt hatte. Damit schockierte sie die Mutter zutiefst. Sie habe geblickt wie ein Wildtier, das mitten in der Nacht vom Scheinwerferlicht eines Autos geblendet wird. Dann sei sie in Tränen ausgebrochen und habe kein Wort mehr herausgebracht.

Hannah hatte das Gefühl, ihre Mutter mit dieser unschuldigen Frage geschockt und völlig aus der Fassung gebracht zu haben. Ohne es zu wissen, hatte sie die Abwehrmechanismen ihrer Mutter durchbrochen und war direkt auf jenen Teil ihrer Persönlichkeit gestoßen, den diese so sehr zu verbergen gesucht hatte: die Seele des kleinen Kindes, das sich heftig danach sehnte, dass jemand sich für seine Erfahrungen interessierte und es verstand. Hannahs Anteilnahme schnitt wie ein Messer durch die Schutzwälle, die ihre Mutter aufgebaut hatte, um ihre kindliche Vernachlässigung zu überstehen. Die Mutter konnte auch hier nicht umgehen mit dem Versuch, emotionale Nähe herzustellen.

Eine gehemmte Entwicklung führt zu einem stark verengten emotionalen Spektrum

Emotional unreife Menschen reagieren zwar durchaus leidenschaftlich, doch pflegen sie eine paradoxe Beziehung zu ihren Gefühlen. Sie werden selbst schnell tief bewegt, fürchten sich dennoch vor ihren authentischsten Empfindungen. Das liegt einfach daran, dass sie in einem familiären Milieu aufgewachsen sind, das ihnen keine Handhabe für den Umgang mit den eigenen Gefühlen gab, ja sie vielleicht sogar abstrafte, wenn sie irgendwelche Regungen zeigten. So haben sie internalisiert, Gefühle tunlichst zu vermeiden und schnell darüber hinwegzugehen. Gerade tiefe Empfindungen sehen sie als etwas höchst Bedrohliches.

Sie haben Angst vor Gefühlen

Emotional unreife Menschen sind häufig in Familien aufgewachsen, in denen man ihnen beibrachte, man müsste sich für spontane Gefühlsbezeugungen schämen (»So was tut man in dieser Familie nicht«). Auf diese Weise werden sie so konditioniert, dass es Strafe oder Tadel zur Folge hat, wenn sie ihre Gefühle äußern. Früher oder später wird für sie schon das leiseste Empfinden von Regungen – gleich welcher Art – zu etwas Negativem. Die Psychotherapeutin Leigh McCullough nennt dies »Affektphobie«.[17] Da diese Menschen ihre ureigensten Empfindungen als »schlecht« verurteilen, nehmen sie irgendwann ihre Gefühle gar nicht mehr richtig wahr. Emotionale Nähe wird so unmöglich. Sie versuchen also verzweifelt, ihre authentischen Reaktionen zu unterdrücken, und entwickeln entsprechende Abwehrmechanismen, statt sich ihren wahren Impulsen und Emotionen zu öffnen.[18]

Affektphobie kann zur Entwicklung einer engstirnigen, wenig flexiblen Persönlichkeit führen, da die Abwehrmechanismen gegen Gefühle meist recht rigide sind. Solche Menschen zeigen auf innige emotionale Bindungen eine nahezu automatische Angstreaktion. Gerade bei echten Gefühlen sehen sie sich als angreifbar und werden extrem nervös. Dabei haben sie ein Leben lang daran gearbeitet, eine schützende Fassade zu errichten, die sie vor emotionaler Verletzung bewahren sollte. Um jede Nähe abzuwehren, halten sie sich an ihr Hunderte Male durchgespieltes Lebensskript und tun alles, um bloß nichts empfinden zu müssen, geschweige denn darüber zu reden. Das gilt auch und gerade für Beziehungen.

Als Eltern übertragen diese Menschen ihre Angst vor Verletzlichkeit auf ihre Nachkommen. In solchen Familien hört man bei weinenden Kindern oft Sprüche wie »Ich geb dir gleich wirklich was zu heulen«. Kinder von Emotionsphobikern haben fast immer die Angst, sie könnten nicht mehr aufhören zu weinen, sobald erst einmal die Tränen zu fließen beginnen. Sie durften einfach nie herausfinden, dass Tränen ganz natürlich wieder versiegen, wenn das zugrunde liegende Gefühl seinen Ausdruck gefunden hat. Ihre Eltern schritten jedes Mal sofort ein, sobald sich ein emotionaler Ausbruch andeutete. Die Erfahrung, dass das Weinen seinen natürlichen Rhythmus hat und damit auch wieder aufhört, fehlt ihnen schlicht.

Wen wundert's da, dass Kinder unter solchen Bedingungen Angst vor ihren eigenen Gefühlen entwickeln? Häufig sind sogar positive Empfindungen wie Freude oder Spaß angstbesetzt. Anthony zum Beispiel erinnert sich an ein Erlebnis mit seinem Vater. Er hörte diesen abends nach Hause kommen und rannte vor Freude hinaus. Draußen sprang er über eine Pflanze, blieb mit dem Fuß hängen und riss sie heraus. Statt sich zu freuen, dass sein Sohn ihn bei der Heimkehr so stürmisch begrüßte, verpasste der Vater ihm eine Tracht Prügel. Resultat: Anthony lernte, Angst vor seinem Vater zu haben und spontane Freude stets abzuwürgen, da sie ihn ja in Schwierigkeiten bringen konnte.

Sie konzentrieren sich auf das Materielle und lassen Gefühle außen vor

Wie gesagt versorgen emotional unreife Eltern ihre Kinder meist recht gut, was Nahrung, Obdach und Ausbildung angeht. Da geben sie ihnen tatsächlich alles, was sie brauchen. Was man anfassen kann oder was mit äußeren Betätigungen zu tun hat, dabei bemühen sich die Eltern, ihren Kindern jeden Vorteil zu verschaffen. Wenn es aber um Gefühle geht, dann sind die Schotten dicht.

Viele meiner Klienten erinnern sich, dass ihre Eltern sie liebevoll versorgten, wenn sie krank waren. Dann bekamen sie Geschenke oder ihr Lieblingsessen. Das geschah aber erst, wenn die Eltern davon überzeugt waren, dass ihre Kinder auch tatsächlich krank waren. Diese Fürsorge interpretierten die Kleinen dann als Liebesbeweis. Meist war es die einzige Gelegenheit, bei der sie mit Aufmerksamkeiten überschüttet wurden.

Dabei ist dies nur logisch, denn wenn das Kind krank ist, haben die Eltern eine Rechtfertigung dafür, es mit Zuneigung und Aufmerksamkeiten zu »verwöhnen«. Liebevolle Zuneigung zu zeigen ist in den Augen dieser Eltern offensichtlich »sicher«, wenn es darum geht, die Gesundheit des Kindes wiederherzustellen. Materielles Verwöhnen ist vor diesem Hintergrund dennoch auch eher erlaubt als emotionale Zuwendung.

Bei Kindern, die sich einsam und verlassen fühlen, löst dies aber nur noch mehr Verwirrung aus. Da haben sie nun den eindeutigen Beleg dafür, dass ihre Eltern sie lieben und für sie Opfer bringen. Und trotzdem verspüren sie diesen Mangel an emotionaler Gewissheit, die nur aus der seelischen Nähe zu den Eltern entstehen kann, auch wenn sie nicht an körperlichen Beschwerden leiden.

Sie können ganz schöne Spaßverderber sein

Die Angst vor echten Gefühlen kann unentwickelte Menschen zu regelrechten Spaßbremsen werden lassen. Als Eltern nehmen sie keinen Anteil an der Freude ihrer Kinder. Sie wechseln entweder abrupt das Thema oder signalisieren ihnen gleich, dass es da nichts zu erhoffen gibt. Wenn ihre Kinder vor Freude außer sich sind, können sie mit einem bissigen Kommentar rechnen, der ihrem Glück sogleich einen Dämpfer aufsetzt. Als zum Beispiel eine meiner Klientinnen ihrer Mutter erzählte, wie sehr sie sich über ihr erstes eigenes Haus freute, war deren einzige Reaktion: »Ja, und jetzt hast du wieder was, worüber du stundenlang schwafeln kannst.«

Ihre Gefühle sind heftig, aber oberflächlich

Emotional unreife Menschen fühlen sich von starken Gefühlen meist überwältigt. Daher versuchen sie, diese zu vermeiden, indem sie sie so schnell wie möglich heraussprudeln. Statt das Gefühl tief innen zu empfinden, agieren sie oberflächlich. Dann sind sie hochemotional, häufig sogar sentimental und leicht zu Tränen gerührt. Oder sie gehen beim geringsten Anlass in die Luft vor Zorn. Ihre emotionale Reaktivität scheint sie als leidenschaftliche Gefühlsmenschen auszuweisen, doch der Ausdruck dieser Gefühle bleibt meist flach. Ein flüchtiges Aufwallen – dramatisch, aber keineswegs tief gehend.

Wenn man mit solchen Menschen zu tun hat, sorgt die merkwürdig oberflächliche Art ihrer Gefühle meist dafür, dass man ihre Klagen nicht wirklich ernst nimmt. Vielleicht sagen Sie sich ja, dass Sie mehr Mitgefühl aufbringen sollten, aber Ihr Herz findet zu diesen hohlen emotionalen Aufwallungen einfach keinen Zugang. Und weil sie so häufig überreagieren, lernen wir, schnell darüber hinwegzugehen – um unseres eigenen emotionalen Überlebens willen.

Gemischte Gefühle kennen sie nicht

Die Fähigkeit, gemischte Gefühle zuzulassen, ist ein weiteres Zeichen emotionaler Reife. Wenn jemand imstande ist, so widersprüchliche Emotionen wie Glück und Schuld, Wut und Liebe zugleich zu empfinden, heißt dies, dass er sich der Vielschichtigkeit des Lebens bewusst ist. Widerstreitende Gefühle tarieren sich gegenseitig aus, falls wir nicht eine Seite ignorieren. Wenn wir fähig geworden sind, unterschiedliche Regungen zur selben Zeit zuzulassen, reift unsere Welt zu etwas Tieferem und Reicherem heran. Statt einer einzigen intensiven, eindimensionalen Emotion empfinden wir einen Facettenreichtum unterschiedlicher Regungen, der den Nuancen der Wirklichkeit viel eher gerecht wird. Die Reaktionen emotional unreifer Menschen hingegen bleiben meist im Schwarz-Weiß stecken. Grautöne gibt es für sie nicht. Zwiespältigkeit, Hin-und-hergerissen-Sein und andere emotional komplexe Reaktionen existieren außerhalb ihrer Welt.

Gedankliche Unterschiede

Reife und unreife Menschen unterscheiden sich jedoch nicht nur im Empfinden und im Verhalten, sondern häufig auch intellektuell. Wenn Ihre Eltern in einer familiären Atmosphäre groß geworden sind, die von Angst und Verurteilung geprägt war, haben sie vermutlich gelernt, komplexe Sachverhalte auf das unbedingt Nötige zu verengen. Ängste in der frühen Kindheit führen nicht nur zu emotionaler Unreife, sondern auch zu einem stark vereinfachten Denken, das den Spagat zwischen den Gegensätzen nicht beherrscht. Ein repressives familiäres Umfeld unterdrückt den Selbstausdruck und die freie Gedankenarbeit, daher ist es der geistigen Entwicklung meist nicht gerade förderlich.

Probleme mit abstraktem Denken

Als Heranwachsende beginnen Kinder gewöhnlich, abstrakt und analytisch zu denken, das heißt, Probleme unter Einsatz von Vernunft und Logik zu lösen. Sie lassen sich nicht mehr so von ihren Impulsen leiten. Das Gehirn erfährt während dieser Zeit einen wahren Entwicklungsschub. Die Kinder werden objektiver und entwickeln gleichzeitig mehr Fantasie. Sie ordnen Konzepte zu Kategorien und denken in Symbolen. Das geht weit über das bloße Merken hinaus. Sie fangen an, Konzepte zu beurteilen, statt nur Fakten zu vergleichen. Sie können nun unabhängig denken und Hypothesen entwickeln und so aus dem bereits Gelernten neue Einsichten gewinnen. Wenn Kinder zu Teenies heranwachsen, erhält auch ihre Fähigkeit zur Selbstreflexion einen regelrechten Schub. Dann werden sie fähig, ihr eigenes Denken zu hinterfragen.[19]

Bei emotional unreifen Menschen allerdings verhindern Ängste und Abwehrmechanismen, dass ihr Intellekt diese Ebene erreicht. Da sie meist ein hilfloser Spielball ihrer Emotionen sind, schaffen sie unter Anspannung den Sprung auf jene höhere Etage des Denkens nicht. Ihre mangelnde Gabe der Selbstreflexion hat ihre Wurzeln in ebendiesem Entwicklungsschritt: Sie verfallen in kindliche Muster und verlieren die Fähigkeit, über ihre mentalen Prozesse nachzudenken. Bei Themen, die ein Auf und Ab der Gefühle auslösen, denken sie nur noch im Entweder-oder-Modus. Dann sind komplexe Überlegungen nicht mehr möglich, und Ideen können nicht miteinander verknüpft werden.

Emotional unreife Menschen, die ansonsten durchaus klug erscheinen, können abstrakt und analytisch denken, solange sie sich nicht bedroht fühlen. Doch ihre intellektuelle Objektivität ist auf Themen begrenzt, die nicht emotional besetzt sind. Für ihre Kinder ist dies zutiefst verwirrend, da sie an ihren Eltern zwei vollkommen verschiedene Seiten kennenlernen: Sie sind manchmal intelligent und verständnisvoll, dann wiederum engstirnig und unvernünftig, sodass man mit ihnen einfach nicht reden kann.

Neigung zu rein konkretem Denken

Wenn man Gesprächen emotional unreifer Menschen lauscht, kommt man meist nicht umhin zu bemerken, dass ihr Denken auf der Ebene der persönlichen Erfahrung stehen bleibt und dass sie selbst Metaphern, sarkastische Äußerungen und so weiter eher wortwörtlich auffassen. Sie reden über das, was sie erlebt und beobachtet haben, aber niemals über Ideen oder Gefühle, die dieses Erleben angestoßen haben könnten. Einer meiner Klienten fand die Telefonate mit seiner Mutter anstrengend und langweilig, weil sie nie über interessante Themen sprach. Sie stellte ihm immer völlig alltägliche Fragen wie »Was machst du denn gerade?« oder »Wie ist denn das Wetter so bei euch?«. Er erzählte: »Sie betet einfach irgendwelche Fakten herunter, zum Beispiel was sich in ihrer Stadt so zugetragen hat, und mehr geht da nicht. Sie baut beim Gespräch einfach keine Beziehung zu mir auf. Das nervt mich so, dass ich am liebsten sagen würde: ›Können wir nicht mal über irgendetwas reden, was uns beiden etwas bedeutet?‹ Aber das kann sie einfach nicht.«

Zwanghaftes Intellektualisieren

Andererseits können emotional unreife Menschen auch hyperintellektualisieren und sich auf bestimmte Themen fixieren. Auf diesen Gebieten sind sie dann in der Lage, abstrakt zu denken – tatsächlich nur zu gut. Aber sie nutzen diese Fähigkeit nicht, um über sich selbst nachzusinnen oder anderen Menschen mit Einfühlungsvermögen zu begegnen. Ihre Begeisterung für Ideen bringt sie ganz im Gegenteil immer weiter weg von der Empfindung emotionaler Nähe. Dann reden sie lange und ausführlich über ihre Lieblingsthemen, gehen dabei aber kein Jota auf ihr Gegenüber ein. Resultat: Mit ihnen zu reden ist genauso schwierig wie mit jemandem, der nur seinen überschaubaren Alltag kennt. Obwohl sie abstrakt denken, wenn sie über ihre Ideen sprechen, fühlen sie sich doch nur wohl, wenn das Gespräch unpersönlich und intellektuell bleibt.

Kurz gesagt

Emotionale Unreife ist ein höchst reales Phänomen, das von der Psychologie schon lange erforscht wird. Sie untergräbt die Fähigkeit der Betroffenen, mit Stress umzugehen und eine gefühlsmäßige Nähe zu anderen aufzubauen. Diese Menschen wachsen häufig in einem familiären Umfeld auf, das ihre emotionale und intellektuelle Entwicklung behindert hat. Aus dem Grund ist ihr Zugang zum Leben stark beschränkt. Sie schneiden alle Situationen auf das zu, was ihre schwach entwickelten Bewältigungsstrategien gerade noch schaffen können. Dieses enge Selbstgefühl macht sie zu Egoisten und verhindert, dass sie die Bedürfnisse und Gefühle anderer Menschen wahrnehmen. Ihre emotionale Reaktivität, ihr absolutes Fehlen von Objektivität und die Angst vor emotionaler Nähe bewirken, dass enge Beziehungen mit ihnen schwer auszuhalten sind. Das gilt vor allem für ihre Kinder.

Im nächsten Kapitel werden wir uns damit beschäftigen, wie Kinder sich fühlen, wenn ein Elternteil so geartet ist, und vor welchen Herausforderungen sie stehen, wenn sie eine echte Kommunikation zu ihm aufbauen möchten.

Kapitel 3

Wie es sich anfühlt, emotional unreife Eltern zu haben

In diesem Kapitel werden wir uns ansehen, wie emotional unreife Eltern mit Beziehungen umgehen und wie sie dabei die Bedürfnisse ihrer Kinder missachten. Dass Kinder solcher Eltern meist Einsamkeit und Verzweiflung empfinden, dürfte niemanden verwundern.

Wir haben ja keine Wahl, was unsere frühesten Beziehungen angeht. Unsere stärkste Bindung haben wir zu dem Elternteil, der sich zuallererst um uns kümmert, an den wir uns wenden, wenn wir hungrig sind, Angst haben, müde sind oder krank. Wenn es uns gutgeht, dann nehmen wir auch Verbindung zu anderen auf, vor allem, um mit ihnen zu spielen; aber sobald es zu Problemen kommt oder wir dringende Bedürfnisse haben, wenden wir uns schleunigst wieder unserem »Primärversorger« zu.[20]

Die Innigkeit dieser frühkindlichen Beziehung erklärt, warum sie zu emotional unreifen Eltern langfristig so unglaublich enttäuschend sein kann. Das Verhältnis mit ihnen mag schwierig sein, doch wenn wir von ihnen getrennt sind, haben wir das Gefühl, als fehle uns etwas Essenzielles. Unsere frühesten Instinkte bringen uns dazu, von unseren Eltern stets Fürsorge und Verständnis zu erwarten.

Test

Schätzen Sie Ihre Probleme mit einem emotional unreifen Elternteil ein

Mangelnde emotionale Reife zeigt sich am deutlichsten innerhalb von Beziehungen. Ihre Auswirkungen sind umso folgenreicher, wenn es sich dabei um eine Eltern-Kind-Bindung handelt. Lesen Sie sich die folgenden Aussagen durch, die die ganze Bandbreite emotional belastender Erfahrungen von Kindern mit unreifen Eltern abdecken. Kreuzen Sie jene Aussagen an, die auch auf Ihre Kindheit zutreffen. Wenn Sie den Fragebogen für mehr als einen Elternteil (zum Beispiel auch Stiefeltern) ausfüllen oder nicht ins Buch schreiben möchten, machen Sie sich wieder Kopien davon.

- ☐ Ich hatte nie das Gefühl, dass man mir zuhört. Ich bekam nur selten die volle Aufmerksamkeit meines Vaters/meiner Mutter.
- ☐ Die Stimmung meines Vaters/meiner Mutter überschattete den gesamten Haushalt.
- ☐ Mein Vater/meine Mutter war sich meiner Gefühle nicht bewusst.
- ☐ Ich dachte immer, ich müsse wissen, was mein Vater/meine Mutter von mir wollte, ohne dass er/sie etwas sagte.
- ☐ Ich hatte das Gefühl, nie genug tun zu können, um meinen Vater/meine Mutter glücklich zu machen.
- ☐ Ich bemühte mich mehr, meinen Vater/meine Mutter zu verstehen, als er/sie sich bemühte.
- ☐ Offene, aufrichtige Gespräche mit meinem Vater/meiner Mutter waren schwierig bis unmöglich.
- ☐ Mein Vater/meine Mutter dachte, die Leute sollten einfach ihre Rolle spielen und nicht dagegen verstoßen.
- ☐ Mein Vater/meine Mutter achtete mein Privatleben nicht und überschritt dabei häufig Grenzen.

- ☐ Ich hatte immer das Gefühl, mein Vater/meine Mutter halte mich für zu sensibel und gefühlig.
- ☐ Mein Vater/meine Mutter verteilte seine/ihre Aufmerksamkeit nicht gleichermaßen auf alle Kinder.
- ☐ Mein Vater/meine Mutter hörte nicht mehr zu, wenn das, was gesagt wurde, ihm/ihr nicht in den Kram passte.
- ☐ Ich fühlte mich häufig schuldig, dumm, schlecht oder beschämt in der Nähe meines Vaters/meiner Mutter.
- ☐ Mein Vater/meine Mutter entschuldigte sich nur ganz selten oder versuchte, die Lage irgendwie zu entschärfen, wenn dicke Luft war.
- ☐ Ich hatte oft eine unglaubliche Wut auf meinen Vater/meine Mutter, die ich nicht zeigen durfte.

Jede der Aussagen beruht auf Beobachtungen, die in diesem Kapitel vorgestellt werden. Ihr Vater und/oder Ihre Mutter mögen nicht alle Kennzeichen aufweisen, mit denen wir uns bislang beschäftigt haben, aber wenn Sie mehr als ein Kreuz gemacht haben, gibt es eine gewisse Wahrscheinlichkeit, dass er/sie emotional unreif war.

Kommunikation ist schwierig bis unmöglich

Wenn Sie je versucht haben, eine Beziehung zu einem emotional unreifen Elternteil aufzubauen, der zu seelischer Nähe mehr oder weniger unfähig ist, haben Sie sich vermutlich in der Folge wie nicht vorhanden gefühlt. Selbst wenn Ihr Elternteil zu den netteren Vertretern dieser Gattung gehört, hat er vermutlich eine sehr begrenzte Aufmerksamkeitsspanne, wenn es um die Interessen anderer Menschen geht. Vielleicht haben Sie jahrelang nach einem Kanal gesucht, über den Sie kommunizieren können, nur um sich jedes Mal aufs Neue ungesehen und ungehört zu fühlen. Vermutlich hat Sie das entsprechend frustriert. Die mangelnde Sensibilität Ihres Elternteils ist dafür der beste Garant.

Eine meiner Klientinnen sagte einmal über ihre selbstbezogene Mutter: »Sie glaubt, wir stünden uns *so* nahe, dabei empfinde ich die Beziehung als völlig unbefriedigend. Es macht mich verrückt, wenn sie anderen Leuten erzählt, ich sei ihre beste Freundin.«

Die Kommunikation mit solch unentwickelten Menschen ist eine Einbahnstraße. Ein Austausch, zu dem beide etwas beitragen, interessiert sie einfach nicht. Sie sind wie kleine Kinder, die alle Aufmerksamkeit für sich wollen. Alle sollen sich dafür interessieren, was ihnen gefällt. Wenn andere mehr Aufmerksamkeit bekommen als sie, finden sie Wege, sich wieder in den Mittelpunkt des Interesses zu stellen. Sie unterbrechen die anderen, feuern eine launige Bemerkung nach der anderen ab oder wechseln ganz einfach das Thema. Und wenn dies nicht hilft, ziehen sie sich eben gelangweilt zurück und machen deutlich, dass all das sie gerade gar nicht interessiert – was das allgemeine Interesse erneut auf sie lenkt.

Brenda

Mildred, Brendas schon ältere Mutter, war immer stark auf sich selbst bezogen gewesen. Wenn sie ihre Tochter in den Ferien besuchte, war diese danach jedes Mal vollkommen geschafft. Bei einer Sitzung unmittelbar nach einem Besuch ihrer Mutter sah Brenda um Jahre gealtert aus.

Damals erzählte sie mir Folgendes: »Meine Mutter interessiert sich nur für sich selbst. Sie fragt mich nie, wie es mir geht oder wie es in der Firma läuft. Sie will nur wissen, was ich tue, damit sie mit mir bei ihren Freundinnen angeben kann. Ich denke nicht, dass sie irgendetwas wirklich aufgenommen hat, was ich ihr sagte. Es bleibt einfach nichts hängen. Wir hatten nie eine richtige Beziehung, weil es immer nur um sie geht. Meine emotionalen Bedürfnisse hat sie nie erfüllt. Es ist ihr gleichgültig, ob ich glücklich bin. Und über das, was ich sage, geht sie einfach hinweg. Wenn sie mich besucht, ist alles einfach nur anstrengend. Ich muss mit einem total oberflächlichen Menschen zusammen sein, der dauernd will, dass ich irgendetwas für ihn tue. Ich weiß nicht, wieso sie den Nerv hat, ständig etwas zu fordern.«

Obwohl Mildred schon über achtzig war, blieb sie egozentrisch wie ein trotziges Gör. Brenda verstand zwar auf der intellektuellen Ebene, dass ihre Mutter einfach unreif war, der Umgang mit ihr machte sie aber immer noch wütend. Sie sagte mir: »Ich wünschte, Mama würde mir nicht ständig so unter die Haut gehen. Ich bin schon enttäuscht, weil ich immer noch wütend werde, wenn ich mit ihr zusammen sein muss.«

Während Mildreds Besuch versuchte Brenda mehrmals, sie mit irgendetwas zu beschäftigen, damit sie sich ungestört auf den nahenden Schulanfang vorbereiten konnte. Doch es dauerte keine zehn Minuten, da rief die Mutter nach ihr, sie solle ihr doch dies oder jenes bringen. Es war enervierend, ständig unterbrochen zu werden, doch das war nicht der einzige Grund für Brendas Ärger. Der folgende Abschnitt macht deutlich, woher dieser Groll kommt.

Sie machen wütend

Der Kinderpsychiater John Bowlby hat sein Leben lang mit Kindern gearbeitet und herausgefunden, dass schon Babys wütend werden, wenn ihre Eltern sie allein lassen. Traurigkeit wäre eine durchaus zu erwartende Konsequenz aus diesem Verlustgefühl, doch Bowlby gelang es zu zeigen, dass in dem Zusammenhang auch Ärger eine ganz normale Reaktion ist.[21] Verständlich, denn Ärger und Wut sind Anpassungsreaktionen auf das Gefühl, verlassen worden zu sein. Sie geben uns die Energie, gegen ungesunde emotionale Zustände zu protestieren und diese nach Möglichkeit zu ändern.

Vor dem Hintergrund ist Brendas Zorn auf die Mutter keineswegs undankbar oder irrational. Er ist vielmehr eine normale biologische Reaktion auf das Gefühl der Hilflosigkeit. Sich nicht beachtet oder wahrgenommen zu fühlen schafft schließlich eine emotionale Kluft. Für Brenda fühlte sich das immer wieder so an, als würde ihre Mutter sie allein lassen.

Nachdem Brenda eingesehen hatte, dass die Selbstbezogenheit ihrer Mutter eine Art Verlassenwerden war, verstand sie zum ersten Mal die Tiefe ihres Zorns. Diese Regung war also durchaus nicht überzogen, sie zeigte nur eine ganz normale Reaktion auf eine starke emotionale Verletzung. Kaum hatte Brenda verstanden, woher ihr Ärger kam, sah sie sich in einem anderen Licht. Sie war ein vollkommen normales Kind gewesen. Sie hatte nur die Wut erfahren, die jedes Kind erlebt, wenn die Eltern sich entfernen oder auf seine Bedürfnisäußerungen einfach nicht reagieren.

Manchmal unterdrücken Kinder solcher Eltern ihren Zorn und richten ihn zuweilen sogar gegen sich selbst. Möglicherweise haben sie ja gelernt, dass es zu gefährlich ist, Ärger direkt zu äußern. Vielleicht fühlen sie sich aber auch schuldig, weil sie zornig sind, und haben deshalb Angst, ihre Wut überhaupt wahrzunehmen. Wenn der Ärger auf diese Weise nach innen verlagert wird, werden die Menschen kritiksüchtig und machen sich völlig unrealistische Vorwürfe. Das kann zu schweren Depressionen, ja sogar Selbstmordgedanken führen – diese sind stets der stärkste Ausdruck von Zorn auf sich selbst. Andere Menschen äußern ihre Wut auf passiv-aggressive Weise. Sie zeigen ihren Eltern oder anderen Autoritätsfiguren, wo's langgeht, indem sie zu spät kommen, alles vergessen, lügen oder ihnen gleich ganz aus dem Weg gehen.

Sie kommunizieren über emotionale Ansteckung

Da emotional unreife Menschen sich ihrer Gefühle nur selten bewusst sind und für ihren Ausdruck auch keinen Wortschatz entwickelt haben, agieren sie ihre emotionalen Bedürfnisse aus, statt über sie zu reden. Vielmehr verbreiten sie ihre Gefühle durch einen Mechanismus, den man in der Psychologie als »emotionale Ansteckung« bezeichnet:[22] Sie bringen andere dazu, das zu fühlen, was sie selbst empfinden.

Mit demselben Mechanismus signalisieren Babys und Kleinkinder ihre Bedürfnisse. Sie schreien und machen Terror, bis ihr Versorger herausgefunden hat, was nicht stimmt, und ihnen gibt, was sie brauchen. Die emotionale Ansteckung überträgt sich vom Kind auf den Erwachsenen und bringt diesen dazu, das Kleine so schnell wie möglich zu beruhigen.

Unentwickelte Erwachsene kommunizieren ihr Befinden ebenfalls auf diese primitive Art. Sind sie Eltern, dann versetzen sie dadurch ihre Kinder und alle Menschen in ihrer Umgebung in Aufregung. Typischerweise tut dann jeder alles, damit sie sich sofort besser fühlen. Bei dieser Rollenumkehr wird das Kind vom Elternteil angesteckt und fühlt sich dafür verantwortlich, dass es diesem gutgeht. Doch wenn der signalisierende Elternteil nie versucht, seine Gefühle klar zu analysieren, wird dieser Zustand niemals erreicht. Stattdessen verbreiten sich die Signale munter weiter und versetzen die ganze Umgebung in Aufruhr, sodass jeder reagiert, ohne auch nur die leiseste Ahnung zu haben, worum es eigentlich geht.

Emotionale »Arbeit« kann man von ihnen nicht erwarten

Emotional unreife Eltern versuchen erst gar nicht zu verstehen, welche seelischen Erfahrungen andere Menschen machen. Das gilt auch für ihre eigenen Kinder. Wenn man ihnen vorwirft, sie seien für die Gefühle oder Bedürfnisse anderer einfach nicht sensibel, gehen sie zum Angriff über: »Das hättest du doch nur zu sagen brauchen!« Dann folgt eine kleine Tirade darüber, dass sie ja schließlich keine Gedankenleser seien. Oder sie entgegnen, der Betroffene sei überempfindlich. Die Botschaft bleibt die gleiche: Man kann von ihnen nicht erwarten, dass sie sich Mühe geben herauszufinden, was in jemand anderem vorgeht.

In einem Artikel verwendet die Psychotherapeutin Harriet Fraad den Begriff »emotionale Arbeit« für den aktiven Versuch, andere zu verstehen:

> *»Emotionale Arbeit heißt, dass wir Zeit, Mühe und Energie – also Hirnschmalz und Muskeln – darauf verwenden, emotionale Bedürfnisse zu begreifen und zu erfüllen. Damit meine ich das menschliche Bedürfnis, sich geliebt, geschätzt, gewollt und liebevoll versorgt zu fühlen. Emotionale Bedürfnisse werden häufig nicht ausgesprochen. Sie bleiben unbewusst, unerkannt. Emotionale Arbeit fällt häufig mit körperlicher Arbeit zusammen (um Güter oder Dienstleistung zur Verfügung zu stellen), doch sie unterscheidet sich von Letzterer vor allem dadurch, dass sie speziell auf das Gefühl des Geliebt-, Geschätzt-, Gewollt- und Versorgtwerdens abzielt.«*[23]

Sie erläutert weiter, manche Menschen merkten mitunter gar nicht, dass sie in gefühlsmäßiger Hinsicht Unterstützung brauchen, da solche Bedürfnisse häufig vage beziehungsweise unbewusst bleiben. Andere Menschen verbergen gerade diese Bedürfnisse, weil sie sich ihrer schämen. Der Helfende muss also taktvoll und sozusagen auf Schleichwegen vorgehen, damit der Betreffende sein Gesicht wahren kann.

Emotionale Arbeit ist ein harter Job. Wer auf diesem Gebiet tätig ist, muss im anderen lesen können wie in einem Buch, um zu merken, ob seine Bemühungen auch fruchten. Sie ist ein wesentliches Element vieler sozialer Rollen beziehungsweise Berufe. Wird sie richtig gehandhabt, merken die »Nutznießer« das häufig nicht einmal. Die »erfolgreiche« Mutter, aber auch die meisten Menschen in Pflegeberufen sind solche typischen »emotionalen Arbeiter«, die kaum Würdigung erfahren.

Reife Menschen jedenfalls übernehmen diesen »Job« in Beziehungen ganz automatisch, weil sie sich ihrer selbst gewahr sind und sich in andere einfühlen können. Es würde ihnen niemals entgehen, wenn jemand schlecht drauf ist, der ihnen wichtig ist. So gelingt es ihnen, mit allen möglichen Situationen im Kontakt mit anderen Menschen umzugehen, ohne jemandem allzu nahe zu treten. Ob nun zu Hause oder im Büro, dieser Einsatz sorgt für funktionierende Beziehungen und guten Willen zwischen den Beteiligten.

Wenig entwickelte Menschen hingegen sind stolz darauf, dass ihnen diese Gabe *fehlt.* Ihre impulsiven und unsensiblen Einwürfe rechtfertigen sie gewöhnlich mit Aussagen wie »Ich sage halt das, was ich denke« oder »Ich kann mich auch nicht ändern, so bin ich nun mal«. Wenn man sie darauf hinweist, dass es keineswegs ein Zeichen von Intelligenz ist, alles auszuplaudern, was einem gerade durch den Kopf schießt, beziehungsweise dass manche Menschen reifen, ohne sich »auch nicht ändern zu können«, echauffieren sie sich meistens und tun den Einwand als lächerlich ab.

Man könnte fast den Eindruck haben, sie fühlten sich einfach nicht zuständig, solange andere ihren Schmerz oder ihre Probleme nicht deutlich hörbar in Worte fassen. Sie glauben, man könne von ihnen nicht verlangen, sich emotional auf andere einzustellen. Doch reife Menschen sind sich immer bewusst, was in anderen vorgeht. Dies gehört einfach dazu, wenn man gute Beziehungen pflegen will. Aber für Leute, die keinerlei Einfühlungsvermögen haben und das Innenleben ihrer Mitmenschen für ein unentwirrbares Rätsel halten, ist emotionale Arbeit alles andere als natürlich. Das mag ein Grund dafür sein, warum sie sich immer wieder beklagen, wenn man von ihnen erwartet, sie sollten sich diesbezüglich etwas anstrengen.

Man kann ihnen eigentlich nicht helfen

Interessanterweise sind Menschen mit diesem emotionalen Defizit zwar geradezu süchtig nach der Aufmerksamkeit anderer, Hilfe annehmen können sie aber nicht – ein Punkt, auf den die Psychotherapeutin Leigh McCullough[24] in ihren Forschungsarbeiten hingewiesen hat. Die Betreffenden wünschen sich, dass andere ihre Probleme wahrnehmen, doch macht man ihnen Lösungsvorschläge, beißt man auf Granit. Sie weisen auch alles zurück, was ihnen vielleicht das Gefühl vermitteln könnte, liebevollen Beistand zu erhalten. Sie ziehen andere mit in ihr Dilemma hinein, doch wer zu helfen versucht, bekommt unweigerlich eine Abfuhr.

Außerdem scheinen sie von anderen regelrecht zu erwarten, dass sie ihre Gedanken lesen. Ist dies nicht der Fall, reagieren sie schnell verärgert.[25] Sie mögen es nicht, ihre Bedürfnisse offen zu äußern. Sie halten sich lieber zurück und beobachten, ob jemand merkt, wie sie sich fühlen. Die klassische Forderung eines solchen Menschen ist ja: »Wenn du mich wirklich liebtest, wüsstest du schon, was ich von dir bräuchte.«

Eine meiner Klientinnen erzählte mir einmal, ihre Mutter bleibe immer im Wohnzimmer sitzen, ohne ein Wort zu sagen, wenn jemand aus der Familie in die Küche ging. Kam diese Person dann zurück, beschwerte sie sich bitterlich, dass man sie nicht gefragt hatte, ob sie auch etwas brauche. Statt also ihre Bedürfnisse von sich aus zu äußern, veranstalten diese Menschen oft lieber ein unangekündigtes Ratespiel, bei dem sich am Ende jeder unwohl fühlt.

Beziehungen kitten? Unmöglich!

In jeder Gemeinschaft kommt es früher oder später zu Problemen. Daher ist es wichtig, mit Konflikten umgehen zu lernen, damit die Beziehung auch in Wind und Wetter nicht leckschlägt. Wer zugibt, einen Fehler gemacht zu haben und es in Zukunft besser machen zu wollen, braucht Mut und Reife. Emotional unreife Menschen aber können sich ihren Fehlern nicht stellen.

Wer unter einem solchen Zeitgenossen zu leiden hat, glaubt am Ende sogar, mit ihm selbst müsse etwas verkehrt sein, weil ihm das Verhalten des anderen wehtut. Denn emotional unreife Menschen erwarten gleichsam, dass man sie sofort vom Haken lässt, wenn es um die Schuldfrage geht. Möglicherweise zeigen sie sich noch beleidigt, weil man ihnen nicht schnell genug verziehen hat.

Nach einem Streit machen die meisten Menschen den Versuch, die Scherben wieder zu kitten, wie dies der Experte für dauerhafte Liebesbeziehungen John Gottman dargelegt hat.[26] Sie entschuldigen sich, bitten um Vergebung und versuchen, etwaigen Schaden nach bestem Wissen und Gewissen wiedergutzumachen. Emotional unreife Menschen aber haben eine vollkommen unrealistische Vorstellung davon, was Vergebung bedeutet. In ihren Augen soll sie einen Neustart bewirken, als hätte das Zerwürfnis nie stattgefunden. Sie haben kein Gespür dafür, dass bestimmte Vorkommnisse erst emotional verarbeitet werden müssen und es manchmal Zeit braucht, bis man eine schwere Erschütterung wirklich überwunden hat. Sie wollen lediglich, dass alles wieder normal ist. Der Schmerz anderer ist da nur wie ein Haar in der Suppe. Alles wäre bestens, wenn der andere endlich über seine Gefühle hinwegkäme.

Sie brauchen einen Spiegel

Das Spiegeln ist ebenfalls eine Form der Empathie, die Verbundenheit signalisiert. Seelisch reife Eltern geben sie ihrem Kind unaufgefordert. Sensible und emotional verfügbare Eltern spiegeln die Gefühle ihrer Kinder, indem sie dieselben Emotionen zeigen, die sie ihnen vom Gesicht ablesen können.[27] Sie sehen besorgt drein, wenn die Kinder traurig sind, und spiegeln Begeisterung, wenn die Kleinen sich freuen. So weisen sensible Eltern ihre Kinder in die Welt der Gefühle ein und vermitteln ihnen, wie man auf dieser Ebene einen spontanen Austausch zustande bringt. Außerdem gibt das Spiegeln dem Kind das Gefühl, als Individuum gesehen und verstanden zu werden. Bei Kindern seelisch unreifer Eltern bleibt dies aus. Eine meiner Klientinnen sagte einmal über ihre Mutter: »Sie sieht mich nicht, wie ich wirklich bin. Sie wird mich nie kennen, obwohl ich ihr Kind bin.«

Solche Eltern erwarten von ihren Kindern nämlich, dass diese *ihnen* ein gutes Gefühl vermitteln. Wenn die Kinder dann plötzlich eigene Bedürfnisse zeigen, kann dies bei den Eltern zu Panik führen. Extrem unreife Eltern greifen nun mitunter zu drakonischen Strafen. Sie drohen damit, das Kind zu verlassen, und beschämen es, um die Kontrolle zurückzubekommen und ihr Selbst aufzuwerten – auf Kosten der Kleinen.

Cynthia

Cynthias Mutter Stella war ausgesprochen launisch. Sie erwartete von ihrer Tochter, dass sie sie in jeder ihrer Stimmungen bestärkte, als wäre sie ein emotionaler Klon. Als Cynthia Anfang zwanzig beschloss, nun auf Reisen zu gehen, explodierte Stella regelrecht: »Du wirst enterbt!« Sie brach jeden Kontakt zu ihrer Tochter ab. Sie sprach monatelang nicht mit ihr, nicht einmal an ihrem Geburtstag. Cynthia fasste die Botschaft, die ihre Mutter ihr dadurch gab, so zusammen: »Du wolltest selbstständig sein. Du hast mich verlassen. Ich will nichts mehr mit dir zu tun haben.«

Bei anderer Gelegenheit, als Cynthia ihrer Mutter von ihrem Plan erzählte, eine Freundin in Kanada zu besuchen, blockierte Stella das Sparkonto für Cynthias Collegeausbildung. Sie warf ihrer Tochter Selbstsucht vor, weil sie reisen wollte, und meinte: »Ich weiß nicht, was mit dir los ist. Im Leben geht's doch nicht um Spaß!« Stella fühlte sich nur sicher, wenn Cynthia ihr das begrenzte Leben reflektierte, das sie selbst führte.

Glücklicherweise hatte Cynthia eine starke Persönlichkeit. Sie zog das College durch und wurde Flugbegleiterin, ein Beruf, der sie an alle möglichen exotischen Orte führte. Aber tief in ihrem Inneren hatte sie stets die Vorstellung, sie müsse in einer Beziehung den Partner immer beruhigen und ihm seine Gefühle spiegeln. Sie erzählt mir, sie hätte Angst, dass ein möglicher Partner vielleicht wie ihre Mutter reagieren könnte und sie dafür bestrafen würde, weil sie anders war als er.

Ihr Selbstwertgefühl hängt davon ab, wie weit andere ihnen nachgeben

Emotional unreife Menschen haben nur dann ein positives Gefühl vom eigenen Wert, wenn sie andere dazu bringen, ihnen zu geben, was sie wollen, und zu tun, was sie sagen. Natürlich steht solch ein »Selbstwertgefühl« auf tönernen Füßen. Für die Betreffenden ist es daher schwierig, die Empfindungen ihrer Kinder zu akzeptieren. Ein weinendes Kind schürt ihre Ängste, selbst nicht gut genug zu sein. Wenn sie das Kind nicht sofort beruhigen können, fühlen sie sich als Versager, und schuld ist dann natürlich das Kleine.

Jeff zum Beispiel erinnert sich noch gut an seine Kindheit. Er bat seinen Vater um Hilfe bei den Hausaufgaben. Als Jeff seine Erklärungen nicht gleich begriff, schrie der Vater ihn an: »Wie blöd bist du eigentlich? Jetzt ist Schluss mit deiner Faulheit! Du gibst dir einfach keine Mühe.« Jeff war niedergeschmettert, und natürlich hat er seinen Vater nie wieder um Hilfe gebeten. Als Kind konnte er nicht verstehen, dass dieser nur fürchtete, in seiner Rolle versagt zu haben, weil er seinem Sohn nicht sofort zu einem besseren Verständnis verhelfen konnte. Seine Reaktion hatte mit Jeff überhaupt nichts zu tun.

So jemand reduziert jede soziale Interaktion letztlich auf die Frage, ob er ein guter oder schlechter Mensch ist. Das macht verständlich, warum diese Leute sich dermaßen in die Defensive gedrängt fühlen, will man mit ihnen über ihr Verhalten reden. Häufig reagieren sie schon auf zarte diesbezügliche Andeutungen mit einer extremen Aussage wie »Nun, dann bin ich ja wohl die schlechteste Mutter der Welt!« oder »Ich mache ja wohl gar nichts richtig«. Sie stellen eher die Kommunikation ein, als sich etwas anzuhören, was ihnen das Gefühl gibt, in irgendeiner Angelegenheit falschgelegen zu haben.

Die Rollenverteilung ist ihnen heilig

Wenn es etwas gibt, woran sie mit aller Macht festhalten, dann ist es die Rollenverteilung im sozialen Gefüge. Rollen machen das Leben und alle Entscheidungen einfach. Haben solche Menschen die Elternrolle inne, verlangen sie, dass auch ihre Kinder sich an ihren Part halten, indem sie gehorchen und ihre Eltern respektieren. Zur Begründung führen sie meist irgendwelche Allgemeinplätze an, denn das reduziert komplizierte Situationen auf einen einfachen Nenner, was den Umgang damit erleichtert.

Der Anspruch und die eigene Rolle

Mit dem Ausfüllen einer Rolle wird häufig das Recht verbunden, sich auf eine bestimmte, angeblich zu dieser Maske gehörige Weise verhalten zu dürfen. Emotional unreife Eltern glauben, nach Gutdünken schalten und walten zu können, eben weil sie die Elternposition innehaben. Sie benehmen sich, als hätten sie automatisch das Recht, Grenzen zu verletzen und andere respektlos zu behandeln.

Mardis Eltern liefern uns hier ein geradezu klassisches Beispiel. Mardi und ihr Mann zogen in eine andere Stadt, nachdem Mardis Mann versetzt worden war. Bald darauf zogen auch Mardis Eltern in die Nähe. Sobald sie sich ein Haus in der Nachbarschaft gesucht hatten, kamen sie jederzeit einfach unangemeldet vorbei, ja sie gingen einfach ins Haus, ohne geklingelt, geschweige denn gefragt zu haben. Als Mardi ihnen sagte, sie sollten doch bitte vorher kurz anrufen, meinten ihre Eltern völlig entrüstet, dass sie schließlich ihre Eltern seien und vorbeikommen könnten, wann immer es ihnen passte.

Faith, eine andere Klientin, musste die Besuche ihrer Mutter regelrecht verbieten. Faiths Mutter war Immobilienmaklerin, und bei jeder ihrer Stippvisiten stellte sie die Möbel um oder entsorgte das ein oder andere Accessoire, ohne ein Wort darüber zu verlieren. Selbst nachdem Faith ihre Mutter gebeten hatte, doch damit aufzuhören, protestierte diese lautstark: Immerhin sei sie ihre Mutter und verstünde etwas von Inneneinrichtung. Sie hatte also gleich zwei Rollen inne, mit denen sie ihr übergriffiges Verhalten rechtfertigte.

Rollendruck

Zum Rollendruck kommt es, wenn jemand darauf besteht, dass eine Rolle genau so ausgefüllt wird, wie er sich das vorstellt. Manche Eltern versuchen, ihre Kinder in diese Zwangsjacke zu pressen, indem sie beispielsweise nicht mehr mit ihnen reden, androhen, sie wegzugeben, oder andere Familienmitglieder auf ihre Seite bringen. Rollendruck wird häufig mittels einer massiven Erzeugung von Scham- und Schuldgefühlen ausgeübt, zum Beispiel indem man dem Kind das Gefühl vermittelt, dass es schlecht ist, wenn es Wünsche hat, die sich nicht mit den Vorstellungen der Eltern decken.

Meine Klientin Jillian kam aus einer extrem religiösen Familie. Sie musste einem enormen Rollendruck standhalten, nachdem sie geheiratet hatte. Ihr Mann erwies sich als gewalttätig und verletzte Jillian mehr als einmal. Als sie endlich den Mut aufbrachte, ihren Mann zu verlassen, kam ihre Mutter vorbei und versuchte, sie dazu zu bringen, dass sie zu ihrem Mann zurückkehrte. Jillian wollte ihre Mutter auf ihrer Seite wissen, daher erzählte sie ihr zum ersten Mal von den Schlägen. Doch in deren Augen hatte das überhaupt nichts zu besagen.

Jillian sei eine verheiratete Frau, und Scheidung sei nun mal eine Sünde.

Mason, ein anderer meiner Klienten, erzählte seiner Mutter, dass er glaube, schwul zu sein. Und sie antwortete: »Das kann nicht sein, du bist ja schließlich kein Zebra.« In ihrem Kopf war ihr Sohn einfach heterosexuell. Wenn er selbst das nicht sehen konnte, dann unterlag er schlicht einem Irrtum, so als bilde er sich ein, einer anderen Art anzugehören.

Das zwanghafte Bestehen auf der Einhaltung der Rolle behindert ein Kind massiv in seiner so wichtigen persönlichen Entwicklung. Und doch haben emotional unreife Eltern in dieser Hinsicht keinerlei Bedenken, weil sie mit Komplexität nun mal nicht umgehen können und sie im Leben am liebsten alles ordentlich in Schubladen sortiert haben. Mit Leuten, die sich ihrer Rolle verweigern, stimmt in ihren Augen etwas nicht. So ein Mensch müsse sich also ändern.

Sie suchen Verschmelzung, keine emotionale Nähe

Emotionale Nähe und Verschmelzung (maligne Symbiose) wirken oberflächlich betrachtet recht ähnlich. In Wirklichkeit aber handelt es sich um grundverschiedene Interaktionen. Stehen zwei Menschen mit einem voll entwickelten Selbst einander emotional nahe, genießen sie es, sich kennenzulernen, in die Tiefe zu gehen und ein profundes Vertrauen aufzubauen, indem sie sich gegenseitig akzeptieren. Dabei wissen sie ihre Unterschiede zu schätzen. Diese Nähe mit natürlicher Distanz schenkt Kraft. Sie ebnet den Menschen den Weg zu persönlichem Wachstum, weil sie die Unterstützung und das Interesse des Partners auf ihrer Seite wissen.

Bei der Symbiose aber suchen zwei emotional unreife Menschen Identität und Ganzheitlichkeit in einer intensiven Abhängigkeitsbeziehung.[28] Durch diese Verflechtung wollen sie Sicherheit, Vorhersagbarkeit und Gewissheit erreichen. All das funktioniert jedoch nur dann, wenn der andere sich an seine Rolle hält. Versucht einer der beiden, sich aus den ungeschriebenen Grenzen der Beziehung zu befreien, löst das beim anderen heftige Ängste aus, die sich erst legen, wenn die ursprünglichen Regeln wieder eingehalten werden.

Solche Eltern haben ihre Lieblinge

Diese symbiotischen Beziehungen gehen häufig damit einher, dass Eltern ein Kind bevorzugen.[29] Es kann schwierig sein danebenzustehen, während die Eltern all ihre Liebe dem favorisierten Geschwisterkind zuteilwerden lassen. Man fragt sich unwillkürlich, warum sie an einem selbst nie so viel Interesse zeigen. Doch diese Art der Privilegierung ist keineswegs ein Zeichen dafür, dass dort eine enge Bindung besteht. Sie signalisiert vielmehr klar eine schädliche symbiotische Beziehung. Das führt dazu, dass das bevorzugte Kind seelisch auf dem Niveau der Eltern stehen bleibt.[30] Ein schwach ausgeprägtes Niveau emotionaler Reife verleitet die Menschen zu Verschmelzungen dieser Art, vor allem von Eltern und Kindern.

Schließlich organisieren solche Eltern ihre Beziehungen immer innerhalb von Rollengrenzen, nie auf der Grundlage der Individualität der Beteiligten. Hatten Sie eine unabhängige Persönlichkeit und kamen Sie auch gut allein zurande, dann boten Sie Ihren Eltern nicht das Bild eines bedürftigen Kindes, zu dessen Unterstützung sie in die Position der helfenden Eltern schlüpfen konnten; Sie wurden vielmehr abgestempelt als das Kind ohne Bedürfnisse, der kleine Erwachsene. Es war kein Unvermögen von Ihrer Seite, das Ihre Eltern dazu brachte, Ihrem Geschwisterchen mehr Aufmerksamkeit zu schenken; Sie waren nur einfach nicht abhängig genug, um die malignen symbiotischen Instinkte Ihrer Eltern herauszufordern.

Interessanterweise führen Kinder, die ihren Eltern keine Ansatzpunkte für eine verschmelzende Beziehung bieten, weil sie gut zurechtkommen, später ein unabhängigeres und selbstbestimmteres Leben.[31] Sie entwickeln ihr Selbst meist stärker als ihre Eltern. Daher kann es sich langfristig durchaus positiv auswirken, nicht der Liebling zu sein. In der Zwischenzeit leiden die Kinder allerdings, weil sie sich außen vor gelassen fühlen, wenn die Eltern ihre ganze Energie in das Bündnis mit dem einen Kind oder auch weiteren Geschwistern fließen lassen.

Symbiose führt zu Abhängigkeit und/oder Idealisierung. Bei Ersterer ist das Kind schlecht angepasst, und die Eltern spielen immer wieder die Rolle der Retter. Bei Letzterer verwöhnen die Eltern ihr Lieblingskind, als wäre dieses aus irgendwelchen Gründen den anderen überlegen. Das aber schiebt das idealisierte Kind in eine Rolle, aus der es nicht mehr herauskommt. Wirkliche Nähe ist auch hier nicht möglich.

Heather

Heather hatte sich stets nach der Aufmerksamkeit ihrer Mutter gesehnt, sie jedoch nie bekommen. Marlo, ihre älteste Schwester, war zu Hause der Liebling. Besonders verletzt war Heather, als ihre Mutter ihr hell begeistert von Marlos letztem Besuch erzählte, bei dem sie stundenlang geredet hätten, einfach »endlos«.

»Worüber denn?«, wollte Heather wissen.

»Nun, darüber, was sie so macht und was sie sich vorstellt.«

Heather fühlte einen Stich im Herzen, denn genau diese Art Gespräch hätte sie sich mit ihrer Mutter gewünscht, erhielt jedoch nie die Gelegenheit dazu.

Bei anderer Gelegenheit sah Heather zu, wie ihre Mutter um Marlo ein unglaubliches Gewese machte. Sie setzte sich sogar auf einen unbequemeren Stuhl, nur damit Marlo es gemütlich hätte.

Mark

Don zog seinen jüngeren Sohn Brett stets dem älteren Mark vor. Er half ihm finanziell immer wieder und nannte ihn »mein Baby«. Als Marks Vater starb, erinnerte sich Marks Onkel beim Leichenschmaus, wie hart Don zu Mark immer gewesen war. Er hatte ihn oft ohne jeden Grund bestraft. »Dabei warst du wirklich der Beste«, meinte der Onkel. »Ich habe überhaupt nicht verstanden, warum er so streng zu dir war.« Mark war ein intelligenter, souveräner Junge, der sich seinem Vater gegenüber nie abhängig zeigte. Da gab es keine Gelegenheit zur symbiotischen Verschmelzung, also pickte sich Don den weniger selbstständigen Brett heraus.

Die Suche nach einem außerfamiliären Ersatz

Manche Eltern suchen die Erfüllung ihres Strebens nach Verschmelzung manchmal auch außerhalb der Familie. Wenn es daheim keine Möglichkeit dazu gibt, dann muss es eben woanders gehen. Zuweilen richten sich diese Wünsche auch auf eine Gruppe wie die Kirche oder die Pfadfinder.

Bill

Nachdem Bill aus dem Haus war, begannen seine Eltern, Obdachlose aufzunehmen, die sie über die Kirche kennengelernt hatten. Bei jeder größeren Familienfeier ließen sie sich dann des Langen und

Breiten aus über die Menschen, die sie gerade unter ihre Fittiche genommen hatten, und erzählten, was sie demnächst vorhatten und so weiter. Von Bill allerdings war dabei nie die Rede.

Sie haben ein unrealistisches Zeitgefühl

Dieser Punkt wird häufig übersehen, doch tatsächlich haben emotional unreife Menschen ein nicht ganz stimmiges Zeitgefühl, vor allem wenn sie von ihren Empfindungen überwältigt werden. Man möchte ja meinen, dass alle Erwachsenen Zeit auf dieselbe Weise erleben, als lineares Kontinuum, das sich ohne Verwerfungen von der Vergangenheit in die nahe Zukunft erstreckt. Bei diesen Leuten ist das anders. Wenn sie sich aufregen, friert die Zeit zu einem ewigen *Jetzt* ein. Das ist einer der Gründe für die Probleme, mit denen sie häufig zu kämpfen haben: Sie sehen sie einfach nicht kommen. Da sie sich stets von den Wünschen des Augenblicks lenken lassen, ist ihre Zeiterfahrung unzusammenhängend. Wenn sie ihre Impulse ausleben, greifen sie nicht auf frühere Erfahrungen zurück und bedenken auch nicht die möglichen Folgen für die Zukunft. Diese fragmentierte Wahrnehmung erklärt viele ihrer Ungereimtheiten und auch die gedankenlose Art, mit der sie Beziehungsprobleme behandeln.

Warum ein schlechtes Zeitgefühl manipulativ wirkt

Sie wirken gerade auf emotionalem Gebiet häufig manipulativ, in Wirklichkeit aber sind sie einfach nur extrem opportunistische Taktiker. Sie entscheiden sich eben für das, was sich im Moment am besten anfühlt. Da sie nicht das Bestreben haben, logisch zu erscheinen, sagen sie, was immer sie gerade gut dastehen lässt. Dabei sind sie im Beruf oder in anderen Lebensbereichen durchaus zu strategischem Kalkül fähig. Doch wenn es um Emotionen geht, zählt nur der Augenblick. Das beste Beispiel dafür ist das Lügen. Es fühlt sich im Moment gut an, doch auf Dauer zerstört es jede gefühlsmäßige Bindung.

Wie mangelndes Zeitgefühl zu Ungereimtheiten führt

Wenn sie unter Stress stehen und sich aufregen, fühlen diese Menschen sich nicht mehr eingebettet in den allgemeinen Fluss der Zeit. Sie erleben diese als nicht miteinander verknüpfte Augenblicke, wie kleine Blinklichter. Der zeitliche Zusammenhang zwischen einer Handlung und der anderen geht verloren. Da ihr Bewusstsein sozusagen von einer Erfahrung zur anderen hüpft, ist ihr Verhalten nicht kohärent. Dies ist einer der Gründe dafür, weshalb sie beleidigt reagieren, wenn man sie an ihr früheres Verhalten erinnert. Für sie ist die Vergangenheit einfach passé und hat nichts mit der Gegenwart zu tun. Auch wenn Sie einen solchen Menschen vor den möglichen Folgen seines Tuns warnen, stoßen Sie auf taube Ohren, weil die Zukunft ja schließlich nicht hier und jetzt ist.

Reife Erwachsene hingegen erfahren Zeit durchaus als Bewusstseinsmomente, die miteinander verknüpft sind. Denn falls sie eine frühere Handlung bedauern, dann tragen sie diese Erfahrung durch die Zeit mit sich, meist an eine Emotion wie Scham oder Schuld geknüpft. Wenn sie erwägen, in Zukunft ein Risiko einzugehen, stellen sie Verbindungen her zu dem, was geschehen könnte, und entscheiden sich dementsprechend dafür oder dagegen. Sie sehen die Augenblicke ihres Lebens als eine Abfolge von Ereignissen, die sich wechselseitig beeinflussen und so auch Auswirkungen auf ihre Beziehung zu anderen haben.

Wie ein gestörtes Zeitempfinden Selbstreflexion und Verantwortungsgefühl untergräbt

Solchen Menschen, die sich vorzugsweise auf die Gegenwart beziehen, mangelt es an der Fähigkeit, die eigenen Gedanken, Gefühle und Verhaltensweisen im Laufe der Zeit einer Analyse zu unterziehen. Sie haben keinen zeitlichen Rahmen für diese Art der Selbsterforschung. Mit jedem neuen Augenblick lassen sie die Vergangenheit hinter sich und schütteln damit auch jede Verantwortung für ihr Handeln ab. Wenn jemand sich also von ihrem früheren Verhalten verletzt fühlt, werfen sie ihm gern vor, unnötigerweise an der Vergangenheit zu kleben. Sie verstehen nicht, warum andere Leute ihnen nicht einfach vergeben und vergessen können, um dann wieder zur normalen Tagesordnung überzugehen. Da sie keinerlei Gespür für die Kontinuität zeitlicher Zusammenhänge haben, verstehen sie auch nicht, dass es eine Weile dauert, bis Wunden heilen.

Kein Wunder also, dass Verantwortung für diese Menschen schwer zu begreifen ist. Wenn jemand zwischen seinem Handeln und dessen künftigen Folgen keinen Zusammenhang sieht, wird Verantwortung zur Luftnummer. Der Stil solcher Menschen ist es vielmehr, etwas zu versprechen, es nicht zu tun, sich wortreich dafür zu entschuldigen und wütend zu werden, wenn man das Thema noch mal anzusprechen wagt. Sie fragen sich nun wahrscheinlich, wie man zu einem solchen fragmentierten Zeitgefühl kommt und so blind sein kann für die eigenen Widersprüche, so vollkommen unfähig, das eigene Verhalten zu hinterfragen. Das liegt an ihrer misslungenen Persönlichkeitsentwicklung und der kaum vorhandenen Integration ihrer Charakterzüge. Dazu gesellt sich noch ihre Tendenz zu rein konkretem, der Anschauung verhaftetem Denken. Da sie kein kontinuierlich empfundenes Selbst als Organisationszentrum ihrer Persönlichkeit kennen, katapultieren Stress und Emotionen sie schnellstens zurück in eine kindische Mentalität, in der die Zeit in schillernden Seifenblasen organisiert ist.

Kurz gesagt

Gefühlsmäßig ungelenke Zeitgenossen haben keine richtige Vorstellung von ihrer persönlichen Geschichte und kein Verantwortungsgefühl für vergangene Handlungen oder deren Folgen in der Zukunft. Da sie nur ein schwach ausgeprägtes Selbstgefühl haben, verwechseln sie familiäre Nähe mit Symbiose und verlangen von ihrem Umfeld, dass es sie permanent spiegelt, was vor allem der gesunden Autonomieentwicklung ihrer Kinder abträglich ist. Echte Kommunikation wird mit ihnen kaum möglich sein, da sie nur wenig Einfühlungsvermögen haben und auf einer strikten Rollenverteilung beharren. Dass sich Beziehungen reparieren lassen, ist ihnen fremd. Die emotionale Arbeit, die es erfordert, mit anderen sensibel umzugehen, überfordert sie. Letztlich interessiert sie nur, ob jemand sie gut aussehen lässt oder nicht. Es ist ihnen wichtiger, ihre Ängste abzuwehren, als authentische Beziehungen zu anderen Menschen einzugehen, und seien es die eigenen Kinder.

Im nächsten Kapitel werden wir uns ansehen, was die Forschung über die frühkindlichen Beziehungen zur Mutter zu sagen hat, um herauszufinden, wie es zur Herausbildung so plumper Persönlichkeitsmuster kommen kann. Meiner Ansicht nach bildet dies die Grundlage, auf der sich die vier Typen emotional defizitärer Elternschaft herausbilden.

Kapitel 4

Vier Typen emotional unreifer Eltern

Es gibt verschiedene Kategorien solcher Eltern, aber alle hinterlassen bei ihren Kindern ein Gefühl der Verlorenheit und Unsicherheit. Letztlich gibt es wohl nur eine Art, fürsorgliche Liebe zu zeigen, aber zahllose Arten, diese Erwartung eines Kindes zu frustrieren. Obwohl diese Typen sich hinsichtlich ihrer Art der Insensibilität unterscheiden, ist die Verunsicherung, die sie bei ihren Kindern hinterlassen, aber dennoch dieselbe.

Alle vier gleichen sich in puncto emotionaler Unreife. Sie sind selbstbezogen, narzisstisch und in Gefühlsangelegenheiten unzuverlässig. Alle zeigen Züge von Egozentrik, fehlender Sensibilität und einer sehr reduzierten Fähigkeit zu wirklicher Nähe. Allen gemeinsam sind auch nichtadaptive Muster der Alltagsbewältigung, das heißt, dass sie die Lebenswirklichkeit verzerren und für einen konstruktiven Umgang mit ihr ungeeignet sind.[32] Sämtlich benutzen sie ihre Kinder, um sich selbst besser zu fühlen, was häufig zum Rollentausch zwischen Kind und Eltern führt und die Kleinen schon in einem frühen Alter mit »Erwachsenenproblemen« konfrontiert.

Alle vier Typen vermögen sich nicht auf die Gefühle anderer einzustellen. Sie haben durchweg Abgrenzungsprobleme und können sich entweder nicht öffnen oder neigen zu totaler Verschmelzung. Bei vielen liegt die Frustrationsschwelle niedrig, und sie arbeiten mit versteckten emotionalen Drohungen statt mit offener verbaler Kommunikation, um zu bekommen, was sie wollen. Alle vier Elterntypen weigern sich, ihre Kinder als eigenständige Individuen wahrzunehmen, und gestalten die Eltern-Kind-Beziehung einzig nach ihren eigenen Bedürfnissen. Bei allen vier fühlen sich die Kinder »ent-selbstet«,[33] da ihre eigenen Interessen und Bedürfnisse dem weichen müssen, was für die Eltern wichtig scheint.

Bevor wir uns jedoch mit diesen vier Kategorien auseinandersetzen, wollen wir uns kurz ein paar wissenschaftliche Untersuchungen ansehen, die sich der Erforschung elterlicher Reaktionsmuster und deren Wirkung auf das Bindungsverhalten von Kleinkindern widmen.

Wie das Verhalten der Eltern sich auf das Bindungsverhalten von Kleinkindern auswirkt

Mary Ainsworth, Silvia Bell und Donelda Stayton haben ihr Leben der Erforschung kindlicher Bindungen gewidmet und ihre Ergebnisse in vielen Arbeiten veröffentlicht.[34] Dabei beschäftigten sie sich auch mit der Frage, welcher Muttertyp mit sicherem oder unsicherem Bindungsverhalten bei Babys assoziiert war. Wie in dem 1974 veröffentlichten Artikel zu lesen ist, wurde das mütterliche Verhalten dem Kind gegenüber entlang der folgenden vier Achsen betrachtet: Sensibilität–Unsensibilität, Akzeptanz–Zurückweisung, Kooperation–Einmischung, Verfügbarkeit–Ignoranz. Es stellte sich heraus, dass die »Feinfühligkeit« der Mutter eine entscheidende Rolle spielte, und zwar insofern, als »Mütter, die ein hohes Einfühlungsvermögen zeigten, ausnahmslos auch hohe Werte bei der Akzeptanz, der Kooperation und der Verfügbarkeit aufwiesen, während Mütter, die in einem der anderen drei Punkte einen niederen Wert aufwiesen, auch beim Einfühlungsvermögen niedrige Werte erzielten«.[35] Ainsworth und ihre Kolleginnen berichteten, dass die Kinder von Müttern mit höherem Einfühlungsvermögen bei den Tests ein sichereres Bindungsverhalten zeigten. In ihrem Fazit beschrieben die Forscherinnen sensible Mütter wie folgt:

»Alles in allem sind feinfühlige Mütter für ihre Kinder verfügbar und registrieren noch die kleinsten Äußerungen, Signale, Wünsche oder Stimmungen; darüber hinaus verstehen sie es, ihre Wahrnehmung in Bezug auf das Kind richtig zu interpretieren und sich in ihr Kind genauestens einzufühlen. Mit einem derartigen Einfühlungsvermögen und Verständnis ausgestattet, kann die sensible Mutter ihre Reaktion auch zeitlich vollkommen auf das Kind abstimmen und mit ihm so umgehen, dass ihre Interaktion angemessen erscheint – sowohl dem Wesen und der Natur nach als auch rein zeitlich im richtigen Rahmen.«[36]

Mütter hingegen, deren Kinder ein unsicheres Bindungsverhalten zeigten, verhalten sich ganz anders. Wenn wir uns die Kapitel 2 und 3 dieses Buches noch einmal vor Augen halten und die Beschreibung der wenig feinfühligen Mütter lesen, die Mary Ainsworth gibt, dann haben wir eben das, was ich als »emotional unreife Eltern« bezeichne:

»Im Gegensatz dazu sind Mütter mit geringer Sensibilität nicht auf das Verhalten ihrer Kinder eingestellt, entweder weil sie das Kleinkind ignorieren oder weil sie aus seinen Aktivitäten die subtilen, kleinen Signale nicht ablesen können, mit

denen es seine Wünsche anzeigt. Unsensible Mütter verstehen diese Aspekte im Verhalten ihres Kindes häufig nicht, selbst wenn sie sich dieser bewusst werden, oder sie nehmen sie nur verzerrt wahr. Eine Mutter kann eine durchaus exakte Wahrnehmung der Aktivitäten und Stimmungen ihres Kindes haben, jedoch unfähig sein, sich in sie einzufühlen. Aus mangelndem Verständnis oder fehlender Empathie heraus können wenig feinfühlige Mütter ihre Reaktionen zeitlich nicht auf das Kind abstimmen. Sie reagieren in der falschen Reihenfolge oder nicht prompt genug auf die Signale des Kleinkinds. Weniger sensible Mütter zeigen auch qualitativ und quantitativ unangemessene Reaktionen, also Interaktionen, die wenig durchdacht oder diskontinuierlich wirken.«[37]

Auch die psychologische Forschung unterstreicht also eindrücklich, dass die Feinfühligkeit und das Einfühlungsvermögen der Mutter eine zentrale Rolle bei der Herausbildung des Bindungsverhaltens auf kindlicher Seite spielen.

Die vier Typen im Einzelnen

Vor dem Hintergrund der bisherigen Ausführungen zum Bindungsverhalten wollen wir nun die vier Typen genauer untersuchen. Ihr Hauptmerkmal ist es, das Kind zu verunsichern. Obwohl jeder Typus die emotionale Sicherheit des Kindes auf seine ureigenste Weise untergräbt, ist ihnen, wie gesagt, allen gemeinsam, dass sie ihren Kindern mit wenig Einfühlungsvermögen begegnen, für sie emotional nicht verlässlich verfügbar sind und es ihnen grundsätzlich an Sensibilität für die Kleinen fehlt. Natürlich sind die Typen unterschiedlich stark ausgeprägt, der eine mehr, der andere weniger stark. Auch sind die Grenzen zuweilen fließend. Dahinter steht jeweils auch ein unterschiedlicher Grad an Narzissmus. In schweren Fällen ist der Elternteil vermutlich selbst psychisch gestört und/oder gewalttätig bis hin zum sexuellen Missbrauch.

- *Der emotionale Typ* lässt sich von seinen Gefühlen steuern und schwankt ständig zwischen Einmischung und Rückzug hin und her. Die Instabilität und mangelnde Vorhersehbarkeit seines Lebens lösen bei ihm heftige Ängste aus. Dieser Elterntypus sucht Stabilität bei anderen Menschen. Schon kleine Probleme bringen ihn vollkommen aus der Fassung, und in anderen sieht er entweder den Retter oder den Bösewicht, der ihn im Stich lässt.
- *Der getriebene Typ* ist zwanghaft auf Ziele hin orientiert und tut sehr geschäftig. Er kann einfach nicht aufhören, alles vervollkommnen zu wollen, in erster Linie andere Menschen. Obwohl er selten lange genug mal eine Pause einlegt, um sich in seine Kinder wirklich einfühlen zu können, hat er sie gern unter Kontrolle und will ihr Leben nach seinen Vorstellungen managen.
- *Der passive Typ* sieht die ganze Chose extrem locker und lässt tunlichst die Finger von allem, was nach Aufregung aussieht. Er richtet weniger Schaden an als die Vertreter der anderen Kategorien, hat aber seine ganz eigenen negativen Seiten. Denn häufig sucht dieser Typ sich einen dominanten Partner, dem dann alles erlaubt ist, sogar Vernachlässigung oder Gewaltanwendung. Der Passive schaut darüber einfach hinweg. Seine hauptsächliche Bewältigungsstrategie ist es, Probleme herunterzuspielen und zu allem Ja und Amen zu sagen.
- *Der zurückweisende Typ* legt Verhaltensweisen an den Tag, bei denen man sich unwillkürlich fragt, weshalb er überhaupt eine Familie hat. Ob dieser Charakterzug nun stark oder

schwach ausgeprägt ist, er kann mit emotionaler Nähe einfach nichts anfangen und will von Kindern möglichst nicht gestört werden. Seine Toleranz gegenüber anderen Menschen liegt praktisch bei null. Die einzige Interaktion mit dem Umfeld, zu der er fähig ist, besteht im Erteilen von Befehlen. Gelegentlich explodiert er dann noch oder zieht sich selbst ins Arbeitszimmer zurück. Weniger ausgeprägte Vertreter dieses Typs lassen sich auf bestimmte Familienrituale ein, wie das gemeinsame Abendessen, doch echte Nähe oder Engagement zeigen sie nicht.

Bei den Beschreibungen auf den folgenden Seiten treten die Typen mehr oder weniger klar zutage. Die meisten Eltern lassen sich eindeutig einer Kategorie zuordnen, zeigen aber, vor allem unter Stress, auch Verhaltensweisen, die eher zu einer der anderen Kategorien gehören. Wie gesagt sind die Grenzen fließend. Ein roter Faden zieht sich dennoch deutlich durch: Keiner dieser Charaktere ist in der Lage, dauerhaft so zu handeln, dass ein Kind sich der Beziehung zum Elternteil sicher sein kann. Dabei hat allerdings jeder Typ seine eigenen »blinden Flecken«. Ziel und Zweck dieser Beschreibung ist, Ihnen eine ungefähre Vorstellung der vier dominanten Wesensmerkmale zu geben. Wie man mit diesen Eltern dann umgeht, ist Thema der nächsten Kapitel.

Der emotionale Typ

Dieser Charakter ist der infantilste unter den vier hier beschriebenen. Er vermittelt den Eindruck, man müsse auf ihn aufpassen und ihn mit Samthandschuhen anfassen. Er regt sich ja immer gleich so auf, und dann muss die ganze Familie ihr Möglichstes tun, um ihn wieder zu besänftigen. Wenn der emotionale Elternteil die Kontrolle verliert, reißt er die Kinder mit in seinen Zusammenbruch. Diese bekommen seine Verzweiflung, seinen Zorn, seinen Hass ungebremst zu spüren. Kein Wunder, dass in einer derartigen Familie alle wie auf Eierschalen gehen. Die Instabilität dieses Typs ist das einzig Vorhersehbare an ihm.

Bei starker Ausprägung haben wir es tatsächlich mit psychisch gestörten Eltern zu tun. Sie können eine bipolare beziehungsweise narzisstische Störung haben oder unter einer Psychose leiden. Ihre ungebremste Emotionalität führt schon mal zu Selbstmord oder körperlichen Angriffen auf andere. Ihr Umfeld ist stets in Alarmbereitschaft, weil man nie weiß, wann der nächste Ausbruch bevorsteht. Außerdem ist es beängstigend, wenn man einen nahestehenden Menschen so auseinanderbröseln sieht. Die Selbstmorddrohungen sind vor allem für Kinder erschreckend, denn sie schultern dann die Last, diesen Elternteil davon abzuhalten, seine Drohung wahrzumachen, ohne zu wissen, wie sie das anstellen sollen. Am »sanfteren« Ende der Skala leidet der betroffene Elternteil immer noch unter heftigen Stimmungsschwankungen, was teils in histrionische Persönlichkeitsstörungen (HPS) ausschlägt, gekennzeichnet durch egozentrisches und theatralisches Verhalten, oder in Zyklothymia, eine affektive Störung, die durch permanente Instabilität von Antrieb und Stimmung gekennzeichnet ist und bei der es zu einem Wechsel von leicht übererregten (hypomanen) und depressiven Episoden kommt.

Wie stark ausgeprägt der Typus auch sein mag, Eltern, die ihm zuzurechnen sind, haben Schwierigkeiten, mit Stress oder emotionalen Belastungen umzugehen. Sie verlieren schnell ihr inneres Gleichgewicht und haben sich in Situationen, die normalerweise keine Schwierigkeiten bereiten, nicht mehr unter Kontrolle. Es kommt nicht selten zum Drogen- oder Alkoholmissbrauch, was die Instabilität noch forciert. Die Betroffenen sind dann immer weniger fähig, mit Frustration oder Stress umzugehen.

Selbst wenn Eltern dieses Typs einen gewissen Grad an Selbstkontrolle aufweisen, lassen sie sich letztlich immer von ihren Emotionen leiten. Sie sehen die Welt schwarz und weiß, pflegen ihre Ressentiments und versuchen, andere mittels emotionaler Erpressung zu kontrollieren. Ihre Stimmungsschwankungen und ihre enorme emotionale Reaktivität machen sie unzuverlässig und beängstigend. Sie wirken zwar hilflos und sehen sich selbst als Opfer, trotzdem dreht das ganze Familienleben sich nur um sie. Häufig haben sie sich außerhalb des familiären Umfelds durchaus unter Kontrolle. Eine gut strukturierte Rolle können sie zufriedenstellend ausfüllen. Ihre ganze Impulsivität lassen sie nur im engsten Familienkreis erkennen, vor allem wenn sie getrunken oder Drogen genommen haben. Es kann ein Schock sein, sie einmal völlig enthemmt zu sehen.

Viele Kinder solcher Eltern ordnen sich selbst im späteren Leben freiwillig den Wünschen anderer Menschen unter.[38] Da sie unter deren ständigen Stürmen groß geworden sind, spüren sie jede noch so kleinste Regung im anderen – häufig zu ihrem eigenen Nachteil.

Brittany

Obwohl Brittany schon um die vierzig war und allein und unabhängig lebte, versuchte ihre Mutter Shonda, sie ständig mithilfe ihrer Stimmungen zu kontrollieren. Als Brittany einige Tage lang krank im Bett lag, hatte Shonda solche Angst, dass sie Brittany fünfmal am Tag anrief. Sie fuhr sogar zu ihr, weil sie davon überzeugt war, dass Brittany unbedingt aufstehen müsse, obwohl diese gar nicht um einen Besuch gebeten hatte. Brittany verriegelte die Haustür, sodass Shonda nicht hereinkam. Später sagte sie: »Du hast mich ausgesperrt! Am liebsten hätte ich dir dafür die Tür eingetreten!« Als Brittany ihr klarzumachen versuchte, wie aufdringlich sie war, zeigte Shonda sich tief verletzt und meinte: »Ich wollte ja nur wissen, ob es dir besser geht.« Die Wahrheit war, dass es ihr lediglich um ihre eigenen Gefühle ging. Was Brittany empfand, war ihr vollkommen schnuppe.

Der getriebene Typ

Der getriebene Typ wirkt auf den ersten Blick völlig normal, ja er scheint sich sogar für seine Kinder zu interessieren. Da er jedoch »unter Strom zu stehen« scheint, gibt es ständig etwas, was er erledigt sehen will. Beim emotionalen Typ liegt das Problem – seine Unreife – auf der Hand. Beim getriebenen Typ, der so viel für den Erfolg seines Kindes zu tun scheint, tritt die Egozentrik weniger deutlich zutage. Meist merkt man den Betreffenden diesen schädlichen Charakterzug nicht an. Ihre Kinder aber haben Probleme, entweder mit ihrem Antrieb oder mit der Selbstkontrolle. Paradoxerweise bringen diese hart arbeitenden, am Erfolg ihrer Sprösslinge sehr interessierten Eltern nämlich meist unmotivierte, deprimierte Kinder hervor.

Kratzt man ein wenig an der Oberfläche, so kommt auch bei diesen außergewöhnlichen, verantwortlich wirkenden Erwachsenen die emotionale Unreife schnell zum Vorschein, insbesondere wenn es um die Akzeptanz anderer Menschen und Meinungen geht. Sie erwarten nämlich von allen, dieselben Qualitätskriterien anzuwenden wie sie selbst. Ihre übermäßige Ichbezogenheit zeigt sich schon in ihrer Überzeugung, sie wüssten am besten, was für andere gut sei.

Selbstzweifel kennen sie nicht, zumindest nicht bewusst. Sie tun einfach immer so, als wäre alles in bester Ordnung, als hätten sie die Antwort auf jede Frage. Sie akzeptieren die Einzigartigkeit ihrer Kinder nicht und lassen sie auch nicht ihren Lebensweg gehen. Sie loben sie ganz gezielt nur für Eigenschaften und Leistungen, die sie selbst gut finden, und suchen sie dadurch in eine bestimmte Richtung zu drängen. Ihrer speziellen Art der Einmischung kann man sich nicht entziehen. Dazu kommt noch, dass sie ständig etwas erledigen wollen. Sie laufen heiß wie ein Motor. Ihre Ziele sind wichtiger als ihre Gefühle, das betrifft natürlich auch ihre Kinder.

Getriebene Eltern sind gewöhnlich in einem emotional verarmten Umfeld aufgewachsen. Sie haben gelernt, sich selbst durchzubringen, und erwarten nicht, dass sie umsorgt werden. Sie haben es ganz allein geschafft und sind darauf stolz. Jetzt beschleicht sie die Angst, dass ihre Kinder ihnen »Schande« bereiten könnten, weil sie keinen Erfolg haben. Dabei können sie ihren Kindern die hundertprozentige Akzeptanz nicht bieten, die ihnen das Fundament für den eigenen Erfolg schenken würde.

Ob sie es nun wollen oder nicht, getriebene Eltern geben ihrem Nachwuchs das Gefühl, ständig bewertet zu werden. Ein typisches Beispiel ist der Vater, der sich dazusetzt, wenn seine Kinder Klavier üben, damit er sie auf ihre Fehler hinweisen kann. Solch exzessive Überwachung verleidet es den Kindern gründlich, Erwachsene um Rat und Hilfe zu bitten. Später finden sie dann keine Mentoren, die sie auf ihrem beruflichen Weg unterstützen könnten.

Da sie sich so sicher sind zu wissen, was das Beste ist, veranstalten getriebene Eltern mitunter die verrücktesten Dinge. Die Mutter einer meiner Klientinnen ging zu ihrer Tochter nach Hause und überwies dort ihre Rechnungen, weil sie sicher war, dass ihre Tochter das nicht richtig machte. Eine andere Mutter kaufte ihrem erwachsenen Sohn ein gebrauchtes Auto und war total beleidigt, als dieser es nicht haben wollte. Der Vater eines jungen Mannes ließ seinen Sohn täglich vor seinen Augen auf die Waage steigen, als er an Gewicht zulegte.

Wenn Sie die eingangs zu diesem Kapitel zitierten Studien zur Eltern-Kind-Bindung[39] betrachten, dann ähneln die getriebenen Eltern den emotional unsensiblen Müttern, die Kleinkinder mit unsicherem Bindungsverhalten haben. Sie können nicht auf die Augenblickserfahrungen ihrer Kinder eingehen oder sich auf deren Bedürfnisse einstellen. Stattdessen drängen sie sie zu jenen Aktivitäten, die sie ihrer Ansicht nach verfolgen sollten. Das Resultat ist, dass Kinder getriebener Eltern immer denken, sie müssten etwas anderes tun als das, was sie selbst gern machen möchten.

John

John war einundzwanzig und verbrachte viel Zeit mit seinen Eltern. Er hatte nie das Gefühl, ein eigenes Leben zu führen. Das Verhältnis zu seiner Mutter beschrieb er so: »Sie hat mich irgendwie ständig auf dem Radar.« John fühlte sich von den Hoffnungen seiner Eltern so unter Druck gesetzt, dass er jedes Zutrauen in seine Zukunftspläne verloren hatte.

Oder wie er selbst sagte: »Ich mache mir ständig Sorgen darüber, was sie wohl von mir erwarten, dass ich überhaupt keine Vorstellung davon habe, was ich selbst machen möchte. Ich versuche nur, meine Eltern glücklich zu machen, damit ich sie von der Backe habe.« Das galt vor allem für die Ferien. John hatte tatsächlich das Gefühl, dass sein Vater ärgerlich wurde, wenn der Sohn sich nicht richtig amüsierte.

Johns Eltern waren so mit seinem Leben verflochten, dass er Angst hatte, sich irgendwelche eigenen Ziele zu setzen. Denn dann hatten die Eltern sofort Pläne parat, was er tun sollte, um sie zu erreichen. Sie würgten jede Eigeninitiative ihres Sohnes ab mit ihren ständigen Vorschlägen, was er machen könnte oder sollte, um voranzukommen. Auf der bewussten Ebene wollten sie sicher das Beste für John, doch auf dem Ohr »Achtung und Förderung seiner Unabhängigkeit« waren sie stocktaub.

Christine

Christine war Anwältin und hatte einen sehr dominanten Vater namens Joseph. Dieser trieb seine Tochter ständig an. Als wir mit den Therapiesitzungen begannen, beschrieb sie ihre Kindheit mit den folgenden Worten: »Mein Vater hat mich immer kontrolliert. Er konnte es nicht ausstehen, wenn jemand anderer Meinung war als er. Das war für ihn untragbar. Ich hatte so viel Angst, eine falsche Entscheidung zu treffen, dass ich letztlich immer alles aus dieser Angst heraus entschied. Es war, als würde mein Vater mich besitzen. Selbst als ich schon studierte, musste ich um elf Uhr abends zu Hause sein, was manchmal echt peinlich war, aber ich wäre nie auf die Idee gekommen, ihm zu widersprechen.«

Joseph versuchte sogar, Christines Gedanken zu kontrollieren. Wenn sie eine Idee hatte, die ihr Vater nicht goutierte, hieß es sofort: »Daran brauchst du noch nicht mal zu denken!«

Sein Mangel an Einfühlungsvermögen machte Joseph zu einem fürchterlichen Lehrer. Er hatte einfach kein Gespür dafür, was einem Kind Angst machte. Das Schwimmen versuchte er Christine beizubringen, indem er sie einfach ins Wasser warf. Oder wie Christine es ausdrückte: »Er befahl mir einfach, gut zu sein, ohne mir Hilfe und Unterstützung zu geben. Ich hatte schlicht den Befehl, erfolgreich zu werden.« Äußerlich betrachtet, ist Christine dies ja auch gelungen. Trotzdem spürte sie ständig eine große Unsicherheit in sich, als hätte sie nicht wirklich verinnerlicht, was sie alles geschafft hatte.

Der passive Typ

Passive Eltern werden nicht wütend oder drängen ihre Kinder, wie die anderen Typen dies tun. Trotzdem wirkt ihr Erziehungsstil sich negativ aus. Sie setzen dominanten Persönlichkeiten keinen Widerstand entgegen und gehen häufig mit solchen Leuten Beziehungen ein, die ebenso unreif sind wie sie. Menschen mit einem ähnlichen emotionalen Reifegrad fühlen sich nachgewiesenermaßen zueinander hingezogen.[40]

Verglichen mit anderen Typen, scheinen diese Eltern für ihre Kinder eher emotional verfügbar zu sein, doch geht dies nur bis zu einem bestimmten Punkt. Wenn Gefühle hochkochen, verfallen sie in Lethargie. Sie ziehen sich emotional zurück und stecken den Kopf in den Sand. Sie können ihren Kindern keine Grenzen setzen, keine Leitlinien geben, die ihnen helfen würden, in der Welt zurechtzukommen. Sie mögen sie lieben, aber helfen können sie ihnen nicht.

Passive Eltern sind ebenso unreif und selbstbezogen wie die anderen drei Typen, doch ihre lockere, spielerische Art lässt sie liebenswerter erscheinen. Der passive Typ ist häufig der Lieblingselternteil, weil er durchaus ein bisschen Einfühlungsvermögen für seine Kinder erübrigen kann, solange ihn dies nicht an der Erfüllung eigener Wünsche hindert. Und da er genauso egozentrisch ist wie die anderen drei, nutzt auch der passive Typ das Kind für seine eigenen emotionalen Bedürfnisse – vor allem das nach ungeteilter Aufmerksamkeit. Er genießt die unschuldige Offenheit seines Kindes und kann sich auf ganz wunderbare Weise auf dessen Niveau einlassen. Es ist hingerissen, wenn er Zeit hat – doch da das Kind häufig das Bedürfnis dieses Elternteils nach einem bewundernden Gefährten erfüllen muss, wird eine Art emotionaler Inzest daraus. Diese Art der Beziehung ist für das Kind nie einfach, weil es riskiert, den anderen Elternteil eifersüchtig zu machen. Manchmal fühlt es sich auch regelrecht sexualisiert.

Klugerweise erwarten Kinder von diesem Typus nie zu viel Hilfe. Während passive Eltern das Zusammensein mit ihren Kindern häufig genießen, mit ihnen Spaß haben und ihnen das Gefühl vermitteln können, wirklich etwas Besonderes zu sein, spüren die Kinder instinktiv, dass sie nicht wirklich für sie da sind. Tatsächlich ist dieser Elterntyp bekannt dafür, dass er in familiären Situationen, die für das Kind schädlich sind, schon mal ein Auge zudrückt und das Kind sich selbst überlässt. Wenn die Mutter zum passiven Typ gehört, hat sie meist einen Partner, weil sie über kein eigenes Einkommen verfügt. Und dieser behandelt ihre Kinder oft schlecht oder misshandelt sie gar. Solche Mütter werden blind für das, was um sie herum vorgeht. Die Mutter eines Klienten, der von seinem Stiefvater brutal verprügelt wurde, meinte dazu nur: »Papa konnte manchmal schon recht hart sein.«

Passive Eltern haben bereits als Kinder gelernt, möglichst nicht in die Schusslinie zu geraten, den Ball flach zu halten und sich stärkeren Persönlichkeiten gegenüber devot zu verhalten. Als Eltern glauben sie dann, ihre einzige Aufgabe sei es, mit ihren Kindern Spaß zu haben. Dass sie sie auch beschützen sollten, kommt ihnen gar nicht erst in den Sinn. Wenn es richtig schlimm wird, verfallen sie in eine Art Trance, eine Schockstarre, bei der sie sich ganz in sich selbst zurückziehen oder andere Wege finden, den Kopf in den Sand zu stecken, bis der Sturm vorüber ist.

Doch sie verlassen die Kinder beileibe nicht nur unabsichtlich, wenn es zu Problemen kommt. Sehen sie auch nur den Hauch einer Chance auf ein besseres Leben für sich, greifen sie zu und überlassen die Kleinen ihrem Schicksal. Wenn der passive, aber emotional verfügbarere Elternteil die Familie verlässt, trifft dies das Kind besonders tief. Schließlich wird es gerade von jenem Menschen verlassen, der ihm am meisten bedeutete.

Kinder, die ihren passiven Elterntyp verehrt haben, sind als Erwachsene stets bereit, andere Menschen zu entschuldigen, wenn sie sich einer Bindung entziehen. Schließlich haben sie auch als Kinder geglaubt, dass sich an der Situation nichts ändern ließ, der passive Elternteil sei wirklich hilflos gewesen und so weiter. Die Vorstellung, dass ihr wunderbarer, netter Elterntyp die Verantwortung für sie trug und sich für sie hätte einsetzen müssen, entsetzt sie manchmal geradezu. Sie wären nie auf die Idee gekommen, dass Vater und Mutter die Pflicht hätten, für das emotionale Wohlbefinden ihrer Kinder zu sorgen, zumindest im selben Maße, wie sie ihr eigenes sicherstellen.

Molly

Mollys Mutter war eine jähzornige Frau, die oft auch handgreiflich wurde. Sie arbeitete lange und kam meist schlecht gelaunt nach Hause. Ihren Vater hingegen beschrieb sie als netten, liebevollen Mann, der gewöhnlich »gut drauf« war. Wenn er nicht arbeitete, machte er sich in der Garage zu schaffen, sodass Molly fast immer ihrer sadistischen älteren Schwester überlassen war. Weder Vater noch Mutter machten sich darüber Gedanken, wie diese Molly behandelte.

Mollys Rettungsanker war die Beziehung zu ihrem Vater. Seine Freundlichkeit war der einzige Silberstreif am Horizont dieser Familie, die einzige Quelle der Liebe in ihrem Leben. Sie betete ihn an und mühte sich sogar, ihn zu schützen. Sie kam gar nicht auf die Idee, dass er eigentlich sie beschützen müsste. Eines Tages bekam ihre Mutter wieder einen Wutanfall, schleppte Molly hinauf in den Speicher und verprügelte sie. Ihr Vater schlug währenddessen mit einem Kochlöffel auf die Töpfe in der Küche. Molly dachte, er täte das, um sie wissen zu lassen, dass er trotzdem für sie da wäre. Sie erwartete gar nicht, dass er einschreiten und die Mutter aufhalten sollte. Dies ist ein herzzerreißendes Beispiel dafür, wie emotional verhärmte Kinder um jeden Preis versuchen, das Verhalten ihres Lieblingselternteils zu dessen Gunsten zu interpretieren.

Molly stotterte ein bisschen. Als die Familie eines Tages auf dem Weg zum Vergnügungspark war, hänselten Mollys ältere Schwester und ihre Freunde sie so, dass sie einen hysterischen Anfall bekam. Mollys Vater lachte einfach darüber und versuchte erst gar nicht, die anderen Kinder zu ermahnen oder auf Mollys Gefühle einzugehen. Auf der Fahrt nach Hause ahmten alle nacheinander Mollys Sprechweise nach und lachten laut darüber …

Der zurückweisende Typ

Zurückweisende Eltern sind wie von einer hohen Mauer umgeben. Sie wollen keine Zeit mit ihren Kindern verbringen und scheinen am zufriedensten zu sein, wenn man sie in Ruhe lässt, damit sie tun und lassen können, was sie wollen. Ihre Kinder haben meist das Gefühl, ihre Eltern wären ohne sie glücklicher. Da sie ständig irgendwie aufgebracht wirken, lernen die Kinder, sich ihnen gar nicht erst zu nähern. Einer meiner Klienten meinte einmal, es sei, als laufe man auf jemanden zu, nur damit diese Person einem im letzten Moment die Tür vor der Nase zuschlage. Zurückweisende Eltern entziehen sich ganz allgemein jedem Versuch einer liebevollen emotionalen Annäherung. Wenn man sie zu einer Reaktion drängt, werden sie wütend oder ausfallend. Dann sind sie auch fähig zur körperlichen Bestrafung.

Zurückweisende Eltern haben von allen vier Typen das geringste Einfühlungsvermögen. Sie vermeiden meist jeden Augenkontakt und signalisieren so, dass sie keine Nähe wollen.

Häufig erwidern sie Blicke mit einem leeren oder gar feindseligen Starren, das den anderen tunlichst abschrecken soll.

Zu Hause sind sie die unumschränkten Herrscher, das Familienleben dreht sich einzig um ihre Wünsche. Ein wohlbekanntes Beispiel ist der distanzierte Vater, vor dem alle Angst haben – ein Mann, der für seine Kinder keinerlei Wärme empfindet. Alles dreht sich nur um ihn. Die ganze Familie bemüht sich instinktiv, ihn nur ja nicht aufzubringen. Mit solch einem Vater nimmt man leicht die Gewohnheit an, sich für die eigene Existenz zu entschuldigen. Doch es gibt auch Mütter dieser Couleur.

Kinder zurückweisender Eltern empfinden sich meist als nervige Störenfriede. Sie geben leicht auf, statt weiter zu fragen oder zu bohren, bis sie bekommen, was sie sich wünschen. Das kann später im Leben zu ernsthaften Verwicklungen führen, wenn sie als Erwachsene immer noch nicht gelernt haben, um das zu bitten, was sie brauchen.

Beth

Beths Mutter Rosa zeigte nie auch nur das geringste Interesse daran, Zeit mit ihrer Tochter zu verbringen. Wenn Beth zu Besuch kam, ließ sie ihre Umarmung steif über sich ergehen und fand jedes Mal sofort etwas an Beths Erscheinung zu kritisieren. Kaum kam die Tochter zur Tür herein, nötigte die Mutter sie, irgendeine Verwandte anzurufen, die sie unbedingt sehen wollte. Wenn Beth vorschlug, sie sollten doch ein bisschen Zeit miteinander verbringen, wurde Rosa wütend und warf ihrer Tochter vor, sie sei viel zu abhängig von ihr. Wann immer Beth ihre Mutter anrief, fiel ihr Rosa bei jeder Gelegenheit ins Wort, bis sie endlich einen Vorwand fand, um das Gespräch zu beenden. Meist reichte sie den Hörer einfach an den Vater weiter.

Test
Zu welchem Typ gehören Ihre Eltern?

Um einzuschätzen, zu welchem Typ Ihre Eltern vermutlich gehören, lesen Sie die folgenden Aussagen durch und machen dort ein Kreuz, wo Sie Ihren Vater beziehungsweise Ihre Mutter wiedererkennen. Vergessen Sie nicht, dass die einzelnen Typen auch Charakteristika einer der anderen Kategorien aufweisen können, vor allem, wenn sie unter Stress stehen. Kennzeichen emotionaler Unreife, die allen vier Typen eigen sind, wären: Selbstbezogenheit, geringes Einfühlungsvermögen, kein Respekt vor persönlichen Grenzen, Verweigerung emotionaler Nähe, unzureichendes Kommunikationsverhalten, fehlendes Selbstreflexionsvermögen, die Weigerung, Beziehungsprobleme in Ordnung zu bringen, emotionale Reaktivität, Impulsivität und Schwierigkeiten beim Aushalten emotionaler Nähe.

Wenn Sie mehrere Personen bewerten oder nicht ins Buch schreiben wollen, können Sie sich wieder eine Kopie des Tests machen.

Der emotionale Typ

- ☐ kümmert sich vorzugsweise um seine eigenen Bedürfnisse,
- ☐ hat wenig Einfühlungsvermögen,
- ☐ mischt sich überall ein und respektiert keine Grenzen,
- ☐ ist vor allzu viel Nähe auf der Hut,
- ☐ schätzt wechselseitigen Austausch nicht, redet nur über sich selbst,
- ☐ denkt nie über sich selbst nach,
- ☐ kann Beziehungsprobleme nicht lösen,
- ☐ reagiert blindlings und ohne Rücksicht auf Verluste,
- ☐ ist entweder zu nah oder zu fern,
- ☐ geht leicht in die Luft, grenzt andere aus,

- ☐ legt mitunter eine erschreckende, einschüchternde emotionale Intensität an den Tag,
- ☐ erwartet von seinen Kindern, dass sie ihn trösten, wobei ihm die Bedürfnisse der Kinder gleichgültig sind,
- ☐ tut gern so, als sei nicht er es, um den sich alles dreht,
- ☐ sieht sich selbst als Opfer.

Der getriebene Typ

- ☐ sorgt sich zuerst um seine eigenen Bedürfnisse,
- ☐ besitzt wenig Einfühlungsvermögen,
- ☐ mischt sich gern ein und achtet die Grenzen anderer nicht,
- ☐ wehrt sich gegen allzu viel Nähe,
- ☐ schätzt wechselseitigen Austausch nicht, sondern redet vorzugsweise über sich selbst,
- ☐ denkt kaum je über sich nach,
- ☐ kann Beziehungen nicht kitten, wenn sie Sprünge haben,
- ☐ reagiert blindlings, ohne jede Rücksicht,
- ☐ ist entweder zu nah oder zu weit weg,
- ☐ hat strenge Wertvorstellungen und perfektionistische Erwartungen,
- ☐ ist zielorientiert und stets beschäftigt,
- ☐ hat einen starren Tunnelblick,
- ☐ sieht sein Kind als Spiegelung seiner selbst, ohne auf dessen Wünsche zu achten,
- ☐ hat gern die Zügel in der Hand,
- ☐ sieht sich selbst als den großen Macher, der alles auf die Reihe bekommt.

Der passive Typ

- ☐ kümmert sich vorzugsweise um die eigenen Bedürfnisse,
- ☐ verfügt über ein begrenztes Einfühlungsvermögen,
- ☐ ist verschmolzen und achtet nicht auf die Grenzen anderer,

- ☐ kann gelegentlich emotionale Nähe aushalten,
- ☐ lässt hin und wieder wechselseitigen Austausch zu, redet aber trotzdem am liebsten über sich selbst,
- ☐ denkt nie kritisch über sich selbst nach,
- ☐ hat begrenzte Fähigkeiten, gestörte Beziehungen auch wieder zu »reparieren«,
- ☐ kann gelegentlich rücksichtsvoll sein,
- ☐ ist entweder zu nah oder zu weit weg,
- ☐ kann nett und witzig sein, ist unfähig, das Kind zu schützen,
- ☐ zeigt eine Laisser-faire-Attitüde, als stünde immer alles zum Besten,
- ☐ ist nett zum Kind, setzt sich aber nicht für es ein,
- ☐ mag es, wenn jemand anders die Zügel in der Hand hält oder Strafen verteilt,
- ☐ sieht sich als netten, gutmütigen Menschen.

Der zurückweisende Typ

- ☐ kümmert sich vorzugsweise um die eigenen Belange,
- ☐ zeigt so gut wie kein Einfühlungsvermögen,
- ☐ lässt niemanden an sich herankommen,
- ☐ scheint keine Bindung zu schätzen und wirkt feindselig,
- ☐ lässt sich nur selten auf einen Austausch ein,
- ☐ denkt nie über sich nach,
- ☐ hat keine Ahnung, wie man zerrüttete Beziehungen wieder in Ordnung bringt,
- ☐ reagiert blindlings, meist mit Angriff und Herabsetzung,
- ☐ ist ständig auf Distanz bedacht,
- ☐ ignoriert das Kind oder traktiert es mit Wutausbrüchen,
- ☐ ist häufig zornig und abweisend,
- ☐ sieht das Kind als Störfaktor und will eigentlich gar nichts mit ihm zu schaffen haben,
- ☐ gibt sich gern süffisant und verhöhnt andere,
- ☐ sieht sich als völlig autarken Menschen.

Kurz gesagt

Alle vier Typen emotional unreifer Eltern sind selbstbezogen, unsensibel und für ihre Kinder daher emotional nicht verfügbar. Ihr Mangel an Einfühlungsvermögen verhindert jede echte Kommunikation und jede wirkliche Bindung. Sie haben Angst vor aufrichtigen Gefühlen und versuchen, andere zu kontrollieren, möglichst zum eigenen Vorteil. Bei keinem dieser Typen kann ein Kind sich emotional wahrgenommen und geschätzt fühlen. Jeder Charakter ist auf seine Weise extrem anstrengend, da letztlich jegliche Interaktion nur ihn zum Mittelpunkt haben darf. Keiner dieser Typen ist fähig zu echtem persönlichem Austausch.

Ihre Kinder haben im Wesentlichen zwei Möglichkeiten, mit der Vereinsamung umzugehen: Entweder entwickeln sie sich zu Internalisierern oder zu Externalisierern. Was das bedeutet, werden wir uns im nächsten Kapitel näher ansehen.

Kapitel 5

Die Reaktion der Kinder auf emotional unreife Eltern

Die vernachlässigten Kinder entwickeln sogenannte »Heilfantasien«. Sie stellen sich vor, wie ihre unbefriedigten Bedürfnisse irgendwann in der Zukunft gestillt werden. Oder sie schaffen sich ein Rollen-Selbstbild, kurz Rollen-Selbst. Sie übernehmen in der Familie eine bestimmte Funktion, um die Aufmerksamkeit ihrer mit sich selbst beschäftigten Eltern zu erlangen. In diesem Kapitel werden wir uns zunächst mit den Heilfantasien und dann mit dem Rollen-Selbst beschäftigen. Anschließend untersuchen wir zwei ganz verschiedene Arten von Bewältigungsstrategien: Internalisierung und Externalisierung.

Unglücklicherweise ist keine der Strategien geeignet, das Potenzial des Kindes zur Entfaltung zu bringen. Da seine ichbezogenen Eltern ihm keine Aufmerksamkeit schenken, entwickelt das Kind das Gefühl, sein wahres Selbst genüge nicht. Daraus zieht es den Schluss, es könnte nur einen Weg geben, nicht übersehen zu werden: Es müsse jemand anders werden.

Traurigerweise gerät so das wahre Selbst, das aus den echten Gefühlen und angeborenen Begabungen besteht, ins Hintertreffen. Stattdessen nimmt das Kind das an, was ihm nötig erscheint, um sich einen Platz in der Familie zu sichern. Das wahre Selbst bleibt zwar unter der Oberfläche präsent, doch die familiären Regeln, die nur die Bedürfnisse der Eltern befriedigen, lassen es verstummen. In Kapitel 7 werden wir sehen, was geschieht, wenn das unterdrückte wahre Selbst wieder an die Oberfläche drängt und den Betroffenen ihre echten Gefühle und ihr ganzes Potenzial bewusst werden lässt. Doch für den Augenblick wollen wir uns anschauen, wie sich Heilfantasien und familiäre Rollen negativ auf das Leben von Kindern und Erwachsenen auswirken können.

Der Ursprung der Heilfantasien

Die Kinder sind dazu gezwungen, sich der begrenzten emotionalen Kompetenz der Eltern anzupassen. Um diese dazu zu bringen, dass sie sich um sie kümmern und sich mit ihnen beschäftigen, wenden sie unterschiedliche Strategien an. Eines haben alle so vernachlässigten Kinder aber gemeinsam: Sie entwickeln eine Fantasie darüber, dass sie schließlich irgendwann bekommen können, was sie brauchen.

Als Kinder versuchen wir uns einen Reim auf unser Leben zu machen, indem wir eine Story konstruieren. Wir stellen uns vor, was nötig wäre, damit es uns besser ginge. Wir erschaffen uns das, was ich »Heilfantasie« nenne. Eine hoffnungsvolle Geschichte, in der es darum geht, wie wir eines Tages unser Glück finden.

Kinder suchen nach einem Gegenmittel für ihren Schmerz und ihre emotionale Vereinsamung. Und sie denken, wenn sie Möglichkeiten fänden, sich oder andere zu verändern, dann wäre alles gut. Sämtliche Heilfantasien drehen sich um dieses Thema. Deshalb beginnen sie auch immer mit den Worten »Wenn doch nur …«. Manche Menschen denken, sie würden geliebt, wenn sie doch nur selbstlos oder attraktiv genug wären oder einen sensiblen, selbstlosen Partner finden könnten. Andere sehen ihr Heil darin, berühmt oder reich zu werden oder anderen Menschen Angst zu machen. Unglücklicherweise sind Heilfantasien Lösungen, die der Logik von Kindern entspringen und somit für die Realität des Erwachsenenlebens nicht taugen.

Doch unabhängig davon, wie sie aussieht, schenkt die Heilfantasie dem Kind Optimismus und Hoffnung auf eine bessere Zukunft. Und die braucht es tatsächlich, um mit seinem Schmerz umgehen zu können. Viele Menschen haben auf diese Weise eine schreckliche Kindheit überstanden. Dank des hoffnungsvollen Gedankens, eines Tages bestimmt geliebt und umsorgt zu werden, geben sie nicht auf.

Die Auswirkung von Heilfantasien in Erwachsenenbeziehungen

Wenn wir erwachsen werden, rechnen wir insgeheim damit, dass unsere Heilfantasien in unseren engsten Beziehungen wahr werden. Unsere unbewussten Erwartungen an andere entstammen der Vorstellungswelt unserer Kindheit. Wir sind überzeugt davon, dass wir andere früher oder später dazu bringen können, sich zu ändern, wenn wir nur nicht lockerlassen. Vielleicht glauben wir, unsere emotionale Vereinsamung würde von einem Partner geheilt, der unsere Bedürfnisse vor seine eigenen setzt, oder von einem Freund, der uns nie im Stich lässt. Meist sind diese unbewussten Fantasien ziemlich unsinnig. Zum Beispiel war eine meiner Klientinnen insgeheim der Überzeugung, sie müsste erst ihren depressiven Vater glücklich machen, bevor sie ihr eigenes Leben frei gestalten könnte. Ihr war nicht klar, dass sie diese Möglichkeit auch hatte, wenn ihr Vater weiterhin deprimiert blieb.

Eine andere Klientin war sich sicher, sie würde die Liebe, nach der sie sich sehnte, von ihrem Ehemann bekommen, wenn sie nur alles täte, was er wollte. Als er ihr trotzdem nicht die Aufmerksamkeit schenkte, die sie verdient zu haben glaubte, war sie wütend auf ihn. Ihr Ärger überdeckte die aufkeimende Angst, als ihr klar wurde, dass ihre Heilgeschichte einfach nicht funktionierte. Sie hatte doch ihr Bestes gegeben … Seit ihrer Kindheit dachte sie, sie müsse nur ein »guter Mensch« sein, um anderen liebenswert zu erscheinen.

Normalerweise ist uns nicht klar, dass wir versuchen, jemandem unsere Heilfantasie aufzuzwingen. Aber die kleinen Prüfungen, mit denen wir uns der Liebe anderer Menschen versichern, sind ein klares Anzeichen dafür. Wer uns nicht so nah steht, sieht schnell, wie unrealistisch diese Fantasie ist. Die Analyse von Heilfantasien ist häufig Teil einer erfolgreichen Eheberatung. Sie macht deutlich, wie ein Ehepartner den anderen zu zwingen versucht, ihm die liebevolle Kindheit zu bescheren, die er sich immer gewünscht hat.

Die Entwicklung eines Rollen-Selbst

Wenn Eltern oder andere Bezugspersonen nicht angemessen auf das wahre Selbst eines Kindes reagieren, versucht es herauszufinden, was es tun muss, um eine emotionale Bindung herzustellen. Statt einfach zu sein, wer es ist, entwickelt es ein Rollen- oder Pseudo-Selbstbild,[41] das ihm zu einem sicheren Platz in der Familienordnung verhilft. Dieses Rollen-Selbst ersetzt nach und nach den spontanen Ausdruck des eigenen Selbst. Es kann auf einer Vorstellung beruhen wie »Ich werde mich aufopfern, sodass die anderen mich loben und lieben werden«, oder es nimmt negative Formen an, zum Beispiel »Ich werde schon dafür sorgen, dass die mich beachten«.

Die Entwicklung eines Rollen-Selbst geht unbewusst vonstatten, niemand entscheidet sich gezielt dafür. Wir erschaffen es nach und nach, probieren es aus, beobachten die Reaktion der anderen und passen es an. Egal, ob ein Rollen-Selbst positiv oder negativ ist, einem Kind erscheint es als der beste Weg, um dazuzugehören. Als Erwachsene neigen wir dazu, unsere Rolle dann einfach weiterzuspielen. Wir hoffen, dass jemand uns die Aufmerksamkeit zuteilwerden lässt, die wir uns von unseren Eltern gewünscht hätten.

Vielleicht fragen Sie sich, warum nicht alle Kinder ein wunderbar positives Rollen-Selbst erfinden. Warum so viele Menschen sich eine Rolle aussuchen, die sich in Versagensangst, Wut, seelischen Problemen, emotionaler Unbeständigkeit oder anderen leidhaften Formen äußert. Bedenken Sie, dass nicht jedes Kind über die inneren Ressourcen verfügt, um im Umgang mit anderen erfolgreich und selbstbeherrscht zu sein. Manche neigen aufgrund ihrer genetischen und neurologischen Anlagen eher zu impulsiven Reaktionen statt zu konstruktivem Handeln.

Ein weiterer Grund für ein negatives Rollen-Selbst kann sein, dass emotional unreife Eltern für gewöhnlich unbewusst unbewältigte Aspekte ihres eigenen Rollen-Selbst und ihrer Heilfantasien auf die Kinder übertragen. Zum Beispiel idealisieren sie ein Kind zum perfekten kleinen Prinzen und verwöhnen es entsprechend, während sie das andere zum Tölpel oder Aschenputtel abstempeln.

Die Eltern beeinflussen die Entwicklung des Rollen-Selbst

Ein klassisches Beispiel für einen Elternteil, der ein Kind in ein Rollen-Selbst drängt, ist eine unsichere Mutter, die die Ängste eines übermäßig anhänglichen Kindes verstärkt. So festigt sie ihre eigene Rolle als Lebensmittelpunkt des Kindes. (»Endlich braucht mich jemand wirklich.«) Ein anderes Beispiel wäre ein Vater, der sein Gefühl der Unzulänglichkeit nie überwunden hat und seinen Sohn nun ständig schlechtmacht, damit er selbst sich im Vergleich stark und kompetent fühlen kann. (»Ich weiß, wo's langgeht, ich habe die Aufgabe, alle anderen zu korrigieren.«) Manchmal verschließen auch beide Elternteile die Augen vor ihrer eigenen unterschwelligen Wut und Selbstbezogenheit und projizieren stattdessen diese Züge auf ihr Kind. (»Wir sind liebevolle Eltern, aber unser Kind ist jähzornig und respektlos.«) Nur wenige Eltern unterminieren absichtlich die Zukunft ihres Kindes, aber ihre eigenen Ängste sorgen dafür, dass sie ihre negativen und unerwünschten Eigenschaften bei ihren Kindern vermehrt wahrnehmen.[42] Dies ist ein hochwirksamer psychologischer Abwehrmechanismus, der außerhalb der bewussten Kontrolle liegt.

Wenn Sie als Kind eine Rolle gefunden hätten, die zu den Bedürfnissen Ihrer Eltern passte, dann hätten Sie diese vermutlich recht schnell angenommen. Sie hätten sich zunehmend in das verwandelt, was den Erfordernissen Ihrer familiären Ordnung entsprach. Ihr wahres Selbst hingegen wäre immer weiter verblasst. Diese Art des Rückzugs vom wahren Selbst kann Ihre Beziehungen im Erwachsenenleben erheblich beeinträchtigen. Es ist unmöglich, eine tiefgehende und befriedigende Beziehung aufzubauen, wenn man ganz aus seinem Rollen-Selbst lebt. Sie müssen in der Lage sein, Ihr wahres Selbst wenigstens so weit zum Ausdruck zu bringen, dass Sie dem anderen ein wenig von dem zeigen, was genuin Ihres ist, damit er dazu eine Beziehung aufbauen kann. Ist dies nicht der Fall, wird die ganze Beziehung nur zum Schauspiel. Besetzung: das Rollen-Selbst der Beteiligten.

Ein anderes Problem des Rollen-Selbst liegt darin, dass es nicht über eine eigene Energiequelle verfügt. Es schöpft seine Lebenskraft gezwungenermaßen aus dem wahren Selbst. Eine Rolle zu spielen ist viel ermüdender, als schlicht man selbst zu sein. Es bedeutet eine Riesenanstrengung, jemanden darzustellen, der man nicht ist. Da das Rollen-Selbst nur ein gedankliches Konstrukt sein kann, fühlt es sich unsicher und fürchtet ständig, als Betrüger entlarvt zu werden.

Ein Rollen-Selbst zu spielen wird langfristig keine Lösung sein. Kein Mensch vermag seine wahren Neigungen dauerhaft zu verbergen. Früher oder später kommen seine echten Bedürfnisse an die Oberfläche. Wenn Menschen sich dazu entschließen, nicht länger eine Rolle zu spielen und stattdessen ihr wahres Selbst auszuleben, gehen sie unbeschwerter und mit mehr Vitalität durchs Leben.

Übung
Erkennen Sie Ihre Heilfantasie und Ihr Rollen-Selbst

Sie benötigen zwei Blatt Papier für diese Übung. Schreiben Sie auf das eine oben »Heilfantasie«, auf das andere »Rollen-Selbst«.

Der erste Teil der Übung wird Ihnen helfen, Ihre eigene Heilfantasie aufzudecken und zu verstehen. Schreiben Sie die nachfolgenden Sätze auf Ihr »Heilfantasie-Blatt« und vervollständigen Sie sie. Überlegen Sie nicht zu lange. Schreiben Sie einfach auf, was Ihnen spontan in den Sinn kommt:

- Ich wünschte, andere Leute wären viel ___________.
- Warum ist es so schwierig für Leute, ___________?
- Zur Abwechslung wünschte ich mir, jemand würde mich wie ________ behandeln.
- Vielleicht finde ich eines Tages jemanden, der _______.
- In einer idealen Welt mit ausschließlich guten Menschen würden die anderen ___________.

Jetzt machen Sie sich auf dieselbe Weise auf, Ihr Rollen-Selbst zu finden. Schreiben Sie die nachfolgenden Sätze auf Ihr »Rollen-Selbst-Blatt« und vervollständigen Sie diese. Schreiben Sie auch jetzt wieder auf, was Ihnen als Erstes einfällt:

- Ich bemühe mich sehr, ________ zu sein.
- Die Leute mögen mich vor allem, weil ich ______.
- Andere schätzen nicht, wie sehr ich _______.
- Ich muss immer der-/diejenige sein, der/die ______.
- Ich habe versucht, ein Mensch zu sein, der ______.

Nachdem Sie die Sätze vervollständigt haben, verfassen Sie je eine kurze Beschreibung Ihrer Heilfantasie und Ihres Rollen-Selbst. Verwenden Sie dabei die Worte und Ideen aus Ihren Sätzen. Die Beschreibungen verraten Ihnen, welche Vorstellungen Sie insgeheim über sich und andere hegen. Wie sollten sich andere Leute Ihrer Ansicht nach verändern, damit Sie sich geschätzt fühlen? Und wie glauben Sie sich selbst verhalten zu müssen, um geliebt zu werden?

Am Schluss schreiben Sie auf, wie es ist, wenn man ständig versucht, andere dazu zu bringen, sich zu ändern. Wie fühlt es sich an, das Rollen-Selbst zu leben, das Sie oben beschrieben haben?

Wollen Sie diese Fantasien und Rollen beibehalten, oder sind Sie bereit, Ihre eigene Identität zu entdecken und zu leben? Wenn

Sie gern mehr im Einklang mit Ihrem wahren Selbst leben möchten, will Ihnen dieses Buch dabei helfen.

Zwei unterschiedliche Bewältigungsstrategien

Heilfantasie und Rollen-Selbst sind so einzigartig wie die Kinder, die sie ersinnen. Aber im Allgemeinen reagieren Kinder auf emotionale Vernachlässigung, indem sie ihre Probleme entweder internalisieren oder externalisieren, sie also verinnerlichen und sich verantwortlich fühlen oder ins Außen projizieren. Internalisierende Kinder glauben, es sei an ihnen, etwas zu verändern. Externalisierer hingegen erwarten, dass andere das für sie übernehmen. Unter Umständen wendet ein Kind auch beide Bewältigungsstrategien an, aber die meisten entscheiden sich für eine, um die Befriedigung ihrer Bedürfnisse sicherzustellen.

Welche Strategie Sie angewendet haben, hängt in erster Linie von Ihrer Persönlichkeit und Ihrer Veranlagung ab und beruht nicht auf einer bewussten Entscheidung. Letztlich ist das Ziel ja das gleiche, nämlich die Befriedigung der eigenen Bedürfnisse zu erlangen. Manche Menschen neigen vielleicht dazu, in einer Lebensphase eher zu verinnerlichen und in einer anderen zu projizieren. Aber die meisten wenden hauptsächlich eine Taktik an, ganz nach Veranlagung. Im Idealfall halten sich die beiden Strategien die Waage, sodass Internalisierer ebenso Hilfe von außen suchen und Externalisierer den Blick auch mal nach innen richten.

Internalisierer

Vertreter dieses Typs sind geistig aktiv und wissbegierig. Sie suchen die Lösung für ihre Probleme stets bei sich. Deshalb üben sie Selbstkritik und bemühen sich, aus eigenen Fehlern zu lernen. Als sensible Menschen sind sie bestrebt, Kausalzusammenhänge besser zu verstehen. In ihren Augen ist das Leben eine wunderbare Gelegenheit, sich weiterzuentwickeln. Daher freuen sie sich, wenn sie an Kompetenz dazugewinnen. Sie sind der Überzeugung, dass sie mit mehr Einsatz etwas verbessern können. Instinktiv übernehmen sie Verantwortung, wenn es Probleme zu lösen gilt. Der Gedanke, einem anderen zu missfallen, löst bei ihnen Angst und Schuldgefühle aus. Sie fürchten stets, jemand könnte merken, dass sie nicht so sind, wie sie es vorgeben. In Beziehungen neigen sie dazu, sich zu sehr für andere aufzuopfern und ihnen das dann nachzutragen.

Externalisierer

Externalisierer handeln, bevor sie überlegen. Sie reagieren immer sofort und sind dementsprechend impulsiv. So wehren sie möglichst schnell ihre Ängste ab. Selbstkritik liegt ihnen fern, lieber schieben sie anderen Menschen oder den Umständen die Schuld in die Schuhe. Hauptsache, sie müssen sich selbst nicht hinterfragen. Sie gehen nach dem Prinzip Versuch und Irrtum vor, lernen aber nur selten etwas aus ihren Fehlern. Sie sind felsenfest davon überzeugt, die Außenwelt müsse sich ändern, damit sie glücklich werden. Also glauben sie, all ihre Probleme wären gelöst, wenn die anderen ihnen nur das gäben, was sie sich wünschen. Ihre Bewältigungsstrategien sind häufig so unangemessen und gegen sie selbst gerichtet, dass andere eingreifen müssen, um den Schaden ihres impulsiven Handelns zu mindern.

Externalisierer sind der Meinung, kompetente Menschen seien ihnen Unterstützung schuldig. Schließlich kann es doch nur ungerecht sein, dass die anderen etwas haben oder können, was sie nicht besitzen oder wozu sie nicht fähig sind. Ihr Selbstbewusstsein ist entweder sehr schwach ausgeprägt oder total übersteigert. Sie sind völlig auf die Hilfe von außen angewiesen. Daher sind sie besonders gefährdet, was Substanzmissbrauch und emotionale Abhängigkeit angeht. Den Verlockungen, die unmittelbare Befriedigung versprechen, können sie einfach nicht widerstehen. Ihre größte Angst ist es, von der äußeren Quelle abgeschnitten zu sein, die ihre Sicherheit garantiert. Ihre wesentlichen Beziehungsprobleme bestehen darin, dass sie sich häufig von impulsiven Menschen angezogen fühlen und übermäßig auf andere angewiesen sind, um Unterstützung und Stabilität zu empfinden.

Die Weltsicht des Externalisierers

Es lässt sich nur schwer sagen, mit welcher Art der Bewältigungsstrategie man es schwerer hat. Internalisierer sind sich ihres Leidens meist bewusst. Sie dürfen eher auf Bestätigung und Unterstützung vonseiten anderer hoffen, weil sie den Fehler ja bei sich selbst suchen. Im Gegensatz dazu verärgern Externalisierer andere oft durch ihr Verhalten. Wenn sie dann Hilfe brauchen, gehen diese auf Distanz. Andererseits machen Externalisierer gewöhnlich so viel Theater, dass sich am Ende doch jemand einschaltet, um ihnen zu helfen. Internalisierer hingegen fressen alles in sich hinein und erwecken nach außen hin den Eindruck, es gehe ihnen gut. Selbst dann noch, wenn sie kurz vorm Zusammenbruch stehen. Ihnen wird häufig keine Hilfe angeboten, weil niemand merkt, dass sie sie brauchen.

Dieses Buch spricht vermutlich hauptsächlich diesen Typus an. Sein Ziel ist ja, Menschen dabei zu helfen, sich selbst und andere zu verstehen. Dafür interessieren sich Externalisierer in der Regel nicht besonders. Doch es ist für Internalisierer wichtig, die Weltsicht ihres Counterparts zu verstehen, um besser mit ihm umgehen zu können. Die meisten unemotionalen Eltern sind nämlich Externalisierer und kämpfen gegen die Realität an, statt sich ihr zu stellen. Sie geben der Außenwelt die Schuld an ihren Problemen, als ob die Wirklichkeit im Unrecht wäre. Wenn Sie nun denken, das höre sich nach dem Gebaren eines infantilen Rüpels an, dann liegen Sie genau richtig.

Externalisieren hält Menschen davon ab, sich psychisch zu entwickeln, und ist deshalb meist mit emotionaler Unreife verbunden. Internalisieren hingegen fördert die innere Entwicklung, weil Selbstkritik ja ganz wesentlich dazu beiträgt. Da wir uns in Kapitel 6 noch ausführlich mit den Verinnerlichern beschäftigen werden, nehmen wir hier erst noch verschiedene Aspekte des Externalisierens unter die Lupe.

Externalisierer schaffen einen Teufelskreis der Selbstzerstörung

Sie stoßen oft auf Ablehnung und riskieren Strafen. Im Gegensatz zu den unauffälligen Internalisierern leben sie ihre Angst, ihren Schmerz oder ihre Depression ungebremst aus. Sie handeln impulsiv, um sich selbst von ihren unmittelbaren Problemen abzulenken. Das hilft ihnen zwar, sich vorübergehend besser zu fühlen, schafft aber letztendlich nur zusätzliche Probleme.

Sind sie gezwungen, den Konsequenzen ihrer Impulsivität ins Auge zu schauen, tendieren sie zu starken Scham- und Versagensgefühlen. Aber statt sich dann zu fragen, ob oder wie sie sich vielleicht ändern müssten, verleugnen sie ihre Verantwortung schnell wieder, um der Scham zu entgehen. Dies führt zu einem regelrechten Circulus vitiosus: Auf impulsive Handlungen folgen Scham- und Versagensgefühle, die wiederum zu mehr impulsiven Reaktionen führen.

Im Endergebnis büßen Externalisierer immer wieder für kurze Zeit ihr Selbstwertgefühl ein und halten sich für die schlechtesten Menschen überhaupt. Um Scham und Selbsthass zu entgehen, machen sie anderen Vorwürfe und erfinden immer wieder Ausreden. Diese Strategie verschafft ihnen aber höchstens bei anderen Externalisierern Sympathien. Deshalb stehen sie am Ende häufig ohne die emotionale Unterstützung da, die sie so dringend brauchen.

Externalisierer suchen Lösungen im Außen

Ihnen ist es unmöglich, sich persönlich weiterzuentwickeln oder aus Fehlern zu lernen. Sobald sie unter Druck geraten, müssen sie Dampf ablassen. Da sie glauben, andere müssten ihre Probleme für sie lösen, warten sie ständig darauf, dass ihnen jemand zu Hilfe kommt. Manchmal nehmen sie es der Welt übel, wenn die Unterstützung auf sich warten lässt. Es ist, als ob sie ständig nach einer äußeren Energiequelle suchten, die sie anzapfen können.

Internalisierer kommen dagegen sozusagen »mit Batterie«. Natürlich müssen auch sie ihre Energiespeicher hin und wieder aufladen, aber sie wälzen ihre Probleme nicht obligatorisch auf andere ab.

Früh entstandene auslagernde Bewältigungsmuster führen automatisch zu emotionaler Unreife, wenn man ihnen nicht entgegenwirkt. Die meisten unemotionalen Eltern gehören zu den Externalisierern. Sie versuchen erst gar nicht, mehr Selbstkontrolle zu entwickeln, weil sie nur in der Außenwelt nach Möglichkeiten suchen, ihr Schicksal zu ändern. Von ihren Gefühlen überwältigt, leugnen sie entweder das Ausmaß der Probleme oder geben anderen die Schuld dafür. Sie finden, die Realität sollte ihren Wünschen entsprechen. Reifere Menschen stellen sich hingegen der Wirklichkeit und passen sich entsprechend an.[43]

Bei Kindern fördert das Externalisieren ihre emotionale Abhängigkeit und die Verschmelzung mit der innerseelischen Dynamik der Eltern.[44] Emotional unreife Eltern verwöhnen ein externalisierendes Kind gern, weil sie sich so von den eigenen ungelösten Problemen ablenken können. Wenn ihr Kind außer Kontrolle gerät, müssen sie nicht über ihre unbewältigten Probleme nachdenken. Stattdessen können sie die Rolle des starken Elternteils spielen, der einem schwachen und abhängigen Kind beispringt, das allein nicht zurechtkommt.

Solche Kinder haben oft mit Verhaltensauffälligkeiten, überschießender Impulsivität, emotionaler Unbeständigkeit und später mit Suchtproblemen zu kämpfen. Ihr Leid wird nicht übersehen, wie es bei internalisierenden Kindern häufig der Fall ist. Allerdings wird es oft fälschlicherweise als Trotz, Widerspruchsgeist oder grundlose Provokation interpretiert.

Externalisierung unterschiedlichen Schweregrads

Der Schweregrad dieses Wesenszugs kann stark variieren. Im Extremfall haben wir es mit rücksichtslosen Soziopathen zu tun, die andere Menschen als Ressource betrachten, die es auszunutzen gilt. Dabei nehmen sie keinerlei Rücksicht auf deren Rechte oder Gefühle. Weniger ausgeprägte oder klamaukige Externalisierer hält man auf den ersten Blick meist für Internalisierer, weil sie häufig Konfrontationen vermeiden. Sie unterscheiden sich von den Internalisierern einzig durch die Überzeugung, dass sich die anderen ihnen anpassen sollten. Mildere Vertreter dieses Typs werden mit zunehmendem Alter häufig offen für Entwicklung und Selbstreflexion.

Einer meiner Klienten legte solch eine seichte Form des Externalisierens an den Tag. Er kam in die Therapie, weil er unter Stress oft die Kontrolle verlor und dann seine Frau und seine Kinder anschrie. Er war sehr streng erzogen worden. Fehler wurden umgehend mit Schlägen oder Demütigungen bestraft. Es fehlte ihm also nicht an Vorbildern für ein solches Verhalten. Da er jedoch den aufrichtigen Wunsch hegte, es selbst besser zu machen, gab er sich Mühe, seine Frau und seine Kinder als sensible Wesen mit eigenen Rechten zu betrachten. Er wollte mit ihnen Kompromisse aushandeln, statt sich gnadenlos durchzusetzen.

Schwach ausgeprägte Externalisierer haben viele Gesichter. Wie schon erwähnt wurde, kann man sie leicht mit ihrem Gegenteil verwechseln. Entscheidend ist, ob sie andere für ihr Unglück verantwortlich machen, wie dies in unserer nächsten Geschichte der Fall ist.

Rodney

Auf den ersten Blick erschien Rodney als recht mitfühlender Verinnerlicher, der alle glücklich zu machen versuchte. Immer überließ er seiner Frau Sasha die Entscheidung, was er tun oder lassen sollte. Sie hatte sozusagen das Vetorecht über sein ganzes Verhalten. Er kam in die Therapie, weil er depressiv war und das Gefühl hegte, sich selbst verloren zu haben. Seine größte Angst war es, Sasha zu verärgern. Er widersprach ihr nie, weil er fürchtete, sie würde ihn sonst verlassen. Nach außen hin tat er so, als zeichne er selbst für all seine Entscheidungen verantwortlich. Insgeheim aber warf er Sasha vor, ihn einzuengen. In typisch externalisierender Manier betrachtete er sie als diejenige, die für sein Glück oder Unglück verantwortlich war. Er hatte das Gefühl, er dürfe ohne ihre Erlaubnis nicht tun, was er wolle.

Rodney war mit einer herrischen Mutter aufgewachsen, die ihm kaum echte Zuwendung schenkte. Als Erwachsener sah er sich immer noch in der Rolle des unterdrückten Kindes, nur dass er jetzt – in seinen Augen – von seiner Frau dominiert wurde. In einer Therapiesitzung stellte er sich als Gefangener in Ketten dar: ein typisches Bild für einen Vertreter dieses Typs!

Rodney stellte nicht so viele Ansprüche, wie es Menschen seines Schlages üblicherweise tun. Dennoch glaubte er, die anderen müssten seine Probleme lösen. Solange er diese Dynamik nicht einsah, blieb er genauso in seinen Kalamitäten verhaftet wie ein ausgeprägter Externalisierer. Zum Glück wurde Rodney sein Verhalten im Verlauf der Therapie bewusst. Er fing an, immer öfter seine Meinung zu äußern. Sasha hatte einfach nie bemerkt, wie aufgebracht Rodney immer war. Sie hatte schlicht die Führungsrolle übernommen, weil er seine Wünsche nie äußerte.

Externalisierer können ihre Geschwister schlecht behandeln

Viele meiner internalisierenden Klienten wuchsen mit unbeherrschten, externalisierenden Geschwistern auf. Die Situation war überall die gleiche. Rücksichtslose, verwöhnte Brüder oder Schwestern, egal, ob älter oder jünger, machten ihnen das Leben zur Hölle, und die Eltern sahen tatenlos zu. War das verhätschelte Kind gelangweilt oder verärgert, ließ es seinen Zorn an seinen Geschwistern aus. Die Eltern sahen den kleinen »Tyrannen« häufig als etwas Besonderes an und ließen ihm daher jede Art von schlechtem Benehmen durchgehen. In manchen Fällen ging dies bis hin zum sexuellen Missbrauch. Viele meiner Klienten erzählten den Eltern nichts davon, weil sie wussten, dass sie ihnen keinen Glauben schenken würden. Und wenn sie sich ihnen anvertrauten, mussten sie die schmerzliche Erfahrung machen, dass diese den Delinquenten noch in Schutz nahmen.

Doch externalisierende Kinder begehen häufig auch emotionale Übergriffe. Manchmal beherrschen sie die ganze Familie mit ihren Problemen und Wutanfällen. Während die Internalisierer das Gefühl haben, die Eltern ließen ihnen überhaupt nichts durchgehen, kamen ihre Geschwister immer wieder ungeschoren davon. Unfähige Eltern geben externalisierenden Kindern häufig nach und helfen ihnen aus der Klemme, weil sie keine bessere Lösung wissen. Solche Kinder sind aufgrund ihrer Impulsivität häufig kaum in den Griff zu bekommen.

Verinnerlicher fühlen sich im Vergleich zu diesen Geschwistern oft ungerecht behandelt. Aber natürlich gehen die Eltern erst gar nicht darauf ein, wenn sie sich beklagen. Sie verlangen vom Kind vielmehr, es müsse mit seinem Bruder beziehungsweise seiner Schwester zurechtkommen und Verständnis für deren Probleme aufbringen. Solche Eltern setzen alles daran, das aggressive Kind nicht zu provozieren. Die Botschaft an die zahmeren Geschwister ist klar: Sie müssen ihre Bedürfnisse zugunsten der anderen hintanstellen.

Diese wiederum neigen dazu, andere fälschlich irgendwelcher Übergriffe zu beschuldigen. Sie stellen sich selbst als Opfer dar, das besonderer Aufmerksamkeit bedarf. Eine meiner Klientinnen erzählte, wie schockiert sie war, als ihr jüngerer Bruder sie beschuldigte, ihn in der Kindheit sexuell missbraucht zu haben. Als er klein war, musste sie einen großen Teil ihres Teenie-Lebens opfern, weil sie sich um ihn zu kümmern hatte, denn die Eltern waren mit der Pflege des chronisch kranken Großvaters befasst. Die völlig haltlose Anschuldigung ihres Bruders passte perfekt zu seiner Persönlichkeitsstruktur. Er war ständig auf der Suche nach äußeren Gründen dafür, dass er sein Leben nicht auf die Reihe bekam. Ihre Eltern ergriffen auch damals für ihn Partei, obwohl meine Klientin ihnen geschworen hatte, dass da nichts passiert sei. Ihr Bruder und ihre Eltern hatten sich so sehr in ihre Rollen als unglückliches Opfer beziehungsweise Retter vertieft, dass sie die Tatsachen vollkommen ausblendeten.

Das ganze Spektrum der Bewältigungsstrategien: Mischformen

Wie alles, was zum menschlichen Wesen gehört, treten persönliche Eigenschaften so gut wie nie in Reinform in Erscheinung. Alle Charakterzüge lassen sich entlang eines Kontinuums einordnen. Internalisieren und Externalisieren bilden gleichsam die beiden Pole eines breiten Spektrums. Die schwersten Fälle jeder Form unterscheiden sich ganz wesentlich voneinander.

Unter gewissen Voraussetzungen kann jeder Typ Verhalten und Einstellungen zeigen, die normalerweise auf den anderen Typus zutreffen. Zum Beispiel kommt es vor, dass Externalisierer die Idee, sie selbst müssten sich ändern, plötzlich akzeptieren, statt weiter zu warten, dass die Welt sich ihren Vorstellungen anpasst. Das geschieht häufig dann, wenn sie am Tiefpunkt ihres Lebens angelangt sind. Und der eine oder andere Internalisierer beginnt unter Stress schon mal, so impulsiv zu reagieren wie sein typischer Antagonist.

Externalisierer lernen zu internalisieren

Letztlich bilden beide Charaktere nur zwei Facetten des menschlichen Wesens. Jeder neigt mal mehr oder mal weniger zur einen beziehungsweise anderen Seite, je nach den entsprechenden Umständen und je nach seiner ursprünglichen, anlagemäßigen Position auf dem Kontinuum. Doch Menschen, die sich in Therapie begeben oder Ratgeber wie diesen lesen, gehören wie gesagt meist zu jenen mit internalisierender Bewältigungsstrategie. Schließlich versuchen sie ja ständig herauszufinden, was sie selbst tun können, um ihr Leben zu verbessern.

Externalisierer hingegen begeben sich in der Regel erst nach hohem Druck von außen in Behandlung. Den Ausschlag geben da häufig Gerichtsurteile, ein Ultimatum des Ehepartners oder eine schwere Erkrankung. Suchttherapien zum Beispiel sind größtenteils darauf ausgerichtet, Vertreter dieses Typs dazu zu bringen, ihre Bewältigungsstrategien zu ändern und mehr Eigenverantwortung zu übernehmen. Sogar von einer Selbsthilfegruppe wie den Anonymen Alkoholikern (AA) könnte man sagen, dass ihr Wirken darauf ausgerichtet ist, Externalisierer in Internalisierer zu verwandeln, die ihr Schicksal selbst in die Hand nehmen.

Internalisierer neigen unter Stress zum Externalisieren

Andererseits nehmen Internalisierer häufig zu externalisierenden Strategien Zuflucht, wenn ihre Vereinsamung zu stark wird oder sie dem Stress nicht mehr gewachsen sind. Solche, die sich für andere aufopfern, finden manchmal in Affären oder oberflächlichen sexuellen Beziehungen ein Ventil. Sie schämen sich furchtbar dafür und haben große Angst aufzufliegen. Doch ihr

Leben ist an diesem Punkt häufig so inhaltsleer und unerotisch, dass sie sich mit ihrer Affäre ungeheuer lebendig und geschätzt fühlen. So finden ihre Bedürfnisse außerhalb ihrer dauerhaften Beziehung Erfüllung, ohne dass diese in Gefahr gerät. Meistens versuchen sie zuvor, ihrem Partner begreiflich zu machen, wie unglücklich sie sind. Instinktiv wollen sie ja die Verantwortung für die Lösung ihrer Probleme selbst übernehmen. Aber wenn der andere nicht zuhört oder alle Aussprachen abblockt, begeben sie sich auf die Suche nach einem Retter – eine klassische Externalisierungsstrategie.

Vielleicht erklärt dies die zahllosen Fälle von Midlife-Crisis: Leute, die stets als verantwortungsbewusst galten, werfen plötzlich all ihre Werte über den Haufen und möchten nichts mehr wissen von Verpflichtungen und Verantwortlichkeiten. Ganz egozentrisch wollen sie das Leben nochmals in vollen Zügen genießen. Führen wir uns aber das typische Internalisiererprofil vor Augen, überrascht uns die Metamorphose in der Lebensmitte gleich weniger. Vielleicht ist sie einfach nur das Resultat jahrelanger Selbstverleugnung, auf die nun die plötzliche Ernüchterung folgt. Dann nämlich, wenn der Verinnerlicher merkt, dass er die eigenen Bedürfnisse zu oft zurückgestellt hat.

Drogenmissbrauch gehört ebenfalls zu den externalisierenden Verhaltensoptionen, die sie unter Stress mitunter übernehmen. Die folgende Geschichte ist ein Beispiel dafür.

Ron

Ron war seit jeher Internalisierer. Er hatte chronische Rückenschmerzen und versuchte fortwährend, seine egozentrische Mutter beziehungsweise seinen überkritischen Chef zufriedenzustellen. Selbst seine Therapie begann er mit der typischen Motivation: Sein Ziel war es, Wege zu finden, um sein Leben zu optimieren. Als jedoch der Stress am Arbeitsplatz zunahm, wurden ihm seine Ein-

samkeit und der Mangel an Unterstützung erstmals so richtig bewusst. Da wandte er sich erstmals bestimmten Externalisierungsstrategien zu. Er nahm immer mehr Schmerzmittel, und auch sein Alkoholkonsum stieg. Schließlich gestand mir Ron, dass er das Gefühl habe, etwas gegen seinen Substanzmissbrauch tun zu müssen. Kurz darauf begab er sich in stationäre Therapie, um seine Sucht unter Kontrolle zu bekommen. Dank der Behandlung konnte er wieder auf seine inneren Bewältigungsstrategien zugreifen, um seine Probleme zu lösen. Die externalisierende Flucht in die Drogen brauchte er nicht mehr.

Übung
Wie Sie Ihre Bewältigungsstrategie erkennen

Diese Übung wird Ihnen helfen zu erkennen, welcher der beiden Kategorien Sie zuzuordnen sind. Falls Sie die folgenden Listen auch verwenden möchten, um die Bewältigungsstrategien anderer besser einschätzen zu können, oder nicht ins Buch schreiben wollen, machen Sie sich am besten wieder ein paar Kopien.

Bitte beachten Sie, dass die aufgelisteten Charakterzüge jeweils an den Polen des Spektrums angesiedelt sind. Sie sollen ja die grundlegenden Unterschiede zwischen den Strategien deutlich machen, mit denen die Betreffenden ihre Probleme angehen. Wie wir gesehen haben, liegen die meisten auf diesem Kontinuum irgendwo dazwischen. Trotzdem lässt sich beim Großteil der Menschen eine gewisse Ähnlichkeit mit einem der beiden Typen erkennen.

Charakterzüge des Externalisierers

Lebenseinstellung:

- Lebt im Moment, ohne an die Konsequenzen zu denken.
- Denkt, dass Lösungen von außen kommen müssen.

- Verlässt sich auf andere, um etwas zu verbessern: »Was soll X oder Y tun, damit alles besser wird?«
- Handelt, ohne vorher zu überlegen.
- Unterschätzt Schwierigkeiten.

Umgang mit Problemen:

- Reagiert auf jede Kleinigkeit.
- Macht andere für Probleme verantwortlich.
- Gibt den Umständen die Schuld.
- Zieht andere in seine Probleme hinein.
- Steckt den Kopf in den Sand und leugnet die Realität, um sich besser zu fühlen.

Psychologisches Verhalten:

- Ist impulsiv und auf sich selbst bezogen.
- Glaubt, dass Gefühle sich nicht steuern lassen.
- Wird schnell wütend.
- Interessiert sich nicht für Seelisches oder Innenwelten.

Beziehungsverhalten:

- Erwartet Hilfe von anderen.
- Ist der Überzeugung, dass andere sich verändern müssen, damit sich die Situation verbessert.
- Erwartet von anderen, dass sie ihm zuhören, und hält gern Monologe.
- Fordert andere häufig auf, nicht an ihm herumzunörgeln.

Charakterzüge des Internalisierers

Lebenseinstellung:

- Macht sich Sorgen um die Zukunft.
- Denkt, dass er Probleme von seinem Inneren her angehen muss.

- Ist rücksichtsvoll und einfühlsam: »Was kann ich tun, damit alles besser wird?«
- Fragt sich stets, was alles passieren könnte.
- Überschätzt Schwierigkeiten häufig.

Umgang mit Problemen:
- Versucht herauszufinden, was wirklich los ist.
- Erforscht seinen Anteil am Problem: »Was mache ich falsch?«
- Denkt über sich selbst nach und übernimmt Verantwortung.
- Erkennt Probleme und arbeitet daran.
- Setzt sich mit der Realität auseinander und ist bereit, etwas zu ändern.

Psychologisches Verhalten:
- Denkt nach, bevor er handelt.
- Glaubt, dass Gefühle sich steuern lassen.
- Fühlt sich schnell schuldig.
- Findet Innenwelten faszinierend.

Beziehungsverhalten:
- Fragt sich zuerst, was andere brauchen.
- Zieht in Betracht, sich zu verändern, um die Situation zu verbessern.
- Sucht bei Problemen den Dialog.
- Versucht anderen zu erklären, warum es ein Problem gibt.

Zeigen Ihre Resultate, dass Sie im Wesentlichen ein Internalisierer sind? Dann fühlen Sie sich vermutlich ein wenig ausgelaugt, weil fast immer Sie die Beziehungsarbeit übernehmen. Das nächste Kapitel befasst sich mit den Merkmalen dieses Typs, die dafür verantwortlich sind, dass die Betreffenden zu viel für andere tun. Oder sollten Ihre Resultate zeigen, dass Sie im Wesentlichen ein

Externalisierer sind? Dann wäre es vielleicht sinnvoll, andere mal zu fragen, wie Sie eigentlich auf sie wirken. Vielleicht sind Sie ja gerade dabei, Ihr rettendes Netz überzustrapazieren.

Der Schlüssel liegt in der Ausgewogenheit

Menschen, deren Bewältigungsstrategie am Rande des Spektrums angesiedelt ist, haben normalerweise erhebliche Probleme im Leben. Vehemente Externalisierer entwickeln oft körperliche Symptome oder bringen sich durch ihr Verhalten nicht selten in große Schwierigkeiten. Extreme Internalisierer hingegen leiden häufig unter seelischen Problemen wie Angststörungen oder Depressionen.

Wenn Sie sich die Listen in der vorhergehenden Übung nochmals durchlesen, werden Sie sehen, dass jeder der Charakterzüge ein Vor- oder ein Nachteil sein kann – je nach den entsprechenden Umständen. Wenn Internalisierer alles hinnehmen und nicht um Hilfe bitten, führt diese Passivität nicht selten zu selbstzerstörerischen Tendenzen. Externalisierer sind eher bereit, zu handeln und verschiedene Lösungen durchzuprobieren, auch wenn ihnen ihr Leben völlig verkorkst scheint. Manchmal ist diese Art der Impulsivität genau das, was nötig ist, also von Vorteil. Unter den richtigen Bedingungen kann jede Strategie nützlich sein.

Dennoch spiegelt das Profil des reinen Externalisierers eine Persönlichkeit wider, die im Allgemeinen wenig Realitätssinn hat und daher weniger anpassungsfähig ist. Ein Grund dafür liegt darin, dass seine unreifen Bewältigungsstrategien einfach nicht geeignet sind, um gute Beziehungen aufzubauen. Und sie hemmen die Entwicklung zu emotionaler Reife.

Kurz gesagt

Kinder reagieren ganz unterschiedlich auf emotional unreife Eltern. Alle jedoch entwickeln unbewusste Heilungsfantasien darüber, wie sich alles zum Besseren wenden könnte. Wenn das wahre Selbst eines Kindes auf Ablehnung stößt, wird sich das Kleine ein Rollen-Selbst zulegen, um seinen Platz in der Familienordnung zu finden. Die beiden wichtigsten Bewältigungsstrategien, die Kinder als Reaktion auf emotional unreife Erziehung zeigen, sind das Externalisieren und das Internalisieren. Vertreter der ersteren Strategie sind der Überzeugung, dass die Lösung für ihre Probleme von außen kommen muss, während ihre Counterparts die Schwierigkeiten durch Arbeit an sich selbst zu meistern versuchen. Beide Strategien können unter bestimmten Umständen von Vorteil sein, doch das Internalisieren schafft für gewöhnlich weniger Konflikte und bringt andere Menschen nicht in Bedrängnis. Die Probleme äußern sich hier vielmehr in tiefer innerer Qual.

Daher gehe ich im nächsten Kapitel genauer auf die Strategie dieses Typus ein. Wir werden sehen, wie seine kindlichen Heilfantasien ihn in Rollenmuster zwingen, die ihm selbst schaden. Und wie befreiend die Neuentdeckung seines wahren Selbst sein kann.

Kapitel 6

Wie es ist, ein Internalisierer zu sein

Feinfühlige Verinnerlicher merken schon von klein auf, dass ihre Eltern keine echte Bindung zu ihnen aufbauen können. Sie erleben dies als emotionale Verletzung, die ein weniger sensibles Kind gar nicht registriert. Deshalb leiden sie massiv darunter, mit solchen Eltern aufzuwachsen. Sie haben empfindliche Antennen für die Nuancen in den Beziehungen zu geliebten Menschen, daher spüren sie die schmerzliche Einsamkeit der mangelnden elterlichen Nähe stärker.

In diesem Kapitel werden wir die Fallstricke ausfindig machen, die die Bewältigungsstrategien dieses Typus mit sich bringen. Insbesondere werden wir erkunden, wie die Hoffnung auf mehr Nähe die Betroffenen dazu bringt, zu viel für andere zu tun und sich selbst zu vernachlässigen.

Internalisierer sind hochsensibel und aufnahmefähig

Wenn Sie zu diesem Typus gehören, haben Sie sich vielleicht schon gefragt, woher es kommt, dass Sie die Gefühlslage Ihrer Mitmenschen so gut einschätzen können. Möglicherweise ist ja Ihr Nervensystem dafür verantwortlich, dass Sie die Gefühle und Bedürfnisse anderer so deutlich wahrnehmen.

Internalisierer registrieren auch Details, die den meisten verborgen bleiben. Sie reagieren auf das Leben wie eine emotionale Stimmgabel. Sie schnappen die Vibrationen des gesamten Umfelds auf und schwingen mit. Diese besondere Perzeptibilität kann sowohl Segen als auch Fluch sein. Einer meiner Klienten beschrieb es so: »Mein Hirn saugt einfach alles auf. Ich nehme unglaublich viele Informationen wahr, sie sickern förmlich in mich hinein.«

Verinnerlicher haben manchmal von Geburt an ein außergewöhnlich empfangsbereites Nervensystem. Einige Untersuchungen konnten zeigen, dass es schon bei Babys Unterschiede gibt, was den Grad der Einstimmung auf das Umfeld betrifft.[45] Bereits im Alter von fünf Monaten weisen manche ein schärferes Wahrnehmungsvermögen und länger anhaltendes Interesse auf als andere.[46] Zudem fand man heraus, dass es zwischen dieser Eigenschaft und der späteren Verhaltensweise der Kinder einen Zusammenhang gibt.

In seinem Rückblick auf die eigene Forschung und die anderer vertritt der Neurowissenschaftler Stephen Porges[47] die Ansicht, dass es angeborene neurologische Unterschiede gibt, die bereits bei Neugeborenen feststellbar sind. Seine Untersuchungen zeigen, dass die Fähigkeit, sich unter Stress selbst beruhigen und seine physiologischen Funktionen regulieren zu können, bei Menschen schon ganz früh unterschiedlich stark ausgeprägt ist. Für mich ist das ein klarer Hinweis darauf, dass möglicherweise von Anbeginn des Lebens eine gewisse Prädisposition für eine der beiden hier vorgestellten Bewältigungsstrategien existiert.

Internalisierer haben starke Gefühle

Sie leben ihre Gefühle nicht unmittelbar aus. Sie halten sie zurück, wodurch sie jedoch an Intensität gewinnen. Es überrascht denn auch nicht weiter, dass sie aufgrund dessen häufig für allzu sensibel oder übertrieben emotional gehalten werden. Verspüren sie Schmerz, sieht man ihnen das deutlich an. Sie machen ein betrübtes Gesicht oder weinen gar. Genau das, was ein Affektphobiker als Elternteil nicht ausstehen kann. Externalisierer hingegen agieren ihre Emotionen in bestimmten Verhaltensweisen aus, bevor der innere Druck zu groß wird. Daher meint man auch eher, sie hätten ein »Verhaltensproblem«, obwohl auch hier die emotionale Seite verantwortlich ist.

Emotional unreife Eltern behandeln Externalisierer meist anders als Internalisierer. Während sie Erstere anschreien oder für ihr Benehmen bestrafen, reagieren sie auf die offene Emotionalität des Verinnerlichers mit Verachtung oder Spott. Erstere bekommen zu hören, ihr Verhalten sei grenzwertig, Letztere empfangen das Signal, dass das eigentlich Problematische ihr Charakter sei. So sagte zum Beispiel ein Vater sarkastisch zu einer meiner Klientinnen, falls sie je ein Buch über ihr Leben schreiben sollte, würde es wohl den Titel »Leben mit vergrößerter Tränendrüse« tragen. Dieser Zynismus verletzte die Frau zutiefst, weil sie wusste, dass die Intensität ihrer Gefühle ein Charakterzug war, an dem sie nichts ändern konnte.

Internalisierer haben ein starkes Bedürfnis nach Verbundenheit

Sie sind sehr einfühlsam, emotionale Nähe bedeutet ihnen viel. Ihre ganze Persönlichkeit sehnt sich nach Innigkeit, sie können sich einfach nicht mit weniger zufriedengeben. Deshalb verspüren sie eine schmerzliche Einsamkeit, wenn sie mit Eltern aufwachsen, die zu tieferen Gefühlen nicht fähig sind.

Alle haben sie eines gemeinsam: das Verlangen, ihre inneren Erfahrungen zu teilen. Ihr Bedürfnis nach echter emotionaler Nähe ist schon in der Kindheit ein zentraler Faktor. Nichts verletzt ihre Seele mehr, als jemanden um sich zu haben, der keine gefühlsmäßige Bindung mit ihnen eingeht. Ein ausdrucksloses Gesicht löscht in ihrem Inneren etwas aus. Sie suchen in der Mimik anderer regelmäßig nach Zeichen der Verbundenheit. Das ist nicht etwa ein soziales Bedürfnis wie der Wunsch, mit anderen Leuten zu reden. Es ist ein gewaltiger Hunger danach, sich tief im Herzen mit einem Seelenverwandten verbunden zu fühlen. Nichts macht Internalisierer glücklicher als eine Person, mit der sie sich auf Anhieb gut verstehen. Ist ihnen so eine Art von Beziehung nicht möglich, empfinden sie emotionale Vereinsamung.

In Kapitel 4 haben wir angesprochen, dass dieses Bedürfnis nach emotionaler Verfügbarkeit und wechselseitiger Interaktion mit den Eltern bei Babys mit sicherem Bindungsverhalten normal ist. So funktioniert die Eltern-Kind-Bindung nun mal. Die Forschung konnte längst zeigen, dass Babys mit sicherem Bindungsverhalten deutliche Anzeichen von Stress aufweisen, wenn ihre Mütter nicht mehr auf sie eingehen, sondern ihnen mit ausdruckslosem Gesicht begegnen.[48] Wie heftig diese Gefühle ausfallen, können Sie sich selbst online auf YouTube ansehen. Geben Sie nur die Wörter »Still Face Experiment« in die Suchmaschine ein (man versteht das Experiment auch, wenn man kein Englisch spricht).

Internalisierende Kinder, die mit egozentrischen Eltern aufwachsen, versuchen oft, deren Liebe zu gewinnen, indem sie sich besonders hilfsbereit verhalten und ihre eigenen Bedürfnisse verbergen. Dass die Eltern auf das Kind zählen können, bedeutet aber nicht, dass sie es auch lieben. Irgendwann tritt diese emotionale Leere dann deutlich zutage. Denn das Kind wird sich trotz all seiner Bemühungen die Liebe eines selbstbezogenen Elternteils nie wirklich erkämpfen können. Trotzdem glauben diese Kinder, der Preis für emotionale Nähe sei, die eigenen Bedürfnisse hintanzustellen und andere Personen wichtiger zu nehmen als sich selbst. Sie meinen, sie könnten Beziehungen aufrechterhalten, indem sie immer nur geben. Woher sollen Kinder, die sich die Liebe ihrer Eltern durch gutes Benehmen zu verdienen suchen, auch wissen, dass sich vorbehaltlose Liebe nicht erarbeiten lässt?

Logan

Als die einundvierzigjährige Berufsmusikerin Logan meine Praxis betrat, umgab sie eine ganz besondere Aura. Ihr rotes Haar wogte wie eine Sturmwolke um ihren Kopf, sie war ganz in Schwarz gekleidet und dünn wie ein Streichholz. Logan kam sofort auf den Punkt.

Sie begab sich in Therapie, weil ihre Reizbarkeit gegenüber anderen immer mehr zunahm, sie sich nicht mehr entspannen konnte und kaum zur Ruhe kam. Dabei war ihr die Ursache für viele ihrer Probleme durchaus bewusst. Es lag an der Wut auf ihre Sippschaft, die emotional kein bisschen verfügbar war. Sie stammte zwar aus einer traditionellen, ja religiösen Familie, die Wert auf Zusammenhalt und Loyalität legte, sie verspürte aber keinerlei Verbundenheit mit ihr. Sie konnte sich nicht vorstellen, was sie hätte tun müssen, um eine Beziehung zu ihren Eltern und Geschwistern aufbauen und trotzdem sie selbst bleiben zu können.

»Ich habe ihre emotionale Distanz so satt«, erzählte Logan ärgerlich. »Ich kann sie einfach nicht dazu bringen, mir zuzuhören, geschweige denn, mich so zu nehmen, wie ich bin.« Dann knickte sie körperlich förmlich ein. Sie sackte auf dem Sofa zusammen und beichtete mir mit fader, unsicherer Stimme: »Ich wurde dazu erzogen, ein liebes kleines Mädchen zu sein, aber darin war ich nicht wirklich gut. Wenn ich dann wütend wurde, ignorierten sie mich einfach. Ich hätte in Flammen aufgehen können, ohne dass es jemand bemerkt hätte.«

Unter Logans Wut verbarg sich eine tief verwurzelte Traurigkeit. Sie hatte mit allen Mitteln herauszufinden versucht, warum das scheinbar normale Verhalten ihrer Eltern in ihr solch ein starkes Empfinden der Zurückweisung hervorrief. Ihr Verlassenheitsgefühl wollte überhaupt nicht zum offiziellen Familienbild passen, das stets ein liebevolles Füreinander vorgaukelte. Logan fragte sich, ob mit ihr noch alles in Ordnung sei. Vielleicht war sie ihren Familienmitgliedern schon immer zu viel gewesen?

Als Internalisiererin reinsten Wassers hatte Logan ein starkes Bedürfnis nach echter emotionaler Nähe. Unglücklicherweise waren ihre Eltern und Geschwister so mit sich selbst beschäftigt, dass sie kein Interesse an einer derartigen Bindung hatten. Keines ihrer Familienmitglieder hatte ein Herz für ihre Gefühle, und ihre regelmäßigen Begeisterungsbekundungen stießen auf taube Ohren. Sowohl Logans Eltern als auch ihre Geschwister waren aufgrund der eigenen emotionalen Unreife ganz damit beschäftigt, ihre eng gefassten familiären Rollen zu spielen.

Logan erzählte: »Meine Eltern haben überhaupt kein Einfühlungsvermögen. Sie sind nie auf derselben Wellenlänge wie ich. Das wollen sie auch gar nicht. Sie fühlen sich viel sicherer so. Aber für mich ist es wirklich zermürbend.«

Sosehr sie es auch versuchte, Logan konnte sich nicht in die konventionelle Persönlichkeit verwandeln, zu der ihre unemotionalen Eltern Zugang gefunden hätten. Ihre Versuche, mehr echte Nähe zu ihnen herzustellen, scheiterten kläglich. Das löste bei Logan eine Krise aus. Sie war voller Selbstzweifel und zutiefst verwirrt. War sie denn verrückt, dass sie ein so starkes Bedürfnis nach Nähe zu ihnen hatte?

Logan kämpfte schon lange mit diesem nagenden Schmerz. Nur hatte das nie jemand bemerkt, weil sie ansonsten so klug und erfolgreich war. Doch trotz all ihrer Leistungen spürte sie eine gähnende Leere in ihrem Inneren. Sie versuchte, die fehlende Nähe zu ihrer Familie zu kompensieren, indem sie sich um andere Menschen kümmerte. Sie tat ihr Bestes für ein dankbares Lächeln als Lohn. Logan war zutiefst überzeugt, dass andere sie nur für das schätzten, was sie für sie tat, und nicht um ihrer selbst willen.

Internalisierer haben einen guten Instinkt für verlässliche Bindungen

Gefühle von Isolation und Verlassenheit bedeuten Stress. Aber haben Sie schon einmal darüber nachgedacht, woran das liegt? Ist allein zu sein einfach weniger angenehm beziehungsweise lustig? Oder hat das tiefer gehende Ursachen, solche, die für uns Menschen ganz wesentlich sind? Schließlich gehört der Verstoß aus der Gemeinschaft zu den schlimmsten Strafen überhaupt, ob es nun um Ausgrenzung, Ächtung, Einzelhaft oder Exil geht. Warum aber ist emotionale Bindung so etwas Zentrales?

Dem Neurowissenschaftler Stephen Porges zufolge haben Säugetiere im Lauf der Evolution einen einzigartigen Bindungsinstinkt entwickelt.[49] Nähe und Verbundenheit mit anderen wirken auf sie zutiefst beruhigend. Andere Tierarten wie zum Beispiel

Reptilien zeigen eher allgemeine Stressreaktionen wie die vollkommene Erstarrung und den Kampf-Flucht-Impuls. Säugetiere hingegen suchen unter Stress den beruhigenden Kontakt zu Artgenossen, können dadurch ihre Herzfrequenz senken und körperliche Schäden in Grenzen halten. Grund dafür ist, dass sich gewisse Bahnen des Vagusnervs bei Säugetieren so entwickelt haben, dass körperliche Nähe, Berührung, beruhigende Töne, ja selbst schlichter Augenkontakt das Niveau der Stresshormone in der Blutbahn und den Pulsschlag wirksam reduzieren. Wertvolle Energie wird eingespart. Dass die Nähe zu Artgenossen auf Säugetiere so starke Auswirkungen hat, fördert positive soziale Bindungen und den Zusammenhalt in der Gruppe.

Trost hat also auch für den Menschen eine Art magischer Kraft. Zwar geht die Gefahr davon nicht vorüber, aber jeder Einzelne vermag relativ ruhig zu bleiben, solange er sich in seiner Herde, seinem Rudel oder im Kreis seiner Lieben aufgehoben fühlt. Für die meisten Säugetiere ist Stress integraler Bestandteil ihres Alltags. Umso wichtiger wird also der Instinkt der sozialen Bindung. Eine freundschaftliche Berührung genügt, um sich beruhigen und neu Kraft tanken zu können. Dies verschafft Säugetieren einen enormen Überlebensvorteil gegenüber anderen Tieren. Als einzige Tierart müssen sie nicht jedes Mal mit Angriff, Flucht oder Erstarrung reagieren, wenn sie sich bedroht fühlen. Sie können Stress also ohne großen Energieaufwand bewältigen.

Bindung hat nichts mit Abhängigkeit zu tun

Es ist von entscheidender Bedeutung, dass Internalisierer ihren instinktiven Wunsch nach Bindung nicht abwerten. Manche interpretieren ihn fälschlich als emotionale Abhängigkeit oder

Bedürftigkeit. Doch der Instinkt, in Stresssituationen Trost bei anderen zu suchen, ist normal und macht Menschen stärker und anpassungsfähiger. Emotionale Bedürfnisse zu haben, obwohl man für seinen Wunsch nach Beachtung von einem gefühlskalten Elternteil verspottet wurde, ist eben der Beweis dafür, dass unser gesunder Säugetierinstinkt intakt ist. Verinnerlicher wissen intuitiv, dass aufeinander angewiesen zu sein in Wirklichkeit eine Stärke ist. Nur Affektphobiker interpretieren den Wunsch nach Empathie und Verständnis als Zeichen von Schwäche.

Emotionale Bindungen außerhalb der Familie

Dank ihrer Wahrnehmungsfähigkeit und ihres starken Bedürfnisses nach sozialer Bindung gelingt es Internalisierern normalerweise schon als Kindern, außerhalb der Familie potenzielle Quellen emotionaler Verbundenheit ausfindig zu machen. Sie spüren, wenn jemand mit Wärme auf sie eingeht. Naturgemäß knüpfen sie gern Beziehungen zu verlässlichen Menschen, bei denen sie Geborgenheit finden. Viele meiner Klienten haben schöne Erinnerungen an Nachbarn, Verwandte oder Lehrer, die ihnen das Gefühl gaben, geschätzt zu werden, oder sich um sie kümmerten. Eine enorm wichtige Erfahrung für sie. Anderen half die Beziehung zu Haustieren oder Kindheitsfreunden. Manche ziehen ihre Nahrung für die Seele auch aus der Schönheit der Natur oder der Kunst. Spiritualität gehört ebenfalls zu den Quellen, in denen sie emotional auftanken können. Der Glaube an eine höhere Macht schenkt ihnen das Gefühl, in jeder Lebenslage auf Unterstützung zählen zu können.

Externalisierer haben zwar auch das Bedürfnis nach Trost, aber sie versuchen es zu befriedigen, indem sie andere mit ihren Gefühlsausbrüchen emotional in Geiselhaft nehmen. Durch ihr manipulatives Verhalten gelingt es ihnen, bei anderen die erwünschten Reaktionen hervorzurufen. Doch da sie sie ja durch ihre Schliche selbst erzeugt haben, hat die Aufmerksamkeit, die sie erhalten, nie denselben Wert wie echte emotionale Nähe. Externalisierer verschaffen sich gelegentlich auch Beachtung, indem sie andere mit haltlosen Anwürfen überziehen oder ihnen ein schlechtes Gewissen einreden. Dann aber hat das Gegenüber das Gefühl, helfen zu *müssen*, was auf Dauer wenig erquicklich ist.

Der Zusammenhang zwischen emotionaler Unreife und Bindungsunfähigkeit

Die meisten unemotionalen Menschen neigen zum Externalisieren, weil sie nicht wissen, wie beruhigend echte Bindungen wirken. Wenn sie verunsichert sind, suchen sie nicht Trost bei anderen, sondern fühlen sich bedroht und gehen sofort in den Kampf-oder-Flucht-Modus über, schlimmstenfalls in die Erstarrung. Bei Beziehungsproblemen bleiben sie stur und wechseln auf der Stelle zur Abwehrhaltung. Das stößt andere vor den Kopf und macht jede Annäherung unmöglich. Ärger, Vorwürfe, Kritik und dominantes Verhalten sind klare Anzeichen dafür, dass es dieser Person an der Fähigkeit fehlt, um Hilfe zu bitten. Vertreter dieses Typus wissen einfach nicht, wie sie sich verhalten müssen, um Trost zu finden.

Dabei wirken sie aufgrund ihrer Gefühlsausbrüche durchaus so, als seien ihnen emotionale Beziehungen wichtig. Aber statt Nähe zu suchen, drehen sie durch. Es braucht viel, um sie zu beruhigen. Und ein gewisser Rest an Misstrauen und Unzufriedenheit bleibt auch dann bei ihnen zurück, weil sie ja nicht wirklich bereit sind, sich auf den anderen einzulassen. Der Versuch, einen solchen Menschen im Ausbruchsmodus zu beruhigen, verläuft meist für beide Seiten unbefriedigend. Und die Person, die Trost spendet, bleibt mit dem Eindruck zurück, nicht wirklich helfen zu können.

Die Rolle emotionaler Bindungsfähigkeit fürs Überleben

Der starke Trieb, in engen Bindungen Beruhigung zu suchen, trägt nicht nur zum Wohlbefinden des Menschen bei. Er kann Leben retten. Sich so Bestärkung und Unterstützung zu sichern ist eine jener Fähigkeiten, dank deren Menschen extreme und lebensbedrohliche Umstände überleben.[50] Stellen Sie sich vor, wie schwierig es wäre, einen lang dauernden Überlebenskampf zu überstehen, wenn die einzige Strategie des Menschen in Angriff, Flucht oder Erstarrung bestünde. Die Forschung hat gezeigt, dass alle, die unter nahezu unmöglichen Umständen überleben, ihre Inspiration und ihren Überlebenswillen aus ihren Beziehungen und den Erinnerungen an geliebte Menschen schöpfen.

Emotionale Bindung hat also die Macht, Menschen in der Katastrophe zu helfen. Wie viel kann sie dann erst im Alltag bewirken? Jeder von uns braucht ein Gefühl tiefer Verbundenheit, um sich völlig geborgen zu fühlen. Mit Schwäche hat das nicht das Geringste zu tun.

Internalisierer entschuldigen sich, wenn sie Hilfe brauchen

Wenn sie dann endlich Hilfe suchen, zum Beispiel in Form einer Therapie, ist ihnen das häufig peinlich, und sie fühlen sich der Unterstützung nicht würdig. Da sie mit emotional unreifen Eltern groß geworden sind, überrascht es sie meist, dass jemand ihre Gefühle ernst nimmt. Sie spielen ihr Leid oft herunter und nennen es »dummes Zeug« oder »Unsinn«. Manche meinen sogar, sie dürften nicht die Zeit des Therapeuten verschwenden, wo doch andere Menschen die Hilfe so viel nötiger hätten. Das lässt unter Umständen darauf schließen, dass in ihrer Familie nur Externalisierer die nötige Aufmerksamkeit bekamen.

Internalisierern, die sich als Kinder für ihre sensiblen Gefühle schämten, ist es als Erwachsenen oft peinlich, tiefer gehende Emotionen zu zeigen. Manche entschuldigen sich sogar, wenn sie in der Therapie zu weinen beginnen. Als sollten sie fähig sein, über ihren emotionalen Schmerz zu sprechen, ohne ihn auch zu zeigen … Viele bringen dazu sogar eigene Taschentücher mit, um nicht die des Therapeuten zu vergeuden. Sie hegen die tiefe Überzeugung, dass sie andere mit ihren Gefühlen nur belästigen.

Sie sind jedes Mal regelrecht baff, wenn jemand echtes Interesse an ihrem Seelenzustand zeigt. Eine Klientin, die ihre Therapie gerade erst begonnen hatte, hielt plötzlich im Erzählen inne und sah mich merkwürdig an. Dann meinte sie erstaunt: »Sie verstehen mich ja *wirklich*.« Ihr war aufgefallen, dass ich den von ihr beschriebenen Schmerz nachvollziehen konnte, obwohl ich wusste, dass sie ihren Alltag hervorragend meisterte. Ihr Verhalten zeigte, dass Verständnis das Letzte war, was sie erwartet hätte. Was für diesen Menschenschlag ja typisch ist.

Warum Internalisierer leicht übersehen und vernachlässigt werden

Ein Kind, das wegen jeder Kleinigkeit explodiert, ein problematischer Teenager oder ein Erwachsener, der ständig in Schwierigkeiten steckt, machen nun mal Wind. Egal aus welchem Grund, Externalisierer beanspruchen immer den Hauptteil der Aufmerksamkeit. Ihre Eltern wenden mehr Energie für sie auf und machen sich mehr Sorgen um sie als um ihre anderen Kinder.

Internalisierer hingegen scheinen auf den ersten Blick weniger Zuwendung zu brauchen, weil sie sich auf ihre inneren Ressourcen verlassen. Es ist ihnen unangenehm, um Hilfe zu bitten. Sie versuchen lieber, ihre Probleme selbst zu lösen. Sie hassen es, jemandem zur Last zu fallen. Das macht sie zu pflegeleichten Kindern, die jedoch leicht übersehen werden. Für vielbeschäftigte oder selbstbezogene Eltern stellt diese Eigenständigkeit fast eine Einladung zur Vernachlässigung dar. Sie denken vermutlich, solch ein Kind käme auch ohne ihre Aufmerksamkeit gut klar. Tatsächlich scheinen diese Kinder weniger Aufmerksamkeit zu brauchen, aber das heißt nicht, dass sie auch mit emotionaler Vernachlässigung fertigwerden.

Unreife Eltern sehen, wie ihre so veranlagten Kinder besser in der Lage sind, für sich selbst zu sorgen. Deshalb lassen sie zu, dass sich ein Teil des Lebens dieser unabhängigen Sprösslinge außerhalb der Familie abspielt. Doch selbst wenn sie auch allein zurechtkommen, sehnen sie sich nach der Bindung zu ihren Eltern und nach deren Aufmerksamkeit. Für kein Kind ist es akzeptabel, emotional unsichtbar zu sein, schon gar nicht, wenn es so sensibel und einfühlsam ist.

Mit wenig Anerkennung zurechtkommen

Die Betroffenen verlieren auch als Erwachsene nicht das Gefühl, alles selbst auf die Reihe bekommen zu müssen. Häufig sind sie sehr gut darin, ihr Leben zu meistern. Sie lernen gern und behalten das Erfahrene. Sie speichern alles, was sie von anderen bekommen. Das hilft ihnen, über längere Zeiträume quasi ohne Zuneigung auszukommen. Dank ihres außergewöhnlichen emotionalen Erinnerungsvermögens suchen sie sich erst eine Quelle im Innern, wenn die Bestärkung von außen ausbleibt. Einer meiner Klienten beschrieb dies mal als »sich von den Kochdünsten ernähren«. Er erklärte: »Soziale Bindungen sind wie Spurenelemente oder Vitamine. Man braucht nicht viel davon, aber man kann krank werden, wenn es zu einem Totalausfall kommt.«

Ein weiterer meiner Klienten war seit jeher konditioniert, anderen zu helfen. Er staunte nicht schlecht, als seine Schwester ihm eines Tages für all das dankte, was er über die Jahre hinweg für sie getan hatte. Er war so wenig gewohnt, beachtet zu werden, dass ihn die unerwartete Freundlichkeit beinah umwarf. Da Internalisierer regelmäßig viel Verantwortung für andere übernehmen, sind sie zutiefst empfänglich für das kleinste bisschen Anerkennung. Eines ihrer Markenzeichen ist denn auch eine fast übertriebene Dankbarkeit für jegliche Form von Zuneigung.

Vernachlässigung im Kindesalter erkennen

Emotionale Vernachlässigung ist wie gesagt eine Erfahrung, die Kinder weder als solche erkennen noch benennen können. Sie spüren nur die Leere, ohne in der Lage zu sein, sie irgendwo festzumachen. Sie fühlen sich einfach anders als Menschen, denen es gut geht. (Falls Sie genau herausfinden möchten, ob Sie in der Kindheit emotional depriviert worden sind, empfehle ich Ihnen das bereits zitierte Buch *Sein Leben neu erfinden* von Jeffrey Young und Janet Klosko.[51] Sie erhalten darin zusätzliche Informationen zu diesem Thema.)

Die Betroffenen haben oft keine Ahnung, was genau mit ihnen in der Kindheit geschah, bis sie zum ersten Mal etwas darüber lesen. Denn wenn solche Menschen in die Psychotherapie kommen, bezeichnen sie sich gewöhnlich nicht als emotional vernachlässigt. Aber bei genauerem Hinsehen kommen oft Erinnerungen zum Vorschein, die zeigen, dass sie sich als Kind nicht wirklich behütet fühlten. Sie hatten in der Regel das Empfinden, allein und ungeschützt potenziell gefährlichen Situationen ausgesetzt zu sein. Eltern und andere Bezugspersonen schienen sich keine großen Sorgen darüber zu machen, was ihnen zustoßen konnte. Häufig hatten die Betroffenen nur verinnerlicht, dass sie besonders vorsichtig sein und selbst auf sich achten mussten. Eine Klientin erinnerte sich daran, wie sie als Vierjährige über eine Stunde allein an einem Strand war, ohne dass ihre Mutter sie gesucht hätte. Bekannte bestätigten diese Erinnerung. Ein anderer Klient erinnerte sich an einen Aufenthalt im Schwimmbad während seiner Kindheit. Er war noch klein und traute sich nicht an den Rand des Beckens, weil seine Mutter nicht auf ihn aufpasste.

Wie gesagt erwecken internalisierende Kinder durch ihre Eigenständigkeit häufig den Eindruck, sie hätten keine Bedürfnisse. Man erwartet einfach, dass sie zurechtkommen, ohne dass sich jemand groß um sie kümmert. Manchmal bezeichnet man sie auch beschönigend als »alte Seelen«. Ihre Eltern zählen darauf, dass sie schon alles richtig machen. Und sie übernehmen diese Rolle bereitwillig, spielen gern die Selbstbewussten. Im

Erwachsenenleben aber verausgaben sie sich dann oft regelrecht für andere.

Sandra

Als Sandra elf war, schickten ihre Eltern sie und ihren siebenjährigen Bruder zu Verwandten in einem anderen Bundesstaat, wo sie den Sommer verbringen sollten. Die beiden mussten allein fast siebenhundert Kilometer mit dem Bus zurücklegen und mitten in der Nacht mehrmals umsteigen. Ihrer Mutter schien das keine Sorgen zu bereiten. Sandra fühlte sich zwar verloren und hatte Angst, aber sie wusste auch, dass sie ihren kleinen Bruder beschützen musste. Situationen wie diese, in denen andere Kinder in Panik geraten, versetzen Internalisierer in einen Zustand höchster Konzentration, weil sie ständig überlegen, wie sie am besten damit umgehen können.

Sandra erzählte: »Mein Bruder hatte furchtbare Angst und weinte ständig. Ich aber blieb ganz gelassen. Ich wusste, dass es an mir war, das Beste aus der Situation zu machen.«

Bethany

Als Bethany zehn war, schickten ihre Eltern sie den Sommer über nach Brasilien. Sie sollte dort auf das Baby ihres älteren Bruders und seiner neuen Frau aufpassen. Der reichlich verantwortungslose Bruder und die junge Schwägerin liebten das Partyleben. Sie kamen und gingen, wie es ihnen beliebte, während sich die zehnjährige Bethany um ihren kleinen Neffen kümmerte.

Als der Sommer vorüber war, blieb Bethany auf Anweisung ihrer Mutter in Brasilien, um der Familie ihres Bruders weiterhin zu helfen – obwohl sie so den Schulanfang verpasste. Irgendwann verspürte ihre Mutter zu Hause dann wohl doch eine Gemütsregung und holte ihre Tochter zurück.

Sie ist das klassische Beispiel für eine selbstbezogene, emotional unreife Mutter. Sie verschloss einfach die Augen vor der Tatsache, dass auch ein noch so fähiger Internalisierer mit zehn Jahren letztlich doch nur ein Kind ist, auf das man aufpassen muss.

Lernen, die eigenen Gefühle zu ignorieren

Kinder, die die Zähne zusammenbeißen und allein zurechtkommen mussten, entwickeln eine ablehnende Haltung gegenüber den eigenen Gefühlen. Vielleicht haben sie gelernt, ihre schmerzlichen Emotionen auf Abstand zu halten, weil ihnen klar war, dass ihre Eltern ihnen dabei ohnehin nicht beistanden.

Leah

Leah entschuldigte sich eines Tages in der Therapie dafür, dass sie »immer noch deprimiert« sei. Sie war überzeugt, dass sie mich mit ihrer Traurigkeit langweilte und nervte.

Sie dachte, ich wolle nur hören, dass es ihr besser gehe. So hätte ich mich im Gefühl sonnen können, eine erfolgreiche Therapeutin zu sein. Es fiel ihr schwer zu glauben, dass ich mich für ihre tatsächlichen Gefühle interessierte. Das war eines der Überbleibsel aus ihrer Kindheit. Ihre kalte und überkritische Mutter regte sich jedes Mal auf, wenn Leah ihre Gefühle zeigte. Deshalb begann Leah zu glauben, sie müsse ein netter Mensch ohne emotionale Bedürfnisse werden, wenn sie Beziehungen zu anderen Menschen knüpfen wolle. Sie versteckte ihre wahren Gefühle und versuchte, eine Rolle zu spielen, die bei anderen Gefallen fände.

Als Kind hatte Leah versucht, so autark wie möglich zu sein. Sie überlegte häufig, was sie tun könne, um noch eigenständiger zu werden und mehr Sicherheit zu empfinden. Ihr war nicht klar, dass ein Kind solche Fragen nicht beantworten kann. Nur Eltern, die emotional verfügbar sind, hätten ihr das Gefühl vermitteln können, dass es genug war, einfach sie selbst zu sein.

Wenn man nur oberflächliche Unterstützung bekommt

Eine andere Form der Vernachlässigung ist es, wenn die Eltern dermaßen phlegmatisch Unterstützung leisten, dass sie es erst gar nicht hätten versuchen müssen. Eine Klientin erinnerte sich daran, wie es war, als Kind Angst zu haben. Sie wusste genau, dass sie in diesem Fall auf sich allein gestellt war. Ich fragte sie, ob sie denn nie getröstet worden sei, wenn sie sich fürchtete. Sie antwortete: »Der Gedanke ist mir völlig fremd. Es wäre natürlich schön gewesen zu wissen, dass mich jemand versteht. Aber solch ein Gefühl hatte ich nie. Ich kann mich an niemanden erinnern, der mir in Momenten der Angst beigestanden hätte. Sie sagten nur immer Sprüche wie ›Wird schon alles‹ oder ›Du brauchst keine Angst zu haben, bald geht es dir wieder besser‹.«

Internalisierer sind übertrieben unabhängig

Man neigt dazu, die verfrühte Unabhängigkeit durch die massive emotionale Vernachlässigung als Vorteil zu sehen. Viele Betroffene merken nicht, dass ihre Souveränität eine Notwendigkeit war und sie gar keine andere Wahl hatten. Klienten beschrieben mir dieses Gefühl mit Worten wie »Ich habe mich immer selbst um mich gekümmert«, »Es gibt nichts, was ich nicht allein schaffe; ich verlasse mich nicht gern auf andere« oder »Man sollte es auch ohne die Hilfe anderer Leute schaffen; es muss ja niemand sehen, wie anstrengend das alles ist«.

Fatalerweise lernen früh unabhängig gewordene Kinder oft nicht, später im Leben um Hilfe zu bitten, selbst wenn sie nötig wäre und zur Verfügung stünde. Die Aufgabe, den Betroffenen beizubringen, ihr Bedürfnis nach Hilfe als normal und legitim zu akzeptieren, fällt dann meist Psychotherapeuten oder anderen Fachleuten zu.

Internalisierer erkennen Übergriffe nicht

Da Internalisierer die Gründe für schlimme Erfahrungen immer bei sich selbst suchen, erkennen sie Übergriffe nicht unbedingt als solche. Wenn Eltern ihr eigenes Verhalten nicht als »Missbrauch« bezeichnen, wird es auch das Kind nicht tun. Sogar als Erwachsene haben viele Menschen keine Ahnung, dass das, was ihnen in der Kindheit widerfahren ist, unter die Kategorie »Misshandlung und Gewalt« fällt. Mit der Folge, dass sie solch ein Fehlverhalten auch nicht in ihren Erwachsenenbeziehungen erkennen und sich gefallen lassen.

Vivian zum Beispiel zögerte, mir von den Wutanfällen ihres Mannes zu erzählen. Sie stufte sie als so nebensächlich ein, dass sie es lächerlich fand, darüber zu reden. Dann eröffnete sie mir verlegen, er zerstöre ihre Sachen, wenn er wütend sei. Einmal habe er eine Bastelarbeit von ihr auf den Boden geworfen und sie angeschrien, sie solle im Haus mehr Ordnung halten. Vivian war es höchst peinlich, mir davon zu erzählen. Sie fürchtete, ich würde das Benehmen ihres Mannes für normal halten und ihr vorwerfen, sie mache aus einer Mücke einen Elefanten.

Ein Mann mittleren Alters berichtete völlig unbefangen, wie er als Kind von seinem Vater misshandelt worden war. Es wurde ihm überhaupt nicht bewusst, wie schlimm diese Erlebnisse waren. Zum Beispiel erzählte er, sein Vater habe ihn einmal gewürgt, bis er sich eingenässt habe. Anschließend habe er ihn in den Keller gesperrt. Als er sich daran erinnerte, wie sein Vater einst eine Stereoanlage zertrümmerte, bagatellisierte er das mit den Worten: »Mein Vater war vielleicht etwas jähzornig.« Während er davon erzählte, zeigte sein Gebaren deutlich, dass er dieses Verhalten als normal betrachtete.

Internalisierer leisten den Großteil der Beziehungsarbeit

Verinnerlicher stecken eine Menge emotionaler Arbeit in ihre familiären Beziehungen. Es braucht schließlich Empathie, Weitblick und Selbstkontrolle, um Beziehungen zu pflegen und mit anderen gut auszukommen. Normalerweise leisten Vater und Mutter den Hauptteil der Beziehungsarbeit. Emotional unreife Eltern hingegen sind dazu nicht in der Lage. In diesen Familien übernimmt oft ein Kind die Rolle des Erziehers. Es kümmert sich um jüngere Geschwister, wenn die Eltern überfordert sind, oder behält die Emotionen aller Familienmitglieder im Auge, um die Wellen notfalls sofort glätten zu können.

Kompensatorische Fröhlichkeit

Besonders wenn die Eltern deprimiert oder gefühlskalt sind, legen internalisierende Kinder eine demonstrative Fröhlichkeit und Unbeschwertheit an den Tag. Sie versuchen, wenigstens ein bisschen Freude in das ansonsten traurige Familien-Grau-in-Grau zu bringen. Ihre Lebhaftigkeit und ihr Sinn für Humor geben anderen das Gefühl, es sei ja alles nur halb so trist.

Eine Klientin beschrieb ihre Rolle mit den Worten: »Ich war immer die Muntere. Weihnachten zum Beispiel ergriff ich stets die Initiative: ›Ach, schmücken wir doch gemeinsam den Weihnachtsbaum!‹ In meiner Familie waren alle so unbeteiligt. Keiner brachte auch nur einen Funken Begeisterung auf. Erst jetzt wird mir klar, dass ich diese Rolle übernommen hatte, weil ich einen Draht zu den anderen finden wollte.« Sie leistete ein erhebliches Quantum Beziehungsarbeit, damit ihr Enthusiasmus sich auf ihre Familie übertrug. Auch wenn das bedeutete, dass sie jedem die Festtagsstimmung eigenhändig einimpfen musste.

Beziehungsarbeit für die Eltern leisten

Gefühlskalte Eltern vermeiden Beziehungsarbeit, wo sie nur können. Es interessiert sie nicht weiter, wenn ihre Kinder emotionale Probleme oder Aufmerksamkeitsdefizite in der Schule entwickeln. Sie überlassen sie ganz einfach sich selbst. Solche Eltern können ihren Kindern keine Unterstützung bieten. Zum Beispiel kümmert es sie kein bisschen, wenn ihr Kind sich von Gleichaltrigen verletzt oder abgelehnt fühlt. Statt zu versuchen, die Notlage ihres Sprösslings zu verstehen, speisen sie ihn mit ein paar hohlen Floskeln ab. Schließlich wird den Betroffenen klar, dass von ihren Eltern keine Hilfe zu erwarten ist, wenn sie sich verletzt fühlen.

Ihre natürliche Sensibilität bringt Internalisierer sogar dazu, die Beziehungsarbeit für ihre Eltern zu übernehmen. Manchmal geht das so weit, dass ein Kind die eigenen Eltern bemuttert. Es hört ihnen zu, stärkt ihnen den Rücken und gibt ihnen Ratschläge. Solche Kinder übernehmen mitunter die emotionale Betreuung anderer, lange bevor sie dafür reif genug sind. Noch schlimmer ist es, wenn die Eltern schwerwiegende emotionale Probleme auf das Kind abwälzen und jeden Rat zurückweisen, den das Kind ihnen zu geben versucht. Diese Art des Rollentauschs kann lange bis ins Erwachsenenleben bestehen bleiben. Ein chancenloses Unterfangen, das dem Kind ein Übermaß an emotionalem Engagement abverlangt.

Candace

Schon als Kind hatte Candace ein offenes Ohr für die chronischen Beziehungsprobleme ihrer Mutter. Als ich sie fragte, wie es denn dazu gekommen sei, dass sie diese frustrierende Rolle übernommen hatte, meinte sie: »Ich weiß, dass ich emotional stabiler bin als meine Mutter. Ich bin es gewohnt, meine Probleme ohne ihre Unterstützung zu lösen. Sie ist definitiv die Hilfsbedürftigere von uns beiden. Ohne meinen Rat kann sie sich nicht durchsetzen. Sie hatte immer schon das Gefühl, nicht liebenswert zu sein. Es fehlt ihr einfach an Selbstwertgefühl. Ich versuche nur, ihr zu helfen, ein glücklicher Mensch zu werden.«

Raubbau in den Beziehungen zu Erwachsenen

Viele internalisierende Kinder malen sich aus, dass sie als Erwachsene einen Menschen einfach nur durch die Macht ihrer Liebe in eine gute Beziehung locken können. Eine Klientin, die über ihre gescheiterte Ehe nachdachte, sagte: »Ich war überzeugt, ich könnte gut genug für uns beide sein.« Vertreter dieses Typus sind es gewohnt, Einfühlungsvermögen für zwei aufzubringen und die Beziehung am Laufen zu halten, obwohl ihnen das einen enormen Einsatz abverlangt. Manchmal merken sie lange nicht, wie viel sie sich da zumuten, während sich ihr Partner keinen Deut ändert.

Internalisierer übernehmen häufig die Rolle beider Partner, um die emotionale Kluft zu überbrücken, die sich zwischen ihnen auftut. Zum Beispiel bedanken sie sich beim anderen für seine Geduld, obwohl *sie* es sind, die Unannehmlichkeiten hatten. Oder sie kümmern sich hingebungsvoll um totale Egoisten, ohne je etwas zurückzubekommen. Sie gleichen automatisch den Mangel an Sensibilität aus, weil sie das von ihrer Familie so gewohnt sind. Das fehlende Engagement anderer übersehen sie, weil diese ja angeblich so viel netter und rücksichtsvoller sind, als das tatsächlich der Fall ist.

Ein Klient erzählte mir von der optimistischen Vorstellung, die er sich von der Beziehung zu seiner Freundin gemacht hatte: »Ich dachte, ich könnte ihr ein so toller Partner sein, dass in ihr ganz sicher die Gefühle für mich entstehen würden, die sie eigentlich nicht hatte. Ich war zutiefst überzeugt, ich würde sie glücklich machen und sie so dazu bringen, mich zu lieben.«

Eine Klientin berichtete, wie viel zusätzliche Beziehungsarbeit sie in all ihre Freundschaften investierte. »Mein Problem ist, dass ich immer versuche, anderen gefällig zu sein. Denke ich mal über meine Bedürfnisse nach, meine ich immer gleich, die anderen müssten mich für gleichgültig oder kleinlich halten. Ich habe das Gefühl, wenn ich mich nicht ständig um alle anderen kümmere, sei ich ein schlechter Mensch.«

Einer weiteren Klientin wurde erst nach ihrer Scheidung klar, wie viel Arbeit sie in ihre Beziehung gesteckt hatte: »Wenn mein Mann sich wegen jeder Kleinigkeit aufregte, habe ich immer versucht, ihn zu besänftigen, statt ihm ins Gesicht zu sagen, wie lächerlich das Ganze war. Seine emotionale Unbeholfenheit war echt unglaublich. Wie konnte ich das nur zehn Jahre lang übersehen? Mir war nie klar, wie sehr ich mich abstrampelte. Ich redete mir immer ein, wir würden schließlich beide an der Beziehung arbeiten. Und dabei fragte ich mich noch, ob ich auch ja eine gute Ehefrau war oder was ich anders machen könnte. Ich bildete mir ein, es sei normal, sich in einer Ehe derartig abzuplagen.«

Wieso landen Internalisierer so oft in einseitigen Beziehungen, in denen sie den Großteil der Beziehungsarbeit leisten müssen? Ein Grund ist, dass sie oft bedürftigen Externalisierern ins Netz gehen. Anfangs geben diese dem warmherzigen und hingebungsvollen Partner das Gefühl, er sei etwas ganz Besonderes. Ist die Beziehung aber erst einmal gefestigt, überlassen sie die Arbeit ganz dem Partner. Der ist dann total überrascht von dem plötzlichen Wandel und sucht die Schuld dafür unweigerlich bei sich selbst.

Anziehungskraft auf den bedürftigen Typ

Internalisierer verlangen von Kindesbeinen an so wenig für sich selbst, dass emotional unreife Menschen dem Sirenengesang nicht widerstehen können: Sie verlassen sich voll und ganz auf sie. Verinnerlicher sind häufig so einfühlsam und sensibel, dass sogar Unbekannte ihnen in schwierigen Situationen instinktiv vertrauen. Meine Klientin Martine erzählte: »Ich bin die Anlaufstelle für alle, die Unterstützung und ein offenes Ohr brauchen. Die Stimme der Ruhe und Weisheit. Hilfsbereite Menschen sind heutzutage Mangelware. Deshalb kommen die Leute in Scharen zu mir. Als wäre ich die ideale Abfallhalde für ihre Probleme. Dabei versuche ich nur, eine gute Freundin und ein fürsorglicher Mensch zu sein. Aber das ermutigt die Leute, ihren ganzen Seelenmüll bei mir abzuladen. Das passiert mir immer wieder.«

Ohne es zu wissen, verströmen Menschen wie Martine eine Aura der Freundlichkeit und Weisheit, die auf emotional Bedürftige eine starke Anziehungskraft ausübt. Zum Glück sah Martine schließlich ein, dass sie zu ihrem eigenen Wohl ihre Hilfsbereitschaft nicht wahllos allen zuteilwerden lassen musste. Als sie ihre Zeit und Aufmerksamkeit nicht mehr willkürlich verschenkte, gewann sie Energie für ihr eigenes Leben zurück.

Im Lauf der Therapie wurde einer meiner Klientinnen klar, dass der Fürsorgeinstinkt bei ihr schon zum Automatismus geworden war. Sie kümmerte sich selbst um Menschen, die sie gar nicht kannte. Sie ließ sich von redseligen Fremden im Aufzug anquatschen und ungewollt von einsamen Passanten in Gespräche verwickeln. »Hab ich vielleicht ein Schild um den Hals …?«, fragte sie sich schließlich. Sie fühlte sich einfach verpflichtet, auf alle diese Kontakte einzugehen. Tatsächlich scheinen emotional Bedürftige solche Menschen förmlich zu riechen und belegen ihre Aufmerksamkeit mit Beschlag, sei es nun im Flugzeug, im Aufzug oder in der Schlange vor der Supermarktkasse.

Der Glaube, Liebe sei der Lohn für die Selbstvernachlässigung

Viele Internalisierer glauben unbewusst, dass Selbstvernachlässigung gleichbedeutend damit ist, »ein guter Mensch zu sein«. Selbstbezogene Eltern beanspruchen sämtliche Energie und Aufmerksamkeit ihrer Kinder. So vermitteln sie ihnen, Selbstaufopferung sei das höchste Gut. Diese Botschaft nehmen die Kinder normalerweise sehr ernst. Woher sollen sie auch wissen, dass es ihnen nicht guttut, sich für ihre egozentrischen Eltern aufzuopfern? Manchmal setzen Eltern religiöse Prinzipien ein, um ihrem Nachwuchs beizubringen, die eigenen Bedürfnisse hintanzustellen. Sie impfen ihm Schuldgefühle ein, sobald er eigene Wünsche verspürt. Religiöse Ideen, die den Menschen eigentlich seelische Nahrung geben sollen, werden hier pervertiert, um idealistischen Kindern einzureden, dass es wichtiger sei, sich um andere zu kümmern als um sich selbst.

Kinder können nicht wissen, wie sie mit ihrer Energie haushalten sollen. Sie müssen erst lernen, sich um sich selbst zu kümmern. Das geschieht gewöhnlich, wenn Erwachsene ihre Bedürfnisse erfüllen und ihnen zeigen, dass sie Ruhe, Zuneigung und Respekt brauchen. Sensible Eltern lehren ihre Kinder, die Zeichen der Müdigkeit zu erkennen, statt ihnen ein schlechtes Gewissen einzureden, weil sie angeblich »faul« seien.

Unglücklicherweise sind emotional unreife Eltern so selbstbezogen, dass sie gar nicht merken, wenn ihre Kinder überlastet sind. Sie machen sich die fürsorgliche Ader des Kleinen zunutze, statt ihn vor Verausgabung zu schützen. Wer als Kind nicht zur Selbstfürsorge angeleitet wurde, vermag als Erwachsener keine vernünftige emotionale Balance zwischen den eigenen Bedürfnissen und denen anderer zu finden.

Das gilt speziell für Internalisierer. Sie können sich so gut in andere einfühlen, dass sie sich ganz auf deren Probleme konzentrieren. Dabei verlieren sie ihre eigenen Bedürfnisse völlig aus den Augen und merken nicht, wie sehr die Situation sie emotional belastet. Insgeheim sind sie überzeugt, dass sie diese unbefriedigenden Beziehungen irgendwann umwandeln können, wenn sie nur genug emotionale Opfer brächten. Je größer die Probleme sind, desto mehr Anstrengungen unternehmen sie.

Wenn Ihnen das unlogisch erscheinen sollte, dann vergessen Sie nicht, dass diese Heilfantasien auf den Vorstellungen eines Kindes beruhen. Internalisierer übernehmen in der Kindheit gern das Rollen-Selbst des Retters. Sie tragen so viel Verantwortung für andere, dass sie sich selbst vernachlässigen. Dabei ist der Gedanke »Ich muss das selbst regeln« ein zentraler Teil ihrer Heilfantasie. Ihnen ist nicht klar, dass sie damit etwas auf sich genommen haben, was noch niemandem gelungen ist: Menschen zu verändern, die sich selbst gar nicht verändern wollen.

Es ist schwierig für diesen Typus, den Kampf um die Liebe abzulegen. Manchmal merken die Betreffenden am Ende doch, dass es nicht ihre Sache ist, das Verhalten anderer Personen zu ändern. Wenn dann die Bitterkeit überhandnimmt, zieht der Internalisierer sich emotional zurück. Das überrascht andere Menschen dann meist. Wie ist es möglich, dass jemand sich so lange um sie bemüht hat und jetzt plötzlich aufgibt?

Kurz gesagt

Internalisierer haben eine geschärfte Wahrnehmung und ein ausgeprägtes Einfühlungsvermögen, was andere Menschen angeht. Aufgrund ihres starken Bindungsbedürfnisses ist es für sie besonders schmerzlich, mit emotional unreifen Eltern aufzuwachsen. Sie haben tiefe Gefühle, möchten aber anderen Menschen keinesfalls zur Last fallen. Das macht es gefühlskalten Eltern leicht, sie zu übersehen. Verinnerlicher entwickeln ein Rollen-Selbst, das sich fast ausschließlich an den Bedürfnissen anderer orientiert. Sie malen sich eine Heilfantasie aus, in der sie die Gefühle und das Benehmen ihrer Mitmenschen verändern können. Da sie mit wenig Unterstützung von anderen auskommen, leisten sie in Beziehungen meist zu viel Arbeit. Das kann zu Verbitterung und Erschöpfung führen.

Im nächsten Kapitel werden wir uns damit befassen, was passiert, wenn das wahre Selbst des Internalisierers endlich erwacht und er merkt, dass er zu viel gegeben hat.

Kapitel 7

Zusammenbruch und Erwachen

In diesem Kapitel wird gezeigt, wie es Menschen ergeht, die aus einer unpassenden Rolle erwachen, in der sie schon viel zu lange stecken geblieben waren. Diese Erkenntnis beginnt häufig mit dem Gefühl des totalen Versagens und des Kontrollverlusts. Belastende Symptome wie Depressionen, Angstzustände, chronischer Stress und Schlaflosigkeit können Anzeichen dafür sein, wie wenig man alte Muster, mit denen man sich die Wirklichkeit zurechtinterpretiert hat, noch aufrechterhalten kann. Symptome wie diese sind Warnzeichen, die uns zeigen, dass wir unsere Natur und unser Fühlen in Einklang bringen sollten.

Was ist das wahre Selbst?

Die Idee vom wahren Selbst ist uralt. Sie entstand zusammen mit der Vorstellung von einer Seele. Der Mensch hat wohl seit jeher das Gefühl, dass er ein authentisches inneres Selbst hat, welches das Zentrum seiner Wahrnehmung und Erfahrung, aber vom Treiben der Alltagswelt ein klein wenig abgekoppelt ist. Dieses Selbst ist die Quelle unserer einzigartigen Individualität und bleibt unberührt von dem familiären Druck, der uns ein

Rollen-Selbst ausbilden lässt. Dieses innere Selbst hat viele Namen – das »wahre Selbst«, das »reale Selbst«, das »Kern-Selbst«[52] –, letztlich aber geht es immer um das Gleiche: das Bewusstsein, das im Herzen jedes Menschen die Wahrheit spricht.

Sie können sich das wahre Selbst als ein exakt eingestelltes selbstinformierendes neurologisches Feedbacksystem vorstellen, welches jeden Menschen so lenkt, dass er optimal funktioniert und ein Maximum an Energie zur Verfügung hat. Die körperlichen Empfindungen, die mit der Wahrnehmung des wahren Selbst verknüpft sind, lassen vermuten, dass dieses Selbst – was immer es auch sein mag – in unserer menschlichen Biologie verankert ist. Es ist der Ursprung unseres Bauchgefühls, unserer Intuition. Dazu gehört auch unser unmittelbarer Eindruck von anderen Menschen. Die energetischen Schwankungen in unserem wahren Selbst sind ein Leitsystem, das uns sagt, ob unser Lebensweg im Einklang steht mit dem, was uns guttut.[53]

Wenn wir mit unserem wahren Selbst verbunden sind, sehen wir die Dinge klar, und unser Leben ist im Fluss. Wir konzentrieren uns auf Lösungen statt auf Probleme. Uns eröffnen sich rundum Möglichkeiten, weil wir auf unsere tatsächlichen Bedürfnisse und Wünsche hören. Das schafft Gelegenheiten und bringt Menschen in unser Leben, die uns helfen können, und zwar umfassender, als wir es je für möglich gehalten hätten. Wir haben einfach mehr »Glück«.

Was unser wahres Selbst will

Unser wahres Selbst hat dieselben Bedürfnisse wie ein gesundes, gut gedeihendes Kind: Es will wachsen, wahrgenommen werden und sich zum Ausdruck bringen. Vor allem treibt uns das wahre Selbst zur Entwicklung an, als wäre Selbstverwirklichung das Allerwichtigste in unserer irdischen Existenz. Aus diesem Grund möchte es, dass Sie seine Führung und seine genuinen Wünsche akzeptieren. Es hat kein Interesse an den verzweifelten Verrenkungen, die Sie als Kind machen mussten, um sich ein Rollen-Selbst zu schaffen, das nur ein Fantasiegebilde ist. Unser wahres Selbst will aufrichtig im Umgang mit anderen Menschen und authentisch im eigenen Tun sein.

Kinder bleiben in Verbindung mit ihrem wahren Selbst, solange ihre erwachsenen Bezugspersonen dies unterstützen. Wenn sie jedoch diesbezüglich getadelt oder beschämt werden, lernen sie, dass ihre wahren Wünsche peinlich sind. Sie tun dann so, als wären sie, wie ihre Eltern sie haben wollen, denn schließlich versuchen sie, deren Liebe zu gewinnen. Sie bringen ihr wahres Selbst zum Schweigen und befolgen die Anweisungen ihres Rollen-Selbst. Im Verlauf dieses Prozesses verlieren sie den Kontakt zu ihrer inneren Wirklichkeit und schließlich auch zur äußeren Realität.

Übung
Wie Sie zu Ihrem wahren Selbst erwachen

Ob Sie nun zu den Internalisierern oder den Externalisierern gehören, Sie sind für Ihre wirklichen Bedürfnisse taub geworden. Daher produziert Ihr wahres Selbst Symptome, die Sie aufwachen und wieder für sich selbst sorgen lassen. Es möchte, dass Sie Frieden finden, weil Sie im Einklang mit Ihrer Wirklichkeit leben. Sie müssen diese Signale nur als das erkennen, was sie tatsächlich sind: lebensrettende Botschaften.

Diese Übung hilft Ihnen, sich Ihr wahres Selbst bewusst zu machen. Sie brauchen dazu ein Blatt Papier und einen Stift. Falten Sie das Papier der Länge nach in der Mitte, sodass Sie immer nur eine

Hälfte des Blattes sehen. Über die eine Hälfte schreiben Sie »Mein wahres Selbst«, über die andere »Mein Rollen-Selbst«.

Zuerst beschäftigen Sie sich mit Ihrem wahren Selbst. Denken Sie zurück an die Zeit, als Sie ein Kind waren. Seien Sie ehrlich und gehen Sie so weit zurück, wie Sie können. Wie waren Sie, bevor Sie anfingen, jemand anders zu werden? Bevor Sie gelernt haben, sich selbst zu kritisieren und zu verurteilen. Was haben Sie da gern getan? Was hat Ihnen ein gutes Gefühl gegeben? Wenn Sie der Mensch sein könnten, der Sie wahrhaft sind (und Geld kein Thema wäre), wie würde Ihr Leben dann aussehen?

Ich empfehle Ihnen, dass Sie versuchen, auf eine Zeit vor der vierten Klasse zurückzuschauen. Wofür haben Sie sich damals interessiert? Mit wem waren Sie am liebsten zusammen? Was mochten Sie an diesen Menschen? Wenn Sie freie Zeit hatten, was haben Sie dann getan? Was haben Sie gespielt? Was war Ihre Vorstellung von einem vollkommenen Tag? Was hat Ihre Energie befeuert? Schreiben Sie einfach alles auf, was Ihnen in den Sinn kommt. Das muss keine Ordnung haben. Einfach nur alles, was Ihnen zu »Mein wahres Selbst« einfällt.

Wenn Sie damit fertig sind, klappen Sie die Vorderseite des Blattes um und betrachten Ihr Rollen-Selbst. Wer sind Sie geworden, weil Sie sich Bewunderung und Liebe wünschten? Gibt es Aktivitäten, die Sie jetzt ausführen, obwohl sie Sie kein bisschen interessieren? Was tun Sie, weil Sie glauben, es tun zu müssen, um ein guter Mensch zu sein? Gibt es Leute in Ihrem Leben, die Ihnen Energie rauben? Oder Beschäftigungen, die Sie langweilen und die Sie trotzdem tun? Wie würden Sie die soziale Rolle beschreiben, die Sie zu spielen versuchen? Wie hoffen Sie, dass andere Menschen Sie wahrnehmen? Welche Ihrer Persönlichkeitsanteile versuchen Sie zu verbergen? Worüber sind Sie froh, dass andere es nicht wissen?

Wenn Sie zu Ende geschrieben haben, legen Sie das Blatt Papier mindestens einen Tag lang weg. Dann öffnen Sie es, streichen es

glatt und vergleichen die beiden Spalten. Leben Sie in erster Linie aus Ihrem wahren Selbst heraus, oder beherrscht Ihr Rollen-Selbst Ihren Alltag?

Zusammenbrechen, um zu erwachen

Wenn der vom Rollen-Selbst verursachte Schmerz zu stark wird – stärker als die Vorteile, die Sie aus diesem Fantasiegebilde ziehen –, dann kommt es häufig zum Zusammenbruch. Seelisches Wachstum eröffnet meist den Blick auf nicht ganz einfache Wahrheiten darüber, was wir mit unserem Leben so angestellt haben. Psychotherapie und ähnliche Maßnahmen können uns helfen, uns Umstände bewusst zu machen, die wir tief im Innersten bereits wissen. Wenn Sie einen Zusammenbruch erlitten haben, sollten Sie sich fragen, was da in Ihnen tatsächlich kollabiert ist. Wir glauben normalerweise, es sei unser Selbst. In Wirklichkeit aber sind es all die Strategien, die wir aufgebaut haben, damit unsere Wahrheit nicht ans Licht kommt. Emotionaler Stress ist ein eindeutiges Signal dafür, dass es uns immer schwerer fällt, blind für unsere Gefühle zu bleiben. Er zeigt, dass wir endlich anfangen, unser wahres Selbst unter all den Geschichten wahrzunehmen, die wir uns über uns erzählen.

Ihr wahres Selbst möchte, dass Sie endlich begreifen, was wirklich passiert. Es versucht, Sie wachzurütteln. Es möchte, dass Sie endlich aufhören zu glauben, Ihr gefühlskalter Elternteil wüsste besser als Sie selbst, was für Sie gut ist. Und dass Ihr Rollen-Selbst ein besserer Mensch wäre als Ihr wahres Selbst. Es wird nicht mehr zulassen, dass ein Fantasiegebilde Ihr Leben bestimmt.

Der Entwicklungspsychologe Jean Piaget hat beobachtet, dass wir, um etwas zu lernen, erst einmal alte Denkmuster durchbrechen müssen, um die neuen Inhalte integrieren zu können.[54] Dieser Prozess des Zusammenbruchs und der Anpassung ist für jede geistige Entwicklung zentral. Der polnische Psychiater Kazimierz Dabrowski meinte, dass emotionaler Stress ein potenzielles Signal neuen Wachstums sein könnte und nicht notwendigerweise auf eine Krankheit hindeuten müsse. Psychische Symptome sah er als Ausdruck eines frisch aktivierten Drangs zur Entfaltung. Für diesen Vorgang prägte er den Begriff der »positiven Desintegration« für Zeiten, in denen die Menschen innerlich zusammenbrechen, um sich neu zu emotional komplexeren Wesen zu ordnen.[55]

Dabrowski fiel auf, dass manche nach solchen Erfahrungen ihre Persönlichkeit erweitern konnten, während andere schnell in ihre alten Rollenmuster zurückschlüpften. Menschen, die sich ihrer selbst nicht bewusst waren, änderten sich nach einer emotional verstörenden Erfahrung meist nur wenig. Andere hingegen nutzten die Belastungen, um mehr über sich selbst zu erfahren. Sie begegneten der Herausforderung mit Neugierde und dem Wunsch zu lernen. In Dabrowskis Augen zeigten diese Menschen ein Entwicklungspotenzial, das sie zu kompetenteren und autonomeren Menschen heranreifen ließ.

Dabrowski war dabei der Ansicht, dass Menschen, die negative Emotionen aushalten können, das höchste Entwicklungspotenzial hätten. Er betrachtete negative emotionale Erfahrungen als die treibende Kraft der menschlichen Entwicklung, da die schmerzliche Erfahrung uns dazu animiert, Lösungen zu finden. Statt sich abzukapseln oder die Schutzwälle hochzufahren, versuchen Menschen mit einem solchen Entwicklungspotenzial, ein tieferes Verständnis ihrer selbst und der Wirklichkeit zu erlangen. Zu diesem Zweck üben sie sich in Selbstreflexion, auch wenn sie sich dabei mit schmerzlichen Selbstzweifeln konfrontiert sehen. Obwohl die Ungewissheit, die diese Erforschung der eigenen Person mit sich bringt, mitunter unangenehme Nebenwirkungen hat wie Angst, Schuldgefühle oder Depressionen, entsteht durch die Auseinandersetzung mit solch tiefschürfenden Fragen letztlich eine stärkere, anpassungsfähigere Persönlichkeit.

Aileen

Meine Klientin Aileen fand Unterstützung in Dabrowskis Ideen. Sie ist eine aufgeschlossene Frau, die über die Jahre stark von ihrer Psychotherapie profitiert hat. Ihre Wissbegier war der Motor, dass sie sich selbst und andere besser verstehen wollte. Ihre Familie allerdings sah in ihrem Interesse an der Psychologie immer nur ein Zeichen einer negativen Persönlichkeitsentwicklung.

Als Aileen sich nach einer destruktiven Liebesbeziehung in Therapie begab, fand ihre Familie das lächerlich. Man nannte sie fortan nur noch »die Kranke«. Statt zu begreifen, dass Aileen ihren Kummer als Ausgangspunkt für neues Wachstum nutzte, fragte man sich, warum sie so viel Zeit und Geld zum Fenster hinauswarf, um mit der Vergangenheit fertigzuwerden.

Aileen war sicher, dass sie das Richtige tat, aber manchmal fragte sie sich doch, ob sie nicht tatsächlich »die Kranke« in ihrer Familie war. Auf einer Ebene wusste sie es besser, weil sie sich ja der emotionalen Unreife ihrer Eltern bewusst war, die stets impulsiv reagierten und jegliche emotionale Nähe zu vermeiden suchten. Aber es schien ihr eben doch merkwürdig, dass sie die Einzige in der Familie war, die Hilfe suchte.

Als sie von Dabrowskis Modell der positiven Desintegration erfuhr, konnte sie sehen, dass sich ihr Zusammenbruch lange angekündigt hatte. Nun war sie stolz auf sich, dass sie als Einzige in ihrer Familie den Mut gehabt hatte, die Gründe für ihren Schmerz zu erforschen, um zu einer gesünderen Form des Seins heranzuwachsen.

Erwachen aus einer überlebten Rolle

Viele Menschen schleppen ihr kindliches Rollen-Selbst auch im Erwachsenenalter mit, weil sie glauben, dass sie nur so Sicherheit und Akzeptanz finden können. Wenn das wahre Selbst das nicht mehr mitspielen will, kommt der Weckruf – der nicht selten mit unerwarteten emotionalen Erfahrungen verbunden ist.

Virginia

Virginias Weckruf erschien in Form von Panikanfällen, die sie immer dann bekam, wenn sie von ihrem tyrannischen älteren Bruder Brian kritisiert wurde. Sie hatte sich stets gefragt, was die Menschen wohl von ihr denken mochten. Das ging so weit, dass sie das Zusammensein mit anderen völlig erschöpfte, weil sie ständig versuchte, deren Gefühle zu »lesen«, um nur ja nicht unangenehm aufzufallen. Im Grunde erwartete sie stets, zurückgewiesen zu werden. Auch auf der Arbeit quälte sie sich ständig mit der Frage, wie ihre Kollegen sie wohl sehen mochten. Virginia begann die Therapie, weil sie ihre Panikanfälle in den Griff bekommen wollte, was auch gelang. Doch dabei merkte sie, wie wenig akzeptiert sie sich als Kind gefühlt hatte.

In der Therapie wurde ihr klar, dass Brian sich genauso benahm wie ihr verstorbener Vater. Von ihm hatte Virginia sich immer ungeliebt gefühlt, weil sie angeblich völlig unfähig war. Sie begann allmählich zu begreifen, dass ihre sozialen Ängste in ihrem kindlichen Rollen-Selbst wurzelten. Damals hatte sie wiederholt und erfolglos versucht, die Liebe ihres kritischen und stets herablassenden, selbstgefälligen Vaters zu gewinnen. Ihre unbewusste Heilfantasie war es, dass sie eines Tages »korrekt« genug wäre, um von ihm akzeptiert zu werden. Und so war sie unbewusst in die Rolle des verängstigten, unfähigen Kindes geschlüpft, das zur weisen und mächtigen Persona ihres Vaters passte. Nach dessen Tod hatte Brian diesen Part übernommen.

Virginias Angstanfälle zeigten, dass sie ihre kindliche Überzeugung, die Autoritätsperson hätte immer recht, allmählich infrage zu stellen begann. Sie sagte mir: »Wenn andere mich irgendwie ihren Unmut spüren ließen, vor allem Männer, bekam ich sofort Angst und bildete mir ein, mit mir stimme etwas nicht.« Heute kann sie ihre Beziehung zu Brian klarer sehen: »Ich hatte ihn auf einen Sockel gestellt wie einen Gott. Ich bin ihm völlig egal, trotzdem ließ ich ihn darüber bestimmen, wie ich mich fühlte. Seine Meinung war für mich das Wichtigste, aber jetzt, da ich allmählich selbstständiger werde, lerne ich überhaupt erst, ein souveränes Individuum zu sein.«

Ohne den Weckruf der Panikanfälle hätte Virginia sich wohl immer noch vor anderen Menschen kleingemacht, eingeschlossen in ihre Wolke selbstverachtender Angst. Ihre Panikattacken brachten ein neues Bewusstsein hervor. Sie begriff, dass sie die Geschichte männlicher Unfehlbarkeit, die man ihr als Kind beigebracht hatte, nicht mehr länger weiterspinnen musste, hatte sie doch ihr Selbstbewusstsein als erwachsene Frau zerstört. Ihr Rollen-Selbst des schwachen und verwirrten kleinen Mädchens fiel in sich zusammen, als sie erkannte, dass sie selbst entscheiden konnte, ob sie den Kontakt zu Brian aufrechterhielt oder nicht. Ihr wurde endlich klar, wie sie tatsächlich zu ihrem Vater und ihrem Bruder stand, die sie zum unwichtigsten Mitglied der Familie gemacht hatten. Der Bann war gebrochen.

Übung
Sich selbst aus einer alten Rolle befreien

Nehmen Sie ein Blatt Papier zur Hand. Beschreiben Sie kurz die Persönlichkeit eines Menschen, der Sie nervös macht oder in dessen Gegenwart Sie sich klein fühlen. Überlegen Sie, wie Sie sich in Anwesenheit dieses Zeitgenossen fühlen. Beschreiben Sie dann

Ihr Rollen-Selbst, das Sie ihm gegenüber an den Tag legen. Gibt es eine irgendwie geartete Heilfantasie, die Ihnen vorgaukelt, dass Sie von dem Betreffenden unbedingt akzeptiert werden müssten? Wie viel Zeit haben Sie damit zugebracht, sich zu wünschen, diese Person würde sich Ihnen gegenüber anders verhalten? Glauben Sie, in dieser Beziehung eine Rolle zu spielen, die Ihnen eigentlich längst nicht mehr gemäß ist? Sind Sie bereit, sich anders zu sehen und mit diesem Menschen genauso umzugehen, wie Sie dies mit allen anderen tun würden?

Erwachen zu dem, was Sie wirklich fühlen

Wenn wir eine Heilfantasie aufgeben, in der wir endlich die Liebe einer bestimmten Person gewännen, müssen wir uns häufig unerwünschten Gefühlen über Nahestehende stellen. Viele haben Schuldgefühle wegen Regungen, die sie für inakzeptabel halten. Wir glauben, wir müssten diese Gefühle unterdrücken, wenn wir ein guter Mensch sein wollen. Doch falls wir unsere wahren Gefühle zu lange in eine Ecke drängen, brechen sie irgendwann mit Macht hervor, sodass wir innehalten und sie genauer betrachten müssen.

Tilde

Tilde hatte so vieles, wofür sie dankbar sein konnte, dass sie regelrecht Schuldgefühle entwickelte. Sie war Tochter einer alleinerziehenden Mutter, die putzen ging, um sie beide durchzubringen. Tildes Mutter Kasja war aus Schweden in die USA gekommen, damit ihre Tochter es einmal besser haben würde. Sie kratzte jeden Cent zusammen, den sie verdiente, um Tilde eine gute Ausbildung zu ermöglichen. Tilde strengte sich an und machte ihren Abschluss als Grafikerin, wofür sie sogar ein Stipendium bekam. Am Ende ihrer

Ausbildung kam sie zu mir, denn Tilde litt seit einiger Zeit unter schweren Depressionen. Obwohl sie immer noch arbeiten konnte, war jeder Morgen ein Kampf. Es fiel ihr ungeheuer schwer, aus dem Bett zu kommen, und sobald sie aufgestanden war, wäre sie am liebsten wieder unter die Decke gekrochen.

Wir verfolgten die Spur der Depression zurück und landeten schließlich bei Tildes Telefonaten mit ihrer Mutter. Kasja war immer launischer und verbitterter geworden, als Tilde allmählich auf ihren Abschluss zuging. Kasja war ein sehr emotionaler Mensch und redete gern darüber, wie sie mit Tilde in die USA gekommen war und sie allein erzog, nachdem der Vater das Weite gesucht hatte. Nunmehr klagte Kasja bei jedem Telefongespräch, dass ihr alles schmerzte, und erzählte von allen möglichen Leuten, die ihr neuerdings sämtlich Unrecht taten. Tilde fühlte mit ihr. Sie hatte ja selbst das Gefühl, ihrer Mutter etwas schuldig zu sein. Doch ständig hilflos Kasjas Lamentos anhören zu müssen, schlug ihr mit der Zeit doch arg aufs Gemüt. Tilde meinte, es sei ganz egal, was sie sage, nichts könne ihrer Mutter helfen.

Ich fragte Tilde, wie es ihr denn ergehe, wenn Kasja ihre mitfühlenden Bemerkungen einfach beiseitewischte und mit ihrem Gejammer fortfuhr. Anfangs sagte sie nur, dass sie sich schuldig fühle, weil sie ihrer Mutter nicht helfen könne. Sie müsse ja eine schlechte Tochter sein, wenn sie einfach das Leben genieße, wo es Kasja doch so schlecht gehe. Als ich weiter fragte, was sie denn im Körper spüre, wenn sie die Stimme ihrer Mutter höre, ließ Tilde ihre wahren Gefühle endlich zu. Sie sah erstaunt auf, als sie es merkte: »Ich mag sie nicht«, flüsterte sie.

Das war Tildes emotionale Wahrheit, die seit Jahren im Widerstreit mit der kindlichen Heilfantasie stand, sie könne Kasja genug Liebe geben, um diese für ihr enttäuschendes Leben zu entschädigen. Tildes Schuldgefühle und übertriebene Dankbarkeit hatten ihre wahren Gefühle ihrer Mutter gegenüber überdeckt. Die in Stein ge-

meißelte Familiengeschichte war, dass Kasja alles geopfert hatte und daher einen Anspruch auf Tildes gesamte Aufmerksamkeit und Hingabe hätte. Als Tilde langsam das ewige Gejammer der Mutter nicht mehr hören konnte, schlugen ihre Schuldgefühle sowie ihr verdrängter Ärger in Depressionen um.

Tildes Depression war überwunden, sobald sie ihre wahren Gefühle für Kasja akzeptiert hatte. Sie erlaubte sich zu sehen, dass sie ihre Mutter nicht mochte, auch wenn sie ihr dankbar war. Dadurch löste sich für Tilde ein komplexes Band. Sie merkte, dass sie zwar weiter Kontakt zu ihrer Mutter pflegen konnte, ihr aber nicht mehr die »richtigen« Gefühle vorspielen musste.

Übung
Wie Sie Ihren verborgenen Gefühlen auf die Spur kommen

Sie können diese Übung immer machen, wenn Sie unerklärliche Ängste oder Depressionen plagen. Fragen Sie sich, ob sich nicht irgendwelche versteckten Gefühle dahinter verbergen. Überlegen Sie, wann genau es Ihnen schlecht geht. Hat das vielleicht mit einem bestimmten Menschen zu tun? (Meiner Erfahrung nach sind die Empfindungen, die die Menschen am meisten fürchten, das Eingeständnis, dass jemand ihnen Angst macht oder dass sie jemanden nicht mögen.)

Überlegen Sie, wie Sie diese unterdrückten Gefühle in Worte fassen können. Versuchen Sie dabei, so einfache und klare Sätze zu bilden, als gingen Sie in die vierte Klasse. Tun Sie dies für sich allein, damit Sie sich zunächst einmal nicht mit den Reaktionen anderer auseinandersetzen müssen. Dann sprechen Sie Ihre ehrliche Wahrheit laut aus. (Am Anfang genügt ein Flüstern.) Zum Beispiel: »Ich mag es nicht, wenn XY ______________«

Beschreiben Sie das Verhalten dieser Person. Wenn Sie auf Ihre wahren Gefühle stoßen, werden Sie deutlich mehr Nachdruck entwickeln. Sie spüren, wenn sich im Körper Spannungen lösen. Lassen Sie sich nicht von Schuldgefühlen gängeln. Sie sprechen ja nur mit sich selbst. Es geht einzig um die Aufdeckung Ihrer wahren Gefühle. Niemand kann Sie hören. Sie sind absolut sicher.

Manche Menschen denken, es sei nötig, die betreffende Person zu konfrontieren, um das Problem wirklich aus der Welt zu schaffen. Ich halte das für kontraproduktiv. Meist löst es auch zu viele Ängste aus. Gefühle zu früh offenzulegen kann Ihnen Angst machen – und zu einem Rückfall führen. Sie fangen ja gerade erst an, Ihre wahren Empfindungen kennenzulernen. Wenn Sie wollen, können Sie später mit der Person sprechen; zuallererst aber müssen Sie sich die Fähigkeit zurückerobern, sich Ihre wahren Gefühle einzugestehen. Oder anders gesagt: Was hilft, ist nicht das Gespräch mit dem anderen, sondern das Wissen um Ihre wahren Gefühle. Ihre eigentlichen Empfindungen zuzulassen und laut auszusprechen gibt Ihnen emotionalen Frieden.

Erwachen zur Wut

Auch Ärger und Wut sind Ausdrucksformen von Individualität. Emotional unreife Eltern bestrafen diese Gefühle bei ihren Kindern aber meist. Dabei kann Ärger eine sehr hilfreiche Regung sein, weil er uns die Kraft gibt, die Situation anders zu gestalten. Ein wütender Mensch nimmt sich jedenfalls wichtig genug, um für sich selbst einzustehen. Es ist häufig ein gutes Zeichen, wenn überverantwortliche, ängstliche oder deprimierte Menschen plötzlich Wut verspüren. Es zeigt, dass ihr wahres Selbst allmählich erwacht und sie anfangen, für sich selbst Sorge zu tragen.

Jade

Jade hatte keine hohe Meinung von sich, weil sie so oft wütend wurde und ihr Ärger sich fast immer gegen ihre Eltern richtete. Jahrelang hatte sie so getan, als hätte sie diese Gefühle nicht. Tief drin hielt sie sich für ein unzufriedenes Geschöpf, das wegen der geringsten Kleinigkeit auf die Palme ging.

Doch Jades Ärger hatte seine Wurzeln in der geringschätzigen und emotional distanzierten Art ihrer Eltern, die ihre Gefühle ständig missachteten. Als sie schließlich anfing, über ihren Ärger nachzudenken, und merkte, dass ihre Bedürfnisse konsequent ignoriert wurden, sah sie die Situation plötzlich anders: »Heute denke ich, es würde mit mir wirklich etwas nicht stimmen, wenn ich nicht wütend wäre! Ich habe tausend Gründe, wütend zu sein, und mein Ärger kommt direkt aus meinem innersten Selbst. Es fühlt sich gut an, Wut zu haben. Ich will keine Lüge mehr leben. Der Versuch, eine Bindung zu meinen Eltern aufzubauen, war eine sehr einsame und enttäuschende Erfahrung. Mit ihnen zu leben ist die pure Isolation.«

Nachdem sie ihren Zorn akzeptiert hatte, konnte Jade ihre Heilfantasie klar erkennen: Sie dachte immer, sie könne ihre Familie heilen, indem sie besonders liebevoll sei. In ihren eigenen Worten: »Ich versuchte stets, alle Menschen als gut anzusehen. Ich dachte, jeder liebe die anderen. Ich war so unglaublich naiv. Ich dachte, wenn man nett zu allen ist, dann würde sich am Ende alles finden. Ich glaubte, meine Eltern würden mich lieben und meine Geschwister würden anfangen, sich für mich zu interessieren. Jetzt weiß ich, dass ich tun muss, was für mich richtig ist, und dass ich mir vertrauen muss. Mittlerweile genieße ich meine eigene Gesellschaft regelrecht. Ich habe keine Lust mehr, meine Zeit zu verschwenden. Ich hoffe, ich finde Menschen, denen ich vertrauen kann. Ich versuche erst gar nicht mehr, eine Beziehung zu Leuten herzustellen, die sich distanziert geben oder mich nicht unterstützen. Ich werde nett und höflich sein, aber allzu nah will ich ihnen nicht mehr kommen, um nicht enttäuscht zu werden.«

Erwachen zu mehr Selbstfürsorge

Internalisierer können nicht gut für sich selbst sorgen. Sie glauben, sie müssten alles auf die Reihe bekommen, daher vernachlässigen sie ihre eigene Gesundheit, vor allem ihr Bedürfnis nach Ruhe. Sie schuften, um alles so hinzubekommen, wie es ihrer Ansicht nach sein sollte, dabei aber übersehen sie die simpelsten Signale ihres Körpers wie Müdigkeit oder Schmerz.

Lena

Lena erfuhr viel Druck im Leben, obwohl sie immer versuchte, alles so einfach wie möglich zu halten. Sie hegte ständig das Gefühl, keine Zeit zu haben. Als hätte sie eine Stimme im Kopf, die sie permanent antrieb, weil das, was sie schaffte, irgendwie nie genug war. Selbst angenehme Aktivitäten wie Klavierspielen wurden so zum Marathonlauf, bei dem sie ihre Trägheit überwinden und ihr Bestes geben musste. Sie gönnte sich keine Pause, bis sie wirklich völlig ausgebrannt war.

Sie hatte einen Vollzeitjob, in dem sie Überstunden machte, ließ sich aber zusätzlich noch alle möglichen Aufgaben aufhalsen und machte sich selbst noch mehr Druck, zum Beispiel mit ihren Haustieren oder den Vögeln, die sie im Hof fütterte. Wenn eine ihrer Pflanzen die Blätter hängen ließ, fühlte sie sich mies, weil sie ihr nicht früh genug Wasser gegeben hatte.

Als Lena anfing, Sport zu treiben, um sich wenigstens ein bisschen entspannen zu können, strengte sie sich natürlich auch hier an. Sie wollte ja alles perfekt machen. Bei den Übungen sagte sie sich: »Das muss ich doch können. Ist doch babyleicht.« Am nächsten

Morgen wachte sie auf und konnte nicht mehr geradeaus denken. Selbst jetzt fiel ihr noch nicht auf, dass sie es übertrieben hatte. Erst als sie ein paar Stufen nehmen wollte, wurde ihr klar, was passiert war. Sie hatte einen so starken Muskelkater, dass sie kaum einen Fuß vor den anderen setzen konnte.

Lena hatte sich seit Langem angewöhnt, nicht auf die Signale ihres Körpers zu hören. Das ging unter anderem auf ihre anspruchsvolle Mutter zurück. Wenn Lena als Kind nicht schnell genug war oder nicht wirklich hart arbeitete, bestrafte die Mutter sie für ihre Faulheit. So hatte Lena nie gelernt, in ihrem eigenen Tempo zu leben. Sie besaß überhaupt kein Gespür für ihre körperlichen Grenzen.

Lena hatte gelernt, dass ein guter Mensch sich immer anstrengen müsse, selbst wenn das hieß, über die eigenen Kräfte zu gehen und nie ganz fertig zu werden. Da sie die Bestätigung und Liebe ihrer Mutter suchte, hatte sie die Vorstellung entwickelt, sie sei nur dann etwas wert, wenn sie sich wirklich abrackerte. Ihre Heilfantasie war, dass ihre Mutter von der ständig unzufriedenen Sklaventreiberin, die sie war, zu einer liebevollen Person werden würde, wenn Lena sich nur genug Mühe gäbe. Dann würde sie einsehen, was ihre Tochter alles tat, um ihr zu gefallen.

Lena wurde in ihren schonungslosen Anstrengungen natürlich auch von der Gesellschaft bestärkt. Unsere Kultur funktioniert ja ebenfalls nach Prinzipien wie »Gib alles«, »Gib nie auf« und »Tu immer dein Bestes«. Für einen übermotivierten Menschen wie Lena sind solche Sprüche Gift. Es ist unnötig anstrengend, ständig sein Bestes zu geben. Viel sinnvoller ist es, sich dann voll einzusetzen, wenn es etwas bringt, und diesen Unterschied möglichst klar zu erkennen. Glücklicherweise konnte Lena, sobald sie ihre Heilfantasie ausgemacht hatte, ihre Werte überdenken. Nun fängt sie an, ihre eigenen Bedürfnisse zu erfüllen.

Erwachen aus einer Trennung

Beziehungsprobleme sind meist ein recht lauter, häufig auch unerwarteter Weckruf. Da wir auch in Partnerschaften die Muster ausagieren, die wir als Kind gelernt haben, ist es weiter nicht erstaunlich, dass so viele Menschen wegen Ehekrisen zum Therapeuten gehen. Außerdem geht es in Beziehungen unter Erwachsenen meist um recht heftige Emotionen, was bedeutet, dass sie alle ungelösten Probleme rund um die Erfüllung unserer seelischen Bedürfnisse aktivieren. Wir neigen dazu, Schwierigkeiten mit den Eltern auf unseren Partner zu projizieren – was uns natürlich noch wütender macht, denn unbewusst werden wir dadurch an die Vergangenheit erinnert, und das verschärft den aktuellen Konflikt zusätzlich.

Mike

Mike war an einem Tiefpunkt angelangt, als er zu mir kam. Im Beruf stand er kurz vor der Entlassung, und seine Scheidung ließ ihn nahezu mittellos zurück. Dabei hatte er sich sein Leben lang bemüht, in den Augen anderer erfolgreich zu wirken. Das galt vor allem für seine Frau und seine Mutter. In der Therapie arbeitete er daran, sich ein neues Wertesystem zu schaffen, das mit seinem wahren Selbst besser im Einklang stand. Er lernte, sich so zu akzeptieren, wie er tatsächlich war, und erarbeitete sich ein gutes Gespür für seine ureigensten Stärken und Talente.

Als Mike über seine Vergangenheit nachdachte, sagte er: »Ich habe meine Entscheidungen nicht auf der Grundlage meiner eigenen Gefühle getroffen, sondern immer versucht, andere zufriedenzustellen. Das habe ich fünfunddreißig Jahre lang gemacht. Ich nahm diese ganze lieblose Ehe hin, und was habe ich jetzt davon? Aber vielleicht wollte ich ja, dass es zu den kürzlich aufgetretenen Problemen kommt. Vielleicht hoffte ich, dass alles in sich zusammenstürzt. Ich bin getreten und gedemütigt worden, bis ich zu Boden ging. Jetzt werde ich auch noch entlassen, aber soll ich Ihnen was sagen? Ich bin wirklich glücklich!«

Trotz der Enttäuschungen und der finanziellen Verluste konnte Mike die Heilfantasie loslassen, dass er Liebe finden würde, wenn er sich auf seine Kosten um alle anderen kümmerte. Den enormen Schuldenberg, den er aufgrund der Scheidung aufhäufte, nahm er als Sinnbild dafür, was es ihn gekostet habe, so lange Zeit jemand anders zu sein als der, der er war.

Als er merkte, wie verzweifelt er darum gekämpft hatte, akzeptiert zu werden, sagte Mike: »Ich habe einfach nie geglaubt, dass ich genauso gut bin wie andere.« Dann sah er mich an und fragte lächelnd: »Na, wie würden Sie einen erfolgreichen Menschen definieren?« Natürlich hatte er seine eigene Antwort längst gefunden: »Ich nehme an, zuerst muss man sich mal von der Idee des ›Erfolgs‹ lösen – und dann sehen, was für ein Mensch man wirklich ist.«

Erwachen aus der Idealisierung anderer Menschen

Eine dieser Fantasien, aus denen wir nur schwer herausfinden, ist der Glaube, dass unsere Eltern klüger sind als wir und einfach mehr wissen. Es kann für ein Kind schwierig, ja beängstigend sein, die Schwächen seiner Eltern zu bemerken. Selbst manche Erwachsene wehren sich gegen die Erkenntnis, wie unreif ihre Eltern sind. Es kann sich besser anfühlen, weiterhin naiv über ihre Begrenzungen hinwegzusehen, statt sie objektiv wahrzunehmen. Unbewusst wollen wir unsere verletzlichen Eltern ja immer auch beschützen.

Patsy

Meine Klientin Patsy war eindeutig emotional reifer als ihr impulsiver Ehemann oder ihre ewig krittelnde Mutter, die bei ihnen lebte. Als ich jedoch anmerkte, dass sie offensichtlich die am weitesten entwickelte Persönlichkeit in der Familie sei, fuhr Patsy zusammen. »O nein, das kann ich nicht glauben!«, wandte sie ein. Solch ein Gedanke käme ihr total illoyal vor. Sie wolle sich nicht als etwas Besonderes oder gar als überlegen sehen.

Bescheidenheit ist ja schön und gut, aber speziell in Patsys Fall war sie schädlich, weil sie dazu führte, dass sie sich ein falsches Bild von der Wirklichkeit machte. Ihre Mutter und ihren Gatten zu idealisieren half ihr kein bisschen, sondern trug eher dazu bei, dass sie an ihren eigenen Stärken vorbeischaute. Sobald Patsy einsah, dass sie einen höheren Reifegrad besaß als ihr Mann oder ihre Mutter, konnte sie mit deren Verhalten objektiver umgehen. Sie hörte auf, ihnen Eigenschaften anzudichten, die sie nicht hatten, und konnte ihnen endlich Grenzen setzen. Und sie verschwendete ihre Energie nicht mehr darauf, sich einzubilden, sie sei weniger wert, nur damit die beiden so tun konnten, als stünden sie über ihr.

Erwachen zu den eigenen Stärken

Es ist ein wichtiger Schritt, seine eigenen Stärken schätzen zu lernen, wenn sie von den Eltern nicht gespiegelt wurden. Vernachlässigte Kinder sind immer ein bisschen peinlich berührt, wenn sie sich gut finden sollen. Sie sind daran gewöhnt, andere ins Rampenlicht zu stellen, und befürchten, »eingebildet« zu werden, wenn sie ihr Können richtig beurteilen.

Doch jeder Mensch muss seine Stärken kennen und Möglichkeiten finden, sie auszudrücken. Nur so kann ein gesundes Selbstwertgefühl entstehen, sodass man mit Recht stolz darauf ist, was man der Welt zu geben vermag. Diese Art der Selbsterkenntnis schenkt Energie und einen positiven Ausblick aufs Leben. Bescheidenheit und Demut tragen dazu bei, dass man über all seinen guten Eigenschaften nicht den Kopf verliert, aber sie sollten uns nicht davon abhalten, unsere besten Charakterzüge richtig einzuschätzen.

Erwachen zu einem neuen Wertesystem

Der Familientherapeut und Sozialarbeiter Michael White hat eine Form der Psychotherapie entwickelt, die als »narrative Therapie« bekannt wurde.[56] Sein Ansatz fußt auf der Idee, dass es für jeden Menschen von entscheidender Bedeutung ist, das »Drehbuch« seines Lebens zu kennen und die Intentionen, die sich dahinter verbergen. Der Therapeut schlüsselt die Lebensgeschichte des Klienten auf, um Werte aufzudecken, die ihn bislang behindert haben. Dann lädt er seine Klienten dazu ein, diese Prinzipien neu zu definieren, sich also bewusst für ein neues Wertesystem zu entscheiden.

Aaron

Der kräftige, sehr stille Aaron hatte stets nach dem Motto gelebt, nur ja nicht nach Anerkennung zu streben. Als junger Mann stellte er fest, dass er Schauspiel und Theater über alles liebte, doch er kam gar nicht auf die Idee, sich für eine größere Rolle zu bewerben oder den Regisseur um einen besseren Part zu bitten. In seinen Augen hätte er verwöhnt und fordernd gewirkt, wenn er für sich eingetreten wäre. Ohnehin galt ihm Letzteres als Charakterschwäche.

Als Erwachsener kam Aaron allmählich dahinter, dass diese Gewohnheit, sein Licht unter den Scheffel zu stellen, letztlich nur den Effekt hatte, dass andere, weniger Begabte an ihm vorüberzogen.

Außerdem nutzten manche Leute seine Begabung aus, ohne ihm dafür etwas zurückzugeben. Seine Heilfantasie war, irgendwelche Autoritätsfiguren würden schon noch spontan sein Potenzial erkennen. Doch irgendwann sah Aaron ein, dass dies nicht funktionierte.

Also schuf er sich eine neue Wertvorstellung: Er würde sich um die Erfüllung seiner Wünsche bemühen. Er begann, aktiv nach Chancen zu suchen und seinen Anspruch zu verdeutlichen. Als er darüber nachdachte, seinen Job zu wechseln, sagte er: »In der Vergangenheit hätte ich gezögert, so etwas anzustreben, aber jetzt mache ich das einfach.« Er hatte gelernt, dass er es wert war, für sich einzustehen.

Erwachen zur Befreiung von Kindheitserfahrungen

Der effektivste Weg, aus den Wiederholungsmustern der Vergangenheit zu erwachen, ist es, die emotionalen Verletzungen der Kindheit zu verarbeiten. Wenn ich »verarbeiten« sage, meine ich den mentalen und emotionalen Prozess, mit schmerzhaften Erfahrungen zurechtzukommen. Sie können sich das so vorstellen, dass Sie etwas in kleinere Stücke brechen, was als ein Brocken zu groß zum Schlucken ist. Sie kauen es klein, bis es ein verdaulicher Bestandteil Ihrer Lebensgeschichte ist.

Wie psychologische Forschungsarbeiten zeigen, kommt es letztlich weniger auf das an, was passiert ist, als darauf, ob wir Gelegenheit hatten, das Erlebte zu verarbeiten. In einer Studie zeigte sich, dass Eltern, die eine sichere Bindung zu ihrem Kind aufbauen konnten, meist auch eine höhere Bereitschaft besaßen, über ihre eigene Kindheit zu sprechen.[57] Obwohl einige dieser Eltern sehr schwere Erfahrungen gemacht haben, hatten sie zu ihren Kindern eine sichere Bindung. Das lag daran, dass sie sich über ihre frühen Erlebnisse Gedanken gemacht und sie in gewisser Weise integriert hatten, sodass weder die positiven noch die negativen Aspekte ihrer Vergangenheit sie aus dem Gleichgewicht brachten. Es ist leicht nachvollziehbar, dass Kinder solcher Eltern ein sicheres Bindungsverhalten zeigten.

Kurz gesagt

Das wahre Selbst wird immer einen Weg finden, sich auszudrücken, auch wenn wir eine Rolle spielen oder einer Heilfantasie nachhängen. Ignoriert man jedoch die Stimme des wahren Selbst zu lange, äußert sich dies nicht selten in psychischen Krankheitssymptomen. Das Erwachen zu den Bedürfnissen des wahren Selbst geschieht häufig in Gestalt eines Zusammenbruchs. Panikzustände, Wut und Depressionen sind Erfahrungen, die hier durchaus in einem Zusammenhang stehen können. Wenn die Betroffenen dann an ihren Kindheitserfahrungen arbeiten und ihre Stärken entdecken, bauen sie genügend Selbstvertrauen auf, um aus ihrem wahren Selbst heraus leben zu können.

Im nächsten Kapitel werden wir uns damit auseinandersetzen, wie Sie Ihre neu gewonnene Objektivität, Ihr Selbstgewahrsein, nutzen können, um zu einem gesünderen Umgang mit den emotional unreifen Mitgliedern Ihrer Familie zu finden.

Kapitel 8

Wie Sie sich von emotional unreifen Eltern nicht mehr aufs Glatteis führen lassen

Es ist nicht leicht, die eigenen Eltern als mit Fehlern behaftete menschliche Wesen zu sehen. Als Kinder glauben wir, dass sie einfach alles können. Beim Jugendlichen und später beim Erwachsenen bekommt dieses Bild der allmächtigen Eltern allmählich Risse, doch ganz abgelegt wird es trotzdem nicht. Doch selbst wenn sie alles andere als nett zu uns sind, wollen wir doch immer noch glauben, sie könnten so sein, wie wir uns das stets gewünscht haben.

Natürlich tut auch unsere Kultur ein Übriges, um dieses Bild der übermächtigen Eltern aufrechtzuerhalten. Wer glaubt nicht irgendwo, tief drin in seinem Herzen, an Mythen wie die folgenden?

- Alle Eltern lieben ihre Kinder.
- Eltern kann man immer vertrauen.
- Eltern sind stets für einen da.
- Man kann seinen Eltern alles sagen.
- Die Eltern werden uns immer bedingungslos lieben.
- Man kann zu jeder Zeit nach Hause kommen.

- Unsere Eltern wollen stets nur das Beste für uns.
- Unsere Eltern wissen mehr als wir.
- Was immer unsere Eltern tun, sie tun es für uns.

Was aber, wenn Ihre Eltern emotional unreif sind oder waren? Dann treffen diese Aussagen nicht zu.

In diesem Kapitel möchte ich Ihnen helfen, unter die glänzende Oberfläche Ihrer kindlichen Hoffnungen und kulturellen Glaubenssätze zu schauen, damit Sie ein realistischeres Bild Ihrer Eltern bekommen. Dann können Sie auch lernen, mit ihnen auf eine Weise umzugehen, bei der keine Enttäuschungen vorprogrammiert sind, weil Sie aufhören, etwas zu erwarten, was Ihre Eltern Ihnen nicht geben können. Sie werden lernen, wie Sie sich emotional und als Individuum zu schützen vermögen, wenn Sie mit Ihren Eltern sachlich umgehen – auf eine Weise, die diese emotional akzeptieren können. Doch zuerst wollen wir noch einen Blick auf eine weitverbreitete Fantasie werfen, die einen realistischen Umgang verhindert.

Die Fantasie, dass die Eltern sich irgendwann ändern werden

Unglücklicherweise nehmen selbstbezogene Eltern ihren Part in dieser Heilfantasie des Kindes gewöhnlich nicht an. Sie haben ja schließlich ihre eigene Heilfantasie entwickelt, in der das Kind sie für *ihre* schwere Kindheit tröstet.

Immer auf der Suche nach der heilenden Liebe der Eltern, hopsen ihnen solche Kinder ihr Leben lang hinterher wie hungrige kleine Vögel, ganz erpicht auf den kleinsten Krümel positiver Signale. Als Erwachsene erlernen sie häufig sogar gesunde, zielführende Formen der Kommunikation und hoffen, dass ihre neu gewonnenen Fähigkeiten irgendwie die Beziehung zu den Eltern verbessern werden. Endlich haben sie die nötigen Techniken drauf, um sie in einen lohnenden Austausch zu verwickeln.

Annie

Annies Mutter Betty war eine Frau von strengen religiösen Überzeugungen und von jeher emotional unsensibel. Ihre Art, mit der kleinen Annie umzugehen, grenzte häufig an seelische, mitunter auch an körperliche Gewalt. Obwohl Annie dies lange hingenommen hatte, zerbrach etwas in ihr, als ihre Mutter bei einer kleinen Feier zu Annies Beförderung eine total abfällige Bemerkung über ihre Tochter machte. Annie war tief verletzt, und natürlich war ihr dies vor ihren Freunden peinlich. Die Beleidigung war so offensichtlich gewesen, dass Annie sich sicher war, ihre Mutter könne ihr Verhalten diesmal nicht herunterspielen, wie sie es sonst immer tat. Doch Betty übernahm einmal mehr keine Verantwortung für ihre Taktlosigkeit und meinte kühl, dass daran nichts Schlimmes gewesen sei.

In den nächsten Tagen versuchte Annie, Betty zu verstehen zu geben, wie sehr ihr Verhalten sie verletzt hatte. Schließlich schrieb sie ihrer Mutter einen Brief, in dem sie ihr sagte, wie sie sich fühle, und darum bat, sich zusammenzusetzen und über das Ganze zu reden. Annie machte sich über den Brief lange Gedanken und formulierte ihre Gefühle so genau wie möglich in der Hoffnung, Betty würde einsehen und bedauern, wie ihr chronisch unsensibles Verhalten ihre Tochter über die Jahre verletzt hatte. Aber Betty reagierte gar nicht erst. Die Leere zwischen ihnen wurde immer fühlbarer, und Annie bekam zunehmend den Eindruck, dass ihrer Mutter gar nichts an ihr lag.

»Ich möchte ihr sagen: ›Ich bin doch deine Tochter‹«, jammerte Annie. »Mörder töten Menschen, und ihre Mütter lieben sie trotz-

dem. Wir sind doch eine Familie. Sie ist meine Mutter. Wieso interessiert sie das überhaupt nicht?«

Es war nicht das erste Mal, dass Annie versucht hatte, Betty emotional näherzukommen. Nachdem sie sich in Therapie begeben hatte, probierte Annie, ihre Gefühle auszudrücken und vernünftig mit ihren Eltern zu reden, wenn sie gemein oder respektlos zu ihr gewesen waren. Obwohl Betty auf Annies Verständigungsversuche nie reagierte, hielt sie den Kontakt zur Tochter aufrecht, weil sie Annies drei kleine Jungs sehen wollte. Diesmal aber wollte Annie das nicht auf sich beruhen lassen.

»Womit ich nicht fertigwerde, ist, dass da absolut nichts zurückkommt, nicht mal Ärger«, meinte Annie. »Dabei möchte ich doch nur eine Antwort, die mir zeigt, dass ihr diese Sache wichtig ist, selbst wenn ich sie aufgebracht habe.«

Annie war nicht nur tief verletzt, sie war auch verwirrt. Obwohl Betty auf sie nicht reagierte, wusste Annie, dass ihre Mutter durchaus soziale Fähigkeiten hatte. Sie konnte zu anderen sehr nett und großzügig sein. Annie war klar, dass es sich dabei um oberflächlichere Beziehungen handelte, doch das half ihr emotional auch nicht weiter. »Man möchte meinen, meine Mutter hätte irgendwie einen natürlichen Wunsch, unser Verhältnis zu verbessern – durch ein bisschen Anerkennung zum Beispiel oder auf dem Umweg über meinen Vater.« Annies Verwirrung und Kummer standen nun greifbar im Raum.

Ihr Leid aufzuarbeiten würde eine ganze Weile dauern. Doch ihr war auch klar, dass sämtliche ihrer Kontaktversuche die Lage nur noch verschlimmerten. Sie tat alles, um die Beziehung zu heilen: Sie kommunizierte klar und deutlich. Sie trug ihre Bitten immer respektvoll vor. Sie sprach aufrichtig über ihre Gefühle. Doch wie man das Ganze hätte kitten sollen, ohne miteinander zu reden, war ihr schleierhaft.

»Annie«, meinte ich, »Sie tun alles, um eine Beziehung zu Ihrer Mutter herzustellen. Sie suchen emotionale Nähe zu ihr, was nur

zu verständlich ist, aber ich glaube, genau damit kann Ihre Mutter nicht umgehen. Wo Sie denken, dass Sie eine Beziehung herstellen wollen, fühlt Ihre Mutter sich vermutlich in ihrem inneren Gleichgewicht bedroht. Schließlich führt sie dieses Leben schon seit Jahren. Ihre Mutter kommt mit Ihrer Offenheit und Ehrlichkeit einfach nicht zurecht. Sie müssen sich das so vorstellen, als hätte sie eine Schlangenphobie. Sie werfen ihr sozusagen ständig eine dicke, fette Schlange in den Schoß. Das findet sie schrecklich, selbst wenn es für Sie noch so wichtig ist.«

Emotionale Nähe setzt eine Ebene emotionaler Entwicklung voraus, die Annies Mutter einfach nicht vollzogen hatte. Doch angesichts der Schweigemauer fühlte Annie sich mehr und mehr als emotionale Geisel. Sie würde keine Ruhe finden, bevor ihre Mutter mit ihr glücklich war.

Ich sagte Annie, dass Betty vermutlich nur auf sie zukommen würde, wenn Annie aufhörte, über ihr Fehlverhalten und die daraus resultierenden Verletzungen zu reden. Annie musste einen Weg finden, der nicht auf der Teilhabe ihrer Mutter aufbaute. Das ist die einzige Methode, die bei Eltern mit Angst vor emotionaler Nähe funktioniert. Ich erklärte ihr, sie könne durchaus eine Bindung zu ihrer Mutter aufbauen, es sei dies aber nicht das enge Band, das sie selbst sich wünschte. Zu diesem Zweck musste sie die Interaktion mit ihrer Mutter ganz bewusst managen, statt ständig nach emotionaler Nähe zu verlangen.

Annie zeigte sich für meine Vorschläge offen, war jedoch immer noch verwirrt. Sie erinnerte sich gut an die schmerzlichen Besuche bei Bettys Mutter, die ebenfalls vom zurückweisenden Typ war. Annie war damals noch klein. Betty fühlte sich von ihrer eigenen Mutter so ungeliebt, dass sie nach den Besuchen jedes Mal in Tränen ausbrach. Annie war damals ihr ganzer Trost. »Wie kann sie jetzt nur das Gleiche mit ihrer Tochter machen?«, fragte sich Annie. »Man möchte doch meinen, sie fände das schrecklich, wo sie selbst so gelitten hat.« Das war natürlich eine gute Frage, doch Betty gab einfach nur ihr Trauma weiter, wie Menschen das eben tun, wenn sie ihren kindlichen Schmerz unterdrücken zu müssen glauben.

Annie war so versessen darauf, die Bestätigung ihrer Mutter zu bekommen, dass sie aufhörte, die Beziehung richtig einzuschätzen. Sie fragte sich nicht einmal, ob Betty überhaupt der Typ Mensch war, mit dem sie selbst gern zusammen sein möchte.

Eine neue Beziehung knüpfen

Im Folgenden wollen wir uns nun damit beschäftigen, wie man mit emotional unreifen Eltern sinnvoll umgehen kann. Es gilt letztlich, die eigenen Erwartungen zu verändern und eine Beobachterposition einzunehmen, statt reflexhaft auf das typische Verhalten zu reagieren. Drei Strategien helfen Ihnen, künftig nicht mehr unter die Räder zu geraten:

- die objektive Beobachtung,
- das Reifegrad-Gewahrsein und
- das Heraustreten aus Ihrem alten Rollen-Selbst.

Der erste Schritt zu größerer emotionaler Freiheit ist festzustellen, dass Ihre Eltern zum emotional unreifen Typ gehören. Da Sie dieses Buch bis hierher gelesen haben, sind Sie vermutlich sicher, dass einer oder beide Ihrer Elternteile entsprechende Züge aufweisen. Solche Eltern werden Ihre kindlichen Vorstellungen von einem liebenden Vater, einer liebenden Mutter nie erfüllen können. Hier muss Ihr wesentliches Ziel sein, aus Ihrem wahren Selbst heraus zu leben und das Rollen-Selbst abzulegen, das Sie ausgebildet haben. Sie können Ihre Eltern nicht auf Ihre Seite bringen, aber Sie können sich selbst retten.

Für mein eigenes Verständnis dieser Problematik verdanke ich vieles dem Familientherapeuten Murray Bowen, der zu den Begründern der systemischen Familientherapie zählt.[58] Er beschreibt, wie gefühlskalte Eltern emotionale Verflechtungen schaffen, die die individuelle Identität überlagern. Zu derartigen Verschmelzungen kommt es, wenn Eltern die Grenzen ihrer Kinder nicht achten, ihre ungelösten Probleme auf sie projizieren und sich allgemein ständig in deren Angelegenheiten einmischen. In Familien, die solche Menschen prägen, werden Verschmelzung und Rollenspiel gefördert, um in der Familie »Nähe« herzustellen. Natürlich entstehen gerade deshalb nie echte emotionale Intimität und offene Kommunikation. Das wahre Selbst der Beteiligten kommt nicht zum Tragen. In so strukturierten Familien reden Sie, wenn Sie ein Problem mit einem Angehörigen haben, nicht mit ihm selbst darüber, sondern mit einem anderen Familienmitglied. Bowen spricht hier von »Dreiecksbeziehungen«. Sie sind der Kitt, der derart verflochtene Familien zusammenhält.

Objektive Beobachtung

Bowen überlegte auch, wie sich solche Situationen auflösen lassen, zumindest für das ein oder andere Familienmitglied. Er fand heraus, dass unbeteiligte Beobachtung und emotionale Loslösung es den Betroffenen ermöglichen, einen Schritt aus dem familiären System heraus zu tun. Wenn Betroffene zu neutralen Beobachtern werden, schützt sie das vor Verletzungen, und sie gehen nicht länger auf die Leimruten der familiären Verstrickungen. Die Betroffenen lassen sich vom Verhalten anderer Menschen nicht mehr einfangen.

Wie Sie zum Beobachter werden

Wenn Sie mit unentwickelten Menschen zu tun haben, hilft es Ihnen, bei sich zu bleiben, indem Sie ruhig und überlegt reagieren. Lassen Sie sich nicht mehr in die immer gleichen Reaktionsmuster hineinziehen. Atmen Sie ein paarmal tief durch und gehen Sie in den Beobachtermodus. Dafür gibt es mehrere sinnvolle Wege. So können Sie zum Beispiel langsam Ihre Atemzüge zählen. Oder Sie spannen nacheinander kurz verschiedene Muskelgruppen an, möglichst immer in derselben Reihenfolge, und lassen sie abrupt wieder los. Vielleicht mögen Sie sich ja auch lieber in ein ruhiges Bild hineinversetzen?

Ihre Aufgabe ist es nun, emotional bei sich zu bleiben. Beobachten Sie lediglich, wie die anderen sich verhalten, ganz in der Art eines Wissenschaftlers. Tun Sie einfach so, als müssten Sie eine Studie zur Verhaltensforschung machen. Wie würden Sie den Gesichtsausdruck der Beteiligten beschreiben? Was drückt sich in ihrer Körpersprache aus? Sprechen sie ruhig, oder schlägt die Aufregung hohe Wellen? Wirken sie auf Sie starr oder flexibel? Hören sie zu oder nicht? Wie reagieren sie, wenn Sie versuchen, mit ihnen in Verbindung zu treten? Was empfinden Sie selbst dabei? Haben Sie vielleicht, wie in Kapitel 2 und 3 beschrieben, Verhaltensweisen entdeckt, die emotionale Unreife signalisieren?

Wenn Sie Ihre Eltern oder andere geliebte Menschen beobachten und merken, dass Sie jetzt emotional werden, dann ist dies ein Zeichen dafür, dass Ihre Heilfantasie aktiviert wurde. Sie fallen zurück in den Irrglauben, mit Ihnen könne etwas nicht stimmen, wenn Sie keine Anerkennung bekommen. Driften Sie dann langsam in die Fantasie ab, dass Sie Ihr Gegenüber vielleicht zu einem anderen Verhalten bewegen können, so fühlen Sie sich jetzt schwach, verletzlich, verzagt und bedürftig. Dieses extrem unangenehme Schwächegefühl ist das Signal: Sie müssen Ihren gefühlsmäßigen Automatismen einen Riegel vorschieben und in den Beobachtermodus zurückkehren.

Wiederholen Sie leise bei sich das Mantra: »Loslösen. Loslösen. Loslösen.« Achten Sie darauf, den oder die anderen Beteiligten bewusst mit Worten zu beschreiben – unhörbar natürlich. Diese Art geistiger Erzählung kann Sie während einer stressigen Situation auf besondere Weise erden. Wann immer Sie nach den besten Worten suchen, um etwas zu beschreiben, kann Ihr Gehirn nicht in den emotionalen Reaktionsmodus abgleiten. So können Sie auch Ihre eigenen Regungen unter Kontrolle bringen. Erzählen Sie sich lautlos, was Sie gerade empfinden. Das gibt Ihnen die nötige Objektivität, um die Lage ein wenig abzukühlen.

Wenn der andere Beteiligte immer noch an Sie herankommt, dann suchen Sie nach einer Entschuldigung, um Distanz zu gewinnen. Sagen Sie, Sie müssten mal kurz ins Bad. Wenden Sie sich der Katze zu oder gehen Sie mit dem Hund raus. Machen Sie dringend nötige Besorgungen. Oder sehen Sie einfach aus dem Fenster und betrachten Sie die Natur. Am Telefon gebrauchen Sie eine Ausrede, um den Hörer aus der Hand legen zu können. Sagen Sie, Sie würden sich gern bald wieder melden. Jede Option ist recht, die Sie wieder in den entspannten, objektiven Beobachtermodus zurückbringt.

Wie Sie sehen, ist diese Haltung alles andere als passiv. Es handelt sich vielmehr um einen aktiven Prozess. Und um den Königsweg heraus aus allen emotionalen Verstrickungen. Während Sie sich in der Beobachtung üben, werden Sie stärker und stärker. Sie bauen immer mehr Vertrauen in Ihre Fähigkeit auf zu sehen, was tatsächlich vor sich geht, vor allem jetzt, da Sie ja wissen, was es mit der emotionalen Unreife auf sich hat. Sie sind heute nicht mehr das fassungslose, hilflose Kind, das wehrlos gegenüber den Spitzen aus der Elternecke ist. Ihr klarer Geist und Ihr Beobachtermodus sorgen dafür, dass Sie stark bleiben, ganz egal, was der oder die anderen Beteiligten tun.

Verbindung versus Bindung

Der Beobachtermodus erlaubt Ihnen, mit Ihren Eltern oder anderen geliebten Menschen in Verbindung zu bleiben, ohne sich auf deren emotionale Spielchen oder gar Erwartungen an Ihre Persönlichkeit einzulassen. *Verbindung* ist nicht dasselbe wie *Bindung*. Bei einer Verbindung gibt es zwar eine Art der Kommunikation, aber damit ist keineswegs die Erwartung auf einen befriedigenden emotionalen Austausch verknüpft. Sie bleiben in Kontakt, gehen mit den anderen nach Ihren eigenen Bedürfnissen um und lassen sich nur auf solche Interaktionen ein, die für Sie in Ordnung sind, ohne dass Sie dabei Ihre Grenzen überschreiten müssen.

Eine echte Bindung aber heißt, dass man offen für den anderen ist, dass es zu einer wechselseitigen Austauschbeziehung kommt. Wenn Sie dies mit emotional unreifen Menschen versuchen, werden Sie immer frustriert daraus hervorgehen und sich wertlos fühlen. Sobald Sie Verständnis bei diesen Menschen suchen, verlieren Sie Ihre innere Ausgeglichenheit. Daher hat es mehr Sinn, mit diesen Leuten einfach eine Verbindung einzugehen und sich die Erwartungen an eine Bindung für solche aufzusparen, die in der Lage sind, etwas zurückzugeben.

Das Reifegrad-Gewahrsein

Wenn Sie gelernt haben, im Beobachter- statt im Bindungsmodus zu bleiben, können Sie Ihre Aufmerksamkeit auf das Reifegrad-Gewahrsein richten. Es wird Ihnen zu mehr emotionaler Freiheit verhelfen, weil Sie dabei stets im Blick behalten, welchen Grad an emotionaler Unreife Ihr Gegenüber aufweist. Ohnehin gehört es zu den besten Maßnahmen der Selbstfürsorge, sich stets bewusst zu sein, auf welcher Entwicklungsstufe der Interaktionspartner operiert. Sobald Sie dies richtig eingeschätzt haben, fällt es Ihnen leichter, sich einen Reim auf seine Reaktionen zu machen. Damit wird er natürlich leichter vorhersehbar.

Wenn Sie feststellen, dass der Mensch, mit dem Sie es zu tun haben, Anzeichen emotionaler Unreife zeigt, wie wir Sie in Kapitel 2 und 3 kennengelernt haben, gibt es drei Möglichkeiten, mit ihm umzugehen, ohne selbst die Nerven zu verlieren:

- sich ausdrücken und dann loslassen,
- sich aufs Ergebnis konzentrieren, nicht auf die Beziehung, und
- das Verhältnis managen, sich nicht engagieren.

Sich ausdrücken und dann loslassen

Sagen Sie Ihrem Gegenüber so klar und sachlich wie möglich, was Sie möchten. Versteifen Sie sich nicht darauf, ein bestimmtes Ergebnis beim anderen zu erzielen. Äußern Sie deutlich Ihre Gefühle beziehungsweise Wünsche und genießen Sie diesen Vorgang des Selbstausdrucks. Gleichzeitig lassen Sie das Bedürfnis los, von Ihrem Visavis verstanden zu werden, oder den Wunsch, dass der andere sich ändert. Sie können niemanden zwingen, Sie zu verstehen und mit Ihnen Mitgefühl zu haben. Hier geht es darum, dass Sie auf eine klare und aufrichtige Weise kommunizieren, mit der Sie sich wohlfühlen. Ihr Gegenüber kann reagieren, wie Sie sich das wünschen, oder auch nicht – das hat keine Bedeutung. Es zählt einzig, dass Sie Ihre wahren Gefühle und Gedanken aufrichtig und klar ausgedrückt haben. Dieses Ziel ist erreichbar. Das haben Sie unter Kontrolle.

Sich aufs Ergebnis konzentrieren, nicht auf die Beziehung

Fragen Sie sich, was Sie bei dieser Interaktion vom anderen haben wollen. Seien Sie ehrlich. Wenn es sich um einen Elternteil handelt: Möchten Sie, dass er Ihnen zuhört? Sie versteht? Sein Verhalten bedauert? Sich bei Ihnen entschuldigt? Wiedergutmachung leistet?

Wenn Sie sich wünschen, dass der Betreffende sich ändert oder mit Ihnen empfindet, halten Sie inne und suchen Sie sich ein anderes Ziel: eines, das konkreter und erreichbar ist. Vergessen Sie nicht: Sie können von unreifen Menschen mit Affektphobie nicht verlangen, anders zu sein, als sie eben sind. Aber Sie können sich für die Interaktion mit ihnen ein bestimmtes Ziel setzen.

Formulieren Sie für diese eine Begegnung ein konkretes Ergebnis, zum Beispiel: »Ich möchte meiner Mutter sagen, was ich empfinde, auch wenn mich das nervös macht«, »Ich möchte meinen Eltern sagen, dass ich Weihnachten nicht nach Hause komme« oder »Ich möchte meinen Vater bitten, netter zu sein, wenn er mit meinen Kindern redet«. Ihr Ziel kann auch einfach nur sein, die eigenen Gefühle auszudrücken. Das ist erreichbar, weil Sie andere durchaus bitten können, Ihnen zuzuhören. Wie gesagt: Was Sie nicht beeinflussen können, ist, ob sie Sie auch verstehen werden. Oder Ihr Ziel könnte sein auszuhandeln, ob die Familie Weihnachten gemeinsam feiert. Der Schlüssel dabei ist, dass Sie sich auf die Interaktion nur einlassen im vollen Bewusstsein dessen, was Sie damit erreichen wollen.

Denn das sollte kristallklar sein: Konzentrieren Sie sich aufs Ergebnis, nicht auf die Beziehung. Sobald Sie sich auf die Beziehung konzentrieren und versuchen, diese auf emotionaler Ebene zu verbessern oder zu verändern, ist die Interaktion mit einem emotional unreifen Menschen zum Scheitern verurteilt. Der Betreffende wird sofort in seine Kindheitsmuster zurückfallen und versuchen, Sie wieder unter Kontrolle zu bringen, damit Sie ihn nicht mehr verunsichern können. Wenn Sie sich hingegen auf eine bestimmte Frage, auf ein konkretes Ergebnis konzentrieren, ist es einfacher, mit der erwachsenen Seite Ihres Gegenübers zu kommunizieren.

Haben Sie es mit einem einfühlsamen Menschen zu tun, ist es natürlich angebracht, emotionale Probleme in der Beziehung anzusprechen. Mit reifen Menschen können Sie ehrlich über Ihre Gefühle sprechen. Sie werden Ihnen ihre Empfindungen und Gedanken offenbaren. Solange alle Beteiligten über diese Reife verfügen, führt eine klare, innige Kommunikation dazu, dass man sich besser kennt und sich emotional verstanden fühlt.

Managen, sich nicht engagieren

Statt sich auf unreife Menschen emotional einzulassen, gehen Sie solche Interaktionen an wie ein Manager. Sie setzen die Dauer fest und die Gesprächsthemen. Möglicherweise müssen Sie die Diskussion öfter in die von Ihnen gewünschte Richtung lenken. Allen Versuchen, Sie emotional wieder an die Leine zu legen oder das Thema zu wechseln, steuern Sie möglichst geschickt gegen. Bleiben Sie höflich, aber lenken Sie das Gespräch so oft auf das intendierte Thema, bis Sie eine klare Antwort bekommen. Emotional unreife Menschen haben keine Mittel, um einer klaren Gesprächsstrategie zu begegnen. Ihre Ablenkungs- und Vermeidungsversuche laufen ins Leere, wenn Sie immer wieder dieselbe Frage stellen. Vergessen Sie nicht, auch Ihre eigenen Regungen im Griff zu behalten, indem Sie sich auf den Posten des Beobachters zurückziehen und sich selbst erzählen, was in Ihnen vorgeht. Achtsamkeit hilft Ihnen, nicht in emotionale Reflexe zurückzufallen.

Häufige Bedenken gegenüber dem Reifegrad-Gewahrsein

Manche Menschen reagieren auf diesen Ansatz zunächst einmal ablehnend, vor allem, wenn sie die Methode auf ihre Eltern anwenden sollen. Doch Bedenken wie die folgenden lassen sich gut entkräften.

Bedenken: Das hört sich alles ganz schön kühl und gefühllos an, gerade wenn es um meine Eltern geht. Ich möchte ja nicht jede Minute, die ich mit ihnen verbringe, sie und mich überwachen.

Entkräftung: Wenn alles prima läuft und Sie das Zusammensein mit Ihren Eltern genießen, dann müssen Sie die Methode ja nicht anwenden. Aber falls die Emotionen hochkochen, Sie wütend werden oder enttäuscht sind, ist es ratsam, die Beobachterrolle einzunehmen und mit der Situation so umgehen zu können, wie es ein Manager tun würde. Sie sind nicht gefühlskalt! Sie tun nur, was Ihnen hilft, Ihr emotionales Gleichgewicht zu bewahren.

Bedenken: Ich fühle mich schuldig und unaufrichtig, wenn ich zu meinen Eltern mental auf Distanz gehe. Ich möchte doch ganz natürlich mit ihnen umgehen können.

Entkräftung: Bewusste Beobachtung heißt doch nicht, dass Sie ihnen etwas vormachen. Sie achten nur darauf, dass Sie sich nicht in einen Strudel von Emotionen hineinziehen lassen, die die Situation am Ende für alle unerträglich machen. Als Erwachsener wollen Sie ja Ihre Individualität bewahren, auch in der Interaktion mit anderen Menschen. Ein klares Selbstgewahrsein heißt keineswegs, dass Sie Ihren Eltern gegenüber nicht loyal wären.

Bedenken: Es ist ja ganz nett zu empfehlen, dass man nicht emotional werden soll, wenn man mit den Eltern zu tun hat. Aber Sie kennen meine Eltern nicht und haben keine Ahnung, wie heftig und manipulativ sie sein können! Ich werde von der Intensität ihrer Gefühle meist regelrecht überrollt.

Entkräftung: Wir alle lassen uns von den Emotionen anderer Menschen manchmal überfahren. Man nennt dies »emotionale Ansteckung«. Sie werden sich sicherer fühlen, sobald Sie sich vornehmen, einfach nur zu beobachten, was geschieht, und sich nicht verwickeln zu lassen. Selbst wenn Sie die Beobachterhaltung nur kurz aufrechterhalten können, wird Ihnen das schon helfen, nicht vollkommen von fremden Emotionen absorbiert zu werden. Es sind *deren* Belastungen, nicht die Ihren. Sie können diese nachfühlen, aber Sie müssen nicht genauso gestresst reagieren wie die Betroffenen.

Bedenken: Meine Eltern waren sehr gut zu mir. Sie haben meine Ausbildung bezahlt und mir Geld geliehen. Ich fände es respektlos, sie als emotional unreif zu betrachten. Es scheint mir einfach nicht richtig, so über sie zu denken.

Entkräftung: Gedanken sind weder richtig noch falsch. Sie sind nicht respektlos, wenn Sie aufrichtig mit sich selbst sind, was die Grenzen Ihrer Eltern angeht. Um ein emotional reifer Erwachsener sein zu können, müssen Sie die Freiheit haben, andere zu beobachten und für sich einzuschätzen. Es ist ja kein Treuebruch, eine eigene Meinung zu haben.

Sie können Ihren Eltern dankbar sein für alles, was sie Ihnen gegeben haben, aber Sie müssen nicht so tun, als hätten sie keine menschlichen Schwächen. Wie wir in Kapitel 2 gesehen haben, ist die Sorge für die körperlichen und finanziellen Erfordernisse eines Kindes nicht dasselbe wie die Erfüllung seiner emotionalen Bedürfnisse. Wenn Sie jemanden brauchen, der Ihnen zuhört, jemanden, zu dem Sie ein echtes Gefühl der Nähe aufbauen können, dann sind Geldgeschenke oder eine gute Erziehung vielleicht nur etwas, was Sie Ihre wahren Wünsche aus dem Blick verlieren lässt. Erfüllt jedenfalls werden sie so nicht.

Bedenken: Wie in aller Welt soll ich ruhig bleiben und beobachten, wenn meine Eltern mir Schuldgefühle einreden?

Entkräftung: Finden Sie Ihre Mitte, indem Sie auf das Ein- und Ausströmen Ihres Atems achten. Sich schuldig zu fühlen ist keine Katastrophe. Beobachten Sie, was vorgeht, und erzählen Sie sich den ganzen Vorgang lautlos in möglichst genauen Worten. Indem Sie mental beschreiben, was passiert, leiten Sie die Aktivität Ihres Gehirns von den Bereichen emotionaler Verarbeitung um in die Zentren für Logik und Sprache, also in die objektiveren Zonen. Sie können auch einfach zählen. Wie viele Sekunden hat Ihr Vater diesmal geschimpft oder gejammert? Schauen Sie auf die Uhr und setzen Sie ein Limit, wie lange Sie ihm zuzuhören bereit sind. Wenn diese Frist um ist, unterbrechen Sie ihn höflich und sagen, dass Sie jetzt leider auflegen müssen. Oder dass Sie nach Hause fahren, weil Sie noch etwas Bestimmtes zu erledigen haben. Oder Sie reden sich selbst gut zu: »Du hast keinen Grund, dich schuldig zu fühlen. Sie versuchen nur, ihre Gefühle auf mich abzuwälzen. Ich habe nichts falsch gemacht. Ich habe ein Recht auf meine eigene Meinung.«

Vergessen Sie nicht: Ihre Eltern wollen Sie ablenken. Das ist ein bisschen wie mit einem weinenden Kind: Je ruhiger Sie bleiben, desto eher ist es vorüber. Je mehr Sie sich auf das von Ihnen gewünschte Resultat konzentrieren und sich nicht in den emotionalen Aufruhr hineinziehen lassen, desto besser.

Bedenken: Ich kann diese Übung machen, während ich in aller Ruhe bei mir zu Hause sitze. Aber wenn meine Eltern anfangen, auf mich einzuhacken, dann ist alles wie weggewischt. Dann bin ich so nervös wie ein Torwart vorm Elfmeter. Wie soll ich es schaffen, in ihrer Gegenwart ruhig die Beobachterposition einzunehmen und objektiv mit ihnen umzugehen?

Entkräftung: Der Torwart mag nervös sein, aber Sie können darauf wetten, dass er sich bemüht, ruhig zu bleiben. In der Sportpsychologie geht es größtenteils darum, wie man unter Stress die Nerven behält. Ihr Ziel ist es, dass Sie ein bisschen weniger nervös sind als üblich, indem Sie sich auf das Ergebnis konzentrieren, nicht auf den Gefühlswust. Sie stehen hier nicht im Champions-League-Finale. Es gibt keinen Druck, weil Sie nicht kämpfen müssen, um etwas zu erreichen. Sie brauchen die Negativität nicht anzunehmen, die Ihre Eltern Ihnen mit der Schöpfkelle einschenken. Hier geht es nicht um Gewinn oder Verlust. Sie wollen sich davon befreien, dass Sie jedes Mal reflexhaft auf die emotionale Ansteckung vonseiten Ihrer Eltern einsteigen.

Bedenken: Ich mache mir ständig Gedanken über meine Eltern. Sie sind immer wegen irgendwas unglücklich. Ich möchte einfach nur, dass es ihnen besser geht.

Entkräftung: Das liegt leider nicht in Ihrer Macht. Oder ist Ihnen noch nicht aufgefallen, dass Ihre Eltern nie lange glücklich bleiben, ganz egal, was Sie tun? Wenn sie so viel jammern, heißt dies nicht automatisch, dass sie sich besser fühlen möchten. Das ist Ihre Interpretation. Seien Sie nett zu Ihren Eltern, aber bluten Sie nicht für sie. Zu deren Heilfantasie und Rollen-Selbst gehören vielleicht Unglück oder ständiges Lamentieren. Es ist nicht Ihre Aufgabe, Ihren Weg zu verlassen und Ihren Eltern einen Anstoß zur Entwicklung zu geben. Wenn Sie das tun, dann wird sich das Verhältnis Ihrer Eltern zu Ihnen sicher weiter verschlechtern.

Annie – die Fortsetzung

Nach Monaten der sturen Stille vonseiten Annies Mutter Betty versuchte Annie es mit der Reifegrad-Gewahrseins-Methode. Sie lud ihre Eltern zu einem Fußballspiel ihrer Jungs ein. Das war in etwa die Zeitspanne, die Annie im Kontakt mit ihren Eltern würde ruhig bleiben können. Ihr Ziel war es, einen Besuch ohne Drama zu überstehen und so den Kontakt wiederherzustellen. Statt offen auf Betty zuzugehen, blieb Annie neutral und beobachtete die Lage. Sie war freundlich, ohne jedoch von ihrer Mutter Wärme zu erwarten. Ihre Eltern kamen spät wie üblich, und Annie begrüßte sie freundlich: »Hallo, schön, dass ihr da seid!«

Annie umarmte Betty kurz und bot ihr eine Kleinigkeit zu essen an. Betty aber warf ihr gleich wieder einen vorwurfsvollen Blick zu, womit sie sich zum Mittelpunkt der Interaktion machen wollte. Annie meinte: »Ich habe es einfach nicht zur Kenntnis genommen und bin nicht darauf eingestiegen.« Sie unterließ einfach ihre Versuche, emotionale Nähe zu Betty herzustellen. Sie hatte verstanden, dass sich Bettys Emotionen ausschließlich um sie selbst drehten und darin der Wunsch, zu ihrer Tochter engeren Kontakt zu haben, einfach keine Rolle spielte. Tatsächlich sprach Betty während des ganzen Spiels kaum ein Wort mit Annie.

Als das Spiel vorüber war, hatte Betty sichtlich an irgendetwas zu kauen, sagte aber immer noch kein Wort. Annie war diesmal darauf vorbereitet. Statt sich zu ärgern, beobachtete sie einfach, wie Betty jede echte Kommunikation vermied, aber trotzdem zu signalisieren versuchte, dass man sie gekränkt hätte.

Danach berichtete Annie über die Erfahrung mit ihrer Mutter: »Ich komme langsam dahinter, wer meine Mutter wirklich ist – das ist ihre Persönlichkeit. Es geht gar nicht darum, was ich gemacht habe. Ich bin froh, dass ich mich diesmal nicht habe reinziehen lassen in ihr Spiel, dass sie die Verletzte ist. Ich bin stolz, ihr Verhalten nun nicht mehr mit meinem Selbstwert in Verbindung zu bringen.«

An Bettys Geburtstag rief Annie sie an und hinterließ ein paar nette Sätze auf dem Anrufbeantworter, aber sie lud ihre Mutter nicht zu sich ein. Annie ging es gut damit, immer nur so viel Kontakt zu haben, wie es emotional für sie verkraftbar war. Sie machte kein Problem daraus, dass Betty nicht zurückrief. Als Annie Betty ein paar Tage später telefonisch erreichte, schien ihre Mutter kurz angebunden und kühl. Annie aber packte den Stier bei den Hörnern: »Ich bin erstaunt, dass ich gar nichts von dir gehört habe. Hast du denn meine Nachrichten nicht erhalten?« Als Betty kühl bejahte und sich nicht für die Glückwünsche bedankte, beschloss Annie, das Gespräch abzubrechen: »Wir müssen uns wirklich mal wieder unterhalten, Mama. Ruf mich doch mal an. Dann machen wir etwas aus.«

Nach diesem Gespräch fühlte Annie sich emotional richtiggehend befreit. Die Zurückweisungen durch ihre Mutter belasteten sie nicht mehr. Sie ging mit Betty um wie mit jedem anderen Erwachsenen in ihrem Bekanntenkreis. Ihr Rollen-Selbst als offenherziges, kleines

Mädchen, das auf die Zuneigung ihrer ewig ablehnenden Mutter hofft, hatte sie abgelegt.

Bei unserem nächsten Gespräch meinte sei: »Ich habe nicht mehr das Gefühl, etwas falsch gemacht zu haben. Es ist traurig, dass diese wichtige Beziehung, um die ich immer gekämpft habe, keine gute Lösung findet. Aber die Tatsache, dass meine Mutter einfach nicht auf mich reagiert, heißt ja nicht, dass ich die Fehler mache. Es ist einfach nur ein Anzeichen dafür, dass sie keine enge Beziehung zu mir herzustellen vermag. Selbst meine Warmherzigkeit scheint sie abzustoßen. Aber das kann ich nicht einfach abstellen. Ich möchte auch gar nicht auf meine Wärme verzichten.«

Ein altes Rollen-Selbst abschütteln

Die Fähigkeit, zurückzutreten und nicht nur Ihre Eltern, sondern auch Ihr eigenes Rollen-Selbst zu beobachten, ist der Moment, in dem Sie emotional frei werden. Wenn Sie erst erkennen, wie sehr Sie in diesem Ihrem Part gefangen waren und wie viel Energie Sie darauf verwendet haben, Ihre Heilfantasie wahr werden zu lassen, können Sie ganz bewusst beschließen, in Zukunft anders zu handeln.

Rochelle

Rochelles Mutter war eine sehr fordernde Frau, die von ihrer Tochter erwartete, auf den leisesten Wink hin bei ihr auf der Matte zu stehen. Rochelle sagte: »Ich hatte immer das Gefühl, dass mit mir etwas nicht stimmt, solange meine Mutter sich nicht anders verhält und mich anerkennt.«

Als Rochelle beschloss, die emotionale Unreife ihrer Mutter einfach nur zu beobachten, statt sich automatisch von ihr verletzen zu lassen, spürte sie, wie sich für sie alles änderte. »Zum ersten Mal in meinem Leben konnte ich ihr Verhalten so sehen, wie es war. Ich wurde nicht wütend und war nicht enttäuscht wie früher, als ich noch glaubte, ich müsse sie unbedingt dazu bringen, mich zu akzeptieren.«

Rochelle hat daran gearbeitet, sich selbst zu akzeptieren und damit auch ihre wahren Gefühle ihrer Mutter gegenüber. Daher glaubte sie nicht mehr, eine bestimmte Rolle übernehmen oder die Heilfantasie ihrer Mutter mitspielen und ihr entsprechend viel Aufmerksamkeit widmen zu müssen. »Ich verspüre nicht mehr länger den Zwang, sofort loszurennen und für sie die ›gute Tochter‹ zu spielen. Ich muss mir ihre Probleme nicht aufladen.« Jetzt ruft Rochelle ihre Mutter an, wenn ihr danach ist. Und sie kann auch mal Nein sagen, wenn die Mama etwas von ihr möchte. Sie fühlt sich nicht mehr in das Rollen-Selbst der gehorsamen Tochter gedrängt. Und so kann sie mit der ganzen Situation viel entspannter umgehen.

Die eigenen Gefühle und Gedanken im Griff behalten

Letztendlich besteht das Ziel im Umgang mit unreifen Menschen beziehungsweise Eltern darin, die eigenen Gedanken und Gefühle nicht außer Kontrolle geraten zu lassen. Zu diesem Zweck müssen wir auf unserem Beobachterposten bleiben. Bemerken Sie einfach, wie es Ihnen geht und wie die andere Person sich verhält. Aus dieser Perspektive können Sie Ihren individuellen Standpunkt behalten und werden immun gegen die emotionale Ansteckung vonseiten anderer.

Wenn Sie sich auf ein bestimmtes Resultat konzentrieren, das Sie im Gespräch mit Ihren Eltern erreichen möchten, können Sie Ihre objektive Haltung beibehalten, wie auch immer diese sich verhalten mögen. Sie bleiben im logischen Teil Ihres Gehirns verankert, statt sich auf die Achterbahn der Emotionen zu begeben, die vom Kampf-Flucht-Impuls gesteuert wird. Sie richten Ihr Augenmerk ganz auf Ihr Ziel für diese eine Interaktion und bleiben so Ihrem wahren Selbst treu, während die alten Heilfantasien und Rollenerwartungen um Sie herum ihren Tanz aufführen.

Vorsicht mit der neuen Offenheit

Murray Bowen[59] geht davon aus, dass emotional unreife Eltern alles tun, um ihr Kind, das sich ganz natürlich zum individuellen Erwachsenen entwickelt, im Geflecht der emotionalen Verschmelzung zu halten. Doch wenn das Kind sich weigert, den Köder zu schlucken, lassen sie sich letztlich doch auf eine etwas natürlichere Beziehung ein.

Ich rate jedoch zur Vorsicht, falls Ihre Eltern eine ganz neue Offenheit an den Tag legen, sobald Sie Ihre zielgerichtete Beobachtungsmethode anwenden. Wenn sie Sie nun mit mehr Respekt behandeln, ja sich gar offen zeigen, dann macht Sie das anfällig dafür, sich ins alte Muster zurückfallen zu lassen. (»Endlich geben Sie mir, was ich brauche!«) Seien Sie auf der Hut! Ihr inneres Kind wird immer hoffen, dass Ihre Eltern sich letztendlich ändern und ihm geben, wonach es sich sehnt. Ihre Aufgabe ist es, mit dem Blick des Erwachsenen auf das Ganze zu schauen und Ihren Eltern als selbstständiger, unabhängiger Mensch zu begegnen. Sie wollen ja eine erwachsene Beziehung mit ihnen eingehen und nicht die Eltern-Kind-Dynamik wiederaufleben lassen, oder?

Wenn Sie sich gestatten, in Ihre alten Kindheitshoffnungen zu verfallen, wird die stärkere Offenheit Ihrer Eltern nicht lange Bestand haben, weil sie sich in Ihrer Gegenwart nicht länger sicher fühlen. Vergessen Sie nicht, dass Ihre Eltern vielleicht unter einer Affektphobie leiden und mit echter Nähe nicht umgehen können. Wenn Sie selbst sich offener zeigen, werden Ihre Eltern sich zurückziehen und versuchen, Sie aus dem Gleichgewicht und damit wieder unter ihre Kontrolle zu bringen. Solche Menschen haben keine anderen Mittel, sich vor der Verwundbarkeit durch zu viel Nähe zu schützen.

Letztendlich bleibt die Dynamik dieselbe. Ihre Eltern werden für Sie emotional umso verfügbarer sein, je weniger Sie sie brauchen. Nur wenn Sie aus Ihrer erwachsenen, objektiven Haltung heraus mit ihnen umgehen, werden Ihre Eltern die Interaktion mit Ihnen als »sicheres Terrain« einstufen. So traurig es auch ist, aber die Wirklichkeit sieht nun mal so aus: Ihre Eltern haben einfach zu viel Angst, um die emotionalen Bedürfnisse Ihres inneren Kindes zu stillen.

Bleiben Sie beim Umgang mit ihnen einfach im gegenwärtigen Augenblick und folgen Sie den Eingebungen Ihrer wahren Natur. Ihr wahres Selbst kennt alle Beteiligten und weiß über sie Bescheid. Daher hat es keine Mühe, genau die Antwort zu geben, die im Moment gebraucht wird. Das kann es aber nur, wenn Sie in diesem objektiven Beobachtermodus bleiben, der in Ihrem individuellen Selbst verwurzelt ist.

Kurz gesagt

Unsere frühe Abhängigkeit von unseren Eltern lässt uns ihre Liebe und Aufmerksamkeit suchen. Doch aus dieser kindlichen Rolle müssen wir uns lösen, wenn wir sie in unseren Erwachsenenbeziehungen nicht wieder und wieder abspielen wollen. Die Reifegrad-Gewahrseins-Methode hilft Ihnen, mit emotional unreifen Eltern – oder anderen selbstbezogenen Menschen – effektiv umzugehen. Der Umgang mit Ihren Eltern wird für Sie befriedigender, wenn Sie zu ihnen *Verbindung* halten, statt eine *Bindung* anzustreben. Zu diesem Zweck müssen Sie zunächst einmal den emotionalen Reifegrad Ihres Vaters oder Ihrer Mutter einschätzen. Dann gehen Sie sämtliche Auseinandersetzungen mit diesem Elternteil im Beobachtermodus an – Sie konzentrieren sich auf Ihre rationalen Anteile und lassen sich nicht in emotionale Reflexe verwickeln. Schließlich können Sie mit den drei Schritten des Reifegrad-Gewahrseins die Probleme im Umgang mit Ihren Eltern lösen: Sie äußern Ihr Anliegen und lassen dann los. Sie konzentrieren sich aufs Ergebnis der einen Interaktion und nicht auf die Beziehung. Sie handhaben den Kontakt wie ein Manager und lassen sich nicht auf emotionale Verwicklungen ein.

Im nächsten Kapitel werden wir erkunden, wie man sich von überkommenen Eltern-Kind-Dynamiken löst. Bald werden Sie wissen, wie es sich anfühlt, solche alten Rollenmuster abzulegen, die bislang Ihr Leben kontrolliert haben.

Kapitel 9

Wie es sich anfühlt, ganz frei von Rollen und Fantasien zu leben

In diesem Kapitel werden wir der Frage nachgehen, wie es sich anfühlt, wenn Sie aufhören, eine Rolle zu spielen, um den Kontakt zu einem emotional unreifen Elternteil zu wahren. Wir werden sehen, wie die Neuausrichtung Ihres Denkens und Handelns Ihnen helfen kann, die mit Ihrer Rolle verbundene emotionale Vereinsamung aufzubrechen, sodass Sie frei werden, der Mensch zu sein, der Sie wahrhaft sind. Diese Freiheit verlangt manchmal Kämpfe, aber sie ist jeden Einsatz wert.

Familiäre Muster, die Sie behindern

Bevor wir uns ansehen, wie Sie Ihr wahres Selbst fördern können, werfen wir noch einen Blick auf gewisse familiäre Dynamiken, die uns in alten Rollen festhalten.

Behinderung der Individualisierung

Wenn Sie von einem emotional unreifen Elternteil erzogen wurden, sind Sie in Ihren frühkindlichen Jahren auf Zehenspitzen um einen Menschen mit einer Phobie vor gefühlsmäßiger Nähe herumgeschlichen. Die familiäre Verschmelzung, die sich in solchen Familien herausbildet, dient in erster Linie dazu, die Angst der Eltern vor Individualität abzuwehren. Die Individualität eines Kindes wird von unsicheren oder unreifen Eltern als Bedrohung erlebt, weil sie Ängste vor möglichen Zurückweisungen oder vor dem Verlassenwerden auslöst. Wenn Sie unabhängig zu denken lernen, könnten Sie Ihre Eltern ja kritisieren oder sie im Stich lassen. Sie fühlen sich einfach sicherer, wenn die Mitglieder ihrer Familie vorhersehbare Fantasiecharaktere sind und keine selbstständigen Individuen.

Für Eltern, die sich vor echten Emotionen und vor dem Verlassenwerden fürchten, ist jede Authentizität, die sie an ihrem Kind wahrnehmen, ein lebendiger Beweis für die Individualität dieses Geschöpfes. Die Eltern fühlen sich bedroht, wenn ihre Kinder echte Gefühle ausdrücken, weil diese den Umgang mit dem Kind für sie unkalkulierbar machen und damit die familiären Bande gefährden. In der Folge unterdrücken solche Kinder von vornherein ihre authentischen Gedanken, Empfindungen oder Wünsche, weil sie das Sicherheitsgefühl ihrer Eltern nicht unterminieren wollen.

Die Verweigerung individueller Bedürfnisse und Vorlieben

Eltern, die alles unter Kontrolle haben wollen, um ihre eigenen Ängste nicht zu aktivieren, bringen ihren Kindern nicht nur bei, wie sie die Dinge angehen sollten, sondern auch, was sie dabei zu fühlen und zu denken haben. Kinder, die zum Internalisieren neigen, nehmen sich dies sehr zu Herzen. Sie glauben, dass ihre inneren Erfahrungen nicht legitim sind. Solche Eltern lehren ihre Kinder, sich für alles zu schämen, was nicht dem Kanon der Eltern entspricht. Auf diese Weise sehen die Kinder bald ihre Einzigartigkeit mitsamt den damit verbundenen Stärken als beschämende Bürde.

Internalisierende Kinder empfinden häufig die folgenden, absolut normalen Verhaltensweisen als etwas, wofür sie sich schämen müssen:

- Begeisterung,
- Spontaneität,
- Trauer und Tränen angesichts von Verlusten, Verletzungen oder Veränderungen,
- ungebremste Emotionalität,
- sagen, was sie tatsächlich denken oder empfinden,
- Ärger zeigen, wenn sie sich ungerecht behandelt fühlen.

Positiv gewürdigt werden dagegen:

- Gehorsam und Ehrerbietung gegenüber Autoritätsfiguren,
- körperliche Krankheiten oder Verletzungen, bei denen die Eltern sich als stark präsentieren können,
- Unsicherheit und Selbstzweifel,
- dieselben Dinge wertzuschätzen wie die Eltern,
- Schuld und Scham über das eigene Anderssein oder eventuelle Unvollkommenheiten,
- die Bereitschaft zuzuhören, vor allem, wenn es um die Klagen der Eltern geht,
- stereotype Geschlechterrollen: Mädchen, die allen gefallen wollen, und Jungs, die den starken Kerl markieren.

Wenn Sie zu den internalisierenden Kindern gehörten und mit einem emotional unreifen Elternteil aufgewachsen sind, hat man Ihnen vieles beigebracht, womit Sie sich nur selbst blockieren. Dazu gehören Grundprinzipien wie die folgenden:

- Achte immer zuerst darauf, was die anderen von dir wollen.
- Eigenlob stinkt.
- Man bittet nicht um Hilfe.
- Es ist besser, für sich selbst nichts zu wollen.

So erzogene Kinder lernen, dass sie quasi unsichtbar werden müssen, um »gut« beziehungsweise »brav« zu sein. Die Bedürfnisse ihrer Eltern haben stets Vorrang. Internalisierer betrachten schließlich ihre Gefühle und Bedürfnisse bestenfalls als unwichtig, schlimmstenfalls als etwas, wofür man sich schämen muss. Sobald sie jedoch merken, wie unsinnig diese Einstellung ist, ändert sich das schnell.

Carolyn zum Beispiel hatte die Heilfantasie entwickelt, dass ihre Mutter sie bestimmt schätzen würde, wenn sie sich unterordnete und die Mutter zum wichtigsten Menschen in ihrem Leben machte. In der Therapie aber kam sie zu folgender Einsicht: »Meine familiäre Rolle war reine Einbildung. Ich habe gemerkt, dass ich keine Figur in der Erzählung anderer Menschen bin. Ich kann aus den Seiten dieses Buches heraustreten. Und ich will nicht mehr länger Teil dieser Geschichte sein.«

Das Anhaften an die verinnerlichte Stimme der Eltern

Sie fragen sich vielleicht, wie Eltern es schaffen, ein Kind gegen die eigenen lebensbejahenden Impulse, gegen das eigene Bauchgefühl zu beeinflussen. Man nennt diesen Prozess »Internalisierung der Elternstimme«. Als Kinder nehmen wir ihre Ansichten und Vorstellungen auf und speichern sie quasi als innere Stimme ab, die uns zu allem, was wir tun, einen Kommentar liefert, der direkt aus unserer Seele zu kommen scheint. Diese Stimme verwendet meist Sätze, die mit »Du sollst …«, »Du musst …« oder »Es wäre besser, wenn du …« anfangen. Dazu kommen noch despektierliche Kommentare über unseren Eigenwert, unsere Intelligenz oder unsere Moral.

Obwohl sich dieser Kommentar anhört, als wäre er unsere höchstpersönliche innere Stimme, ist er in Wirklichkeit das Echo unserer frühkindlichen Bezugspersonen.[60] Jeder Mensch verinnerlicht die Stimme seiner Eltern. Das ist Teil unserer Sozialisation, unserer Anpassung an die Gesellschaft, in der wir leben. Manche Menschen nehmen dabei einen freundlichen, problemorientierten und hilfreichen Kommentar mit ins Leben, während andere nur wütende, kritische oder herabsetzende Äußerungen zu hören bekommen. Diesen verinnerlichten negativen Botschaften ständig ausgesetzt zu sein kann mehr Schaden anrichten als der reale Elternteil selbst. Daher müssen Sie diese Stimmen daran hindern, Ihnen ein negatives Selbstwertgefühl einzuimpfen, und Ihren Selbstwert von deren Kritik lösen. Das Ziel hierbei ist, die Stimme als Fremdkörper zu identifizieren, der nicht zu unserem wahren Selbst gehört. Dann fühlt die Stimme sich nicht mehr so an, als wäre sie Ihrem eigenen Kopf entsprungen. Zu diesem Zweck können Sie die Reifegrad-Gewahrseins-Methode aus Kapitel 8 anwenden. Sie gehen also mit den negativen Stimmen in Ihrem Kopf genauso um wie mit einem emotional unreifen Elternteil.

Je objektiver Sie diesem gegenübertreten können, desto leichter wird es Ihnen fallen, die Stimmen in Ihrem Kopf neu einzuschätzen und sich von perfiden Einflüsterungen freizumachen. Wie mit Ihren realen Eltern üben Sie sich auch hier zunächst nur in der distanzierten Beobachtung. Nehmen Sie einfach zur Kenntnis, wie diese inneren Stimmen mit Ihnen sprechen. Dann nehmen Sie das Vernommene gleich weniger ernst und können eine rationale Entscheidung treffen, ob Sie diesem inneren Kritiker weiter Gehör schenken wollen oder nicht.

Die Freiheit, ein Mensch zu sein – und daher nicht vollkommen

Verinnerlichte Elternstimmen haben ihre Wurzeln möglicherweise in der linken Gehirnhälfte, in der Sprache und logisches Denken angesiedelt sind. Wenn die linke Hemisphäre den Laden schmeißt, werden Perfektion und Effizienz wichtiger als Gefühle, Wertungen zählen mehr als Mitgefühl.[61] Ohne den Ausgleich durch die persönlichere und intuitivere rechte Hälfte unserer grauen Zellen wird die linke Sie mithilfe automatisierter Gleichungen von »falsch« beziehungsweise »richtig« steuern. Ihre moralisierende Stimme sagt Ihnen, dass Sie entweder gut oder böse, perfekt oder unvollkommen sind, je nachdem, was Sie leisten. Diese Art verurteilender Logik ist Teil der mentalen Rigorosität, die zur emotionalen Unreife gehört.

Jason

Jason, seines Zeichens erfolgreicher Universitätsprofessor und Amateurkünstler, litt seit Jahren unter Depressionen. Er war mit einem arroganten, überkritischen Vater aufgewachsen und einer Mutter, die sich nur um sich selbst kümmerte. Keiner der beiden hatte auch nur einen Funken Geduld mit dem Kind.

Jason internalisierte eine sehr negative, perfektionistische innere Elternstimme, die ihn ständig zensierte. Was auch immer er tat, dieser innere Kritiker hatte dazu einen abfälligen Kommentar parat.

Jedes Mal, wenn er dessen perfektionistischen Standards nicht gerecht wurde, verurteilte Jason sich selbst und setzte sich entsprechend herab. Außerdem konnte er nie sagen, ob er etwas wirklich tun wollte oder ihm das nur so vorkam, weil die innere Stimme es ihm einredete.

In der Therapie konnte Jason schließlich die Verbindung von seinem inneren Zensor zu den ewig unzufriedenen Eltern mit ihren perfektionistischen Standards und ihrer beflissenen Regelgläubigkeit herstellen. Die despektierliche Stimme bekrittelte jede einzelne seiner Entscheidungen, ganz so, wie die Eltern dies immer getan hatten. Sie höhlte sein Selbstwertgefühl auf genau dieselbe Weise aus, wie sie das getan hatten. Jahrelang hielt Jason dies für die Stimme der Vernunft. Nun erkannte er, dass sie das immaterielle Pendant seiner Eltern darstellte, die auf ihn einen mehr als negativen Einfluss ausübte.

Sobald ihm dies bewusst war, merkte er, dass er der Stimme nicht glauben musste, wenn sie ihm vorwarf, er sei schlecht, selbstsüchtig oder faul. Statt sich zu zwingen, ihren Anforderungen zu entsprechen, setzte er sich damit auseinander, was er selbst sich wünschte. Wenn ihm ein Vorhaben Angst machte, zwang er sich nicht, es trotzdem anzupacken, sondern hielt inne und fragte sich: »Sind dies wirklich meine Bedürfnisse? Hat dies hauptsächlich etwas mit mir zu tun? Und wo ist der schmale Grat, der meine Bedürfnisse von dem trennt, was die Stimme mir einredet?«

Jason hatte sein ganzes Leben Aufgaben mit der Haltung angepackt: »Ach, verdammt! Ich muss das nun mal erledigen.« Nun öffneten sich seine Augen für die Alternativen, und er sagte sich: »Muss ich das jetzt wirklich machen? Und wenn ja, wie und wann kann ich dann das angehen, was mir selbst wichtig ist?« Zuerst lernte er herauszufinden, was er eigentlich tun wollte. Dann traf er seine Entscheidungen nach eigenem Gutdünken und nahm der Stimme damit den Wind aus den Segeln. Nur indem er sich Zeit nahm, bewusst darüber nachzudenken, was er tatsächlich wollte, konnte Jason sich von der Tyrannenherrschaft seines inneren Kritikers befreien.

»Die Freiheit nehm ich mir« – eigene Gedanken und Gefühle

Wenn Ihr kindliches Denken und Fühlen für Ihre Eltern irgendwie bedrohlich oder unangenehm war, haben Sie vermutlich schnell gelernt, Ihre innere Erfahrungswelt zu unterdrücken. Ihre wahren Gefühle und Gedanken zuzulassen schien Ihnen gefährlich, weil dies Sie von ebenjenen Menschen distanzierte, auf die Sie angewiesen waren. Sie haben gelernt, dass es nicht nur an Ihrem Verhalten lag, ob man Sie für brav oder böse hielt, sondern auch an Ihrem Innenleben. Es ist also durchaus denkbar, dass Sie die absurde Vorstellung entwickelten, Sie wären ein schlechter Mensch, weil Sie bestimmte Gedanken und Gefühle hegten. Und möglicherweise halten Sie an dieser Vorstellung immer noch fest.

Doch als Erwachsener müssen Sie Zugang zu Ihrer gesamten inneren Erfahrung haben, ohne sich dafür zu schämen oder schuldig zu fühlen. Außerdem haben Sie sehr viel mehr Energie zur Verfügung, wenn Sie Ihre Gedanken und Gefühle ganz natürlich zulassen können, ohne sich darum sorgen zu müssen, was diese über Sie aussagen könnten. Einen Gedanken oder ein Gefühl zu haben heißt einfach nur, dass Sie diesen Gedanken beziehungsweise dieses Gefühl haben. Es ist damit keine Aussage über Ihren Charakter verbunden. Wenn Sie sich die Freiheit zurückerobern, Ihre Gedanken und Gefühle einfach kommen und gehen zu lassen, kann dies sehr entlastend sein.

Tatsache ist: Wenn in Ihnen ein Gedanke oder ein Gefühl entsteht, besitzen Sie zunächst keine Kontrolle darüber. Sie haben den Gedanken oder das Gefühl ja nicht absichtlich herbeigeführt; sie kommen und gehen einfach. Ihre Gedanken und Gefühle sind Teil der menschlichen Natur, die sich durch Sie ausdrückt. Und die Natur lässt sich dabei nicht in die Karten schauen. Sie haben keine Wahl, welche Gedanken und Gefühle in Ihnen entstehen. Wenn Sie sie bewusst akzeptieren, sind Sie deshalb noch kein schlechter Mensch. Sie sind ein vollständiges, ganzheitliches Individuum, das reif genug ist, seinen eigenen Geist zu erkennen.

Die Freiheit, den Kontakt abzubrechen

Idealerweise hätten Sie wahrscheinlich gern die Freiheit, Sie selbst zu sein und sich entsprechend schützen zu können, während Sie weiterhin mit dem unreifen Elternteil in Kontakt bleiben. Manchmal aber ist es nötig, seine eigene emotionale Gesundheit zu schützen und den Umgang miteinander für eine Zeit einzustellen. Dies ist meist mit Selbstzweifeln, ja Schuldgefühlen verbunden, aber Sie sollten sich vielleicht mit dem Gedanken vertraut machen, dass Sie für die Distanz gute Gründe haben. Vielleicht ist dieser Elternteil verletzend oder respektiert Ihre Grenzen nicht. Eventuell mischt er sich einfach in alles ein und untergräbt somit Ihr Recht auf Ihre eigene Identität. Möglicherweise brauchen Sie eine Pause von jemandem, der Sie so behandelt.

Manche Eltern wollen trotz aller Erklärungen nicht einsehen, dass ihr Verhalten problematisch ist. Außerdem gibt es auch sadistische Eltern, die ihrem Kind schaden *wollen* und seine Frustration, seinen Schmerz genießen. In dem Fall sollte man sich überlegen, ob es nicht die beste Lösung ist, den Kontakt abzubrechen. Dass ein Mensch biologisch betrachtet Ihr

Vater oder Ihre Mutter ist, heißt nicht zwangsläufig, dass Sie eine emotionale oder soziale Bindung zu einem derart destruktiven Menschen aufrechterhalten müssen.

Glücklicherweise brauchen Sie keinen direkten Kontakt zu Ihren Eltern, falls Sie sich von deren Einfluss befreien wollen. Wenn das so wäre, könnte keiner, dessen Eltern in einem anderen Land leben oder bereits verstorben sind, sich je abnabeln. Wahre Freiheit von ungesunden Rollenmustern und Beziehungen beginnt *in* uns, nicht mit der Interaktion und Konfrontation mit anderen.

Aisha

Aisha war siebenundzwanzig und eine erfolgreiche Fernsehjournalistin, als sie wegen Depressionen und eines schwach ausgeprägten Selbstwertgefühls in die Therapie kam. Ihre Mutter Ella hatte Aisha immer als »Problemkind« abgewertet. Ella liebte den kleinen Bruder, Aisha aber wurde ständig kritisiert und mit hohen Ansprüchen konfrontiert. Sie hatte jedenfalls das Gefühl, die Mutter nie zufriedenstellen zu können, versuchte aber trotzdem ständig, sie stolz zu machen. Doch diese konnte stundenlang darauf herumreiten, wenn Aisha etwas mal nicht hinbekam. Zudem machte sie sich ständig vor anderen Leuten über ihre Tochter lustig, selbst vor deren Partnern.

Obwohl Aisha mit Ella mehrfach über dieses Problem gesprochen hatte, schien sich keine Lösung anzubahnen. Ella tat immer ganz unschuldig und nahm Aishas Wut und ihre Tränen als weiteren Beleg dafür, dass sie ein schlechtes Mädchen war, das sich gemein gegenüber seiner Mutter verhielt. Am Ende war Aisha so übersensibilisiert, was die boshaften Kommentare ihrer Mutter anging, dass buchstäblich jedes gemeinsame Abendessen in Tränen endete.

Als Aisha beschloss, den Kontakt zu Ella abzubrechen, reduzierte sich ihr Stresspegel sofort erheblich. Da sie die schmerzlichen Begegnungen nicht mehr auszuhalten hatte, besserte sich auch ihre

Stimmung im Allgemeinen. Sie fragte sich natürlich, ob sie ein schlechter Mensch sei, weil sie ihre Mutter nicht besuchte, doch selbst sie konnte nicht leugnen, dass es ihr seitdem wesentlich besser ging und ihr Selbstwertgefühl stieg. Auch Aishas Partner bemerkte, dass sie viel entspannter wirkte als früher.

Monate später brachte Aisha eine Karte von ihrer Mutter mit in die Therapiesitzung und las sie mir vor. Ella wollte ganz offensichtlich wieder Kontakt zu Aisha herstellen, doch wie sie das tat, zeigte Aisha einmal mehr, warum es für sie besser war, auf Distanz zu bleiben. Ella ging mit keinem Wort auf Aishas Gefühle ein. In ihren Augen hatte sie alles richtig gemacht, weil sie Aisha doch immer nur geliebt habe. Sie konnte sich nicht in ihre Tochter hineinversetzen und übernahm auch keine Verantwortung für ihr kränkendes Verhalten.

Aisha hingegen hatte ihrer Mutter mehrfach erklärt, wie sehr ihre Kommentare sie trafen. Es war kein Geheimnis, aus welchem Grund Aisha den Kontakt abgebrochen hatte. Nur Ella konnte sich darauf keinen Reim machen. Ihre idealisierte Fantasie, eine liebevolle Mutter zu sein, ließ keinen Raum für Aishas Gefühle.

Die Freiheit, Grenzen zu setzen und selbst zu bestimmen, wie viel man gibt

Während es zuweilen nötig ist, den Kontakt abzubrechen, können die Betroffenen in manchen Fällen wiederum so effektiv Grenzen setzen, dass ihre Eltern einfach keine Gelegenheit mehr haben, noch mehr Schaden anzurichten. Ein Weg ist, selbst zu bestimmen, wie oft Sie Ihre Eltern kontaktieren. Indem Sie die Begegnungen begrenzen, bleibt Ihnen mehr Energie, sich um die eigene Person zu kümmern. Ihre Eltern mögen protestieren, wenn Sie Ihnen nicht mehr so viel Zeit und Aufmerksamkeit widmen, wie sie es möglicherweise gewöhnt sind. Doch diese schwierigen Momente sind andererseits eine Gelegenheit, sich von allen irrationalen Schuldgefühlen frei zu machen, weil Sie sich um Ihre eigenen Bedürfnisse kümmern.

Sollten Sie ein Internalisierer sein, neigen Sie ja ohnehin dazu, sich für jedes Problem zuständig zu fühlen. Sie glauben, dass die Situation – also auch das Verhalten der anderen Beteiligten – sich schon bessern wird, wenn Sie sich nur ein bisschen mehr anstrengen. Die Erkenntnis, dass dies nichts an der Lage ändert, wird meist als enorme Erleichterung erlebt. Leider ist es meist so, dass die Internalisierer immer noch mehr geben und die Externalisierer dies ausnutzen. Vergessen Sie bitte nie, dass Ihr Wert nicht davon abhängt, wie viel Sie in Beziehungen geben. Und dass es nicht selbstsüchtig ist, Leuten, die vom Stamme Nimm sind, endlich mal Grenzen aufzuzeigen. Ihre Aufgabe ist es, gut für sich selbst zu sorgen, ganz egal, was Sie anderen deren Ansicht nach schuldig seien.

Achten Sie darauf, ob Sie das Gefühl haben, an Kraft zu verlieren, wenn Sie mit bestimmten Menschen zusammen sind. Dann geben Sie vermutlich zu viel. Doch auch bei kurzen Begegnungen können Sie bestimmen, wie viel Sie investieren wollen, damit Sie am Ende nicht völlig ausgelaugt sind, weil Sie fremde Bedürfnisse erfüllen.

Auch hier möchte ich Ihnen die Reifegrad-Gewahrseins-Methode ans Herz legen. Beobachten Sie, wie Ihre Eltern reagieren, wenn Sie sie bitten, Ihre Grenzen zu respektieren. Achten Sie darauf, ob sie versuchen, Ihnen ein schlechtes Gewissen einzureden, als hätten sie das Recht zu tun, was immer ihnen beliebt, ganz egal, welche Auswirkungen das auf Sie hat.

Brad

Brad musste wirklich an allen Ecken kämpfen. Er hatte einen anstrengenden Job, vier Kinder, und um seine Ehe stand es nicht zum Besten. Obwohl er also massiv unter Druck stand, ließ er zu, dass seine jähzornige Mutter Ruth zu ihnen zog, als ihr nach einem Streit mit ihrem Vermieter gekündigt worden war. Kaum war Ruth eingezogen, fand Brad heraus, dass seine Frau eine Affäre hatte, was die Ehe beinah beendet hätte. Etwa um dieselbe Zeit wurde Brads Tochter, die noch im Teenageralter war, beim Marihuanarauchen erwischt. Ruth allerdings ließ sich von den Spannungen im Haus nicht beeindrucken. Tatsächlich goss sie noch fleißig Öl ins Feuer, indem sie jederzeit ungefragt ihre Meinung zu allem und jedem äußerte. Fühlte sie sich nicht gebührend beachtet, stürmte sie türenschlagend aus dem Zimmer, wobei sie Kinder wie Haustiere gleichermaßen anbrüllte. Brad beschlich allmählich das Gefühl, kurz vor einem Nervenzusammenbruch zu stehen.

Er erkannte, dass er eine Wahl treffen musste: entweder seine seelische Gesundheit oder der Herrschaftsanspruch seiner Mutter. Er versuchte wiederholt, mit Ruth über ihr Verhalten zu reden, leider fruchtete das kein bisschen. Sie spielte sich immer noch als Herrin im Haus auf und behandelte Brads Kinder und deren Freunde ausgesprochen grob. Und so bat Brad sie eines Tages, doch in ein Häuschen am anderen Ende der Stadt zu ziehen, das ihm gehörte.

Ruth war völlig von den Socken. Darauf war sie nicht vorbereitet gewesen. Genauso wie sie nicht verstand, warum ihr Vermieter ihr gekündigt hatte. Brad handelte taktvoll, ließ sich aber nicht von seinem Entschluss abbringen. Wie zu erwarten war, schleuderte Ruth ihm entgegen: »Du liebst mich nicht!«

Brad hingegen blieb objektiv und auf der Sachebene: »Wir brauchen daraus jetzt keine große Szene zu machen, aber die Umstände hier müssen sich ändern. Wir lieben dich, doch du kannst nicht mehr bei uns wohnen. Es ist schließlich nicht unsere einzige Auf-

gabe, uns um dich zu kümmern. Du schaffst das noch ganz gut allein.«

»Soll ich euch etwa auch noch Miete zahlen?«, fragte seine Mutter.

»Ja, und wir werden auch Wasser und Strom abrechnen.«

Bei unserer nächsten Sitzung wollte Brad über das Gespräch mit seiner Mutter reden. Er meinte, er habe sich einfach nicht nervös machen lassen. Stattdessen, erzählte er, habe er sich gesagt: »Diesmal nicht!« Und sich während des gesamten Gesprächs auf sein Ziel konzentriert: Ruth sollte ausziehen.

Brad hatte endlich gemerkt, wie belastend es war, dass in dieser schwierigen Situation auch noch seine Mutter bei ihm wohnte: »Seit sie im Haus war, stieg mein Blutdruck ständig auf hundertachtzig. Ich redete mir ein, dass wir das schon hinbekommen würden, Tatsache ist aber, dass ich es mittlerweile nicht mehr hinbekommen möchte. Die nötige Energie hätte ich sehr wohl, aber ich will sie einfach nicht mehr aufbringen.« Brad hatte begonnen, die Situation aus einem anderen Blickwinkel zu sehen: »Ein Mitglied dieser Familie zu sein gibt niemandem das Recht, alle anderen wie Dreck zu behandeln.«

Die Freiheit, Selbstmitgefühl zu haben

Um gut für sich sorgen zu können, müssen Sie Selbstmitgefühl entwickeln.[62] Sie müssen Ihre Gefühle kennen und sich mit Zuneigung begegnen. Das sind die Grundfesten einer starken Identität. Nur wenn Sie auch mit der eigenen Person mitfühlend sind, können Sie anderen Grenzen setzen, statt ihnen ständig nachzugeben.

Das Mitgefühl auf sich selbst auszudehnen heilt viele Wunden, auch wenn sich das anfangs ein wenig merkwürdig anfühlt. Eine meiner Klientinnen beschreibt das mit den Worten: »Ich blickte auf das kleine Mädchen zurück, das ich einmal war, und erkannte, dass es viel mitgemacht hatte. Zum ersten Mal tat ich mir selbst wirklich leid. Das war, als könnte ich endlich ausatmen, nachdem ich jahrelang die Luft angehalten hatte. Es ist ein seltsames Gefühl: traurig, stark und trotzdem erleichternd – alles auf einmal. Nun hege ich Mitgefühl für das Mädchen, das diese schmerzliche und aufreibende Kindheit erlebt hat. Auf mich in dieser Weise zurückzublicken war fast wie eine außerkörperliche Erfahrung. Ich sah das Kleine an und dachte mir zum ersten Mal: ›Wahnsinn! Armes Mädel!‹ So hatte ich mich noch nie gesehen.«

Eine andere Frau verspürte zum ersten Mal Mitleid mit sich selbst, als sie ein altes Schulfoto von sich ansah. Sie redete mit dem Mädchen auf dem Foto: »Du warst so tapfer. Du lächelst für das Schulfoto, dabei hattest du so eine Bürde zu tragen.«

Trauer und Tränen sind eine ganz normale Reaktion, wenn wir anfangen, Mitgefühl mit uns selbst zu haben. Trauer entsteht, wenn wir uns die mitunter schmerzliche Wahrheit über unsere Kindheit bewusst machen, die gar nicht so leicht zu akzeptieren ist. Wenn Sie über Jahre keine Wertschätzung erfahren haben, tragen Sie vermutlich viel unterdrückte Trauer in sich. Daniel Siegel, ein renommierter Psychiater und Autor, hat viel über die heilende Kraft der Gefühle geschrieben.[63] Er meint, wenn wir uns erlauben, ganz ruhig zu werden, unsere wirklichen Gefühle aufsteigen lassen und sie wahrnehmen, so verändere uns dies von Grund auf. Tiefe Gefühle sind unsere Art und Weise, mit wichtigen neuen Informationen umzugehen. Sich seine Emotionen bewusst zu machen, zu denen auch die Trauer gehört, eröffnet uns überhaupt erst den Weg zu seelischem Wachstum.

Siegel sagt weiter, dass wir unsere Emotionen, wenn wir sie spüren, in unser Bewusstsein integrieren und so unseren Horizont erweitern. Ich erzähle meinen Klienten oft, Tränen seien ein klares Zeichen dafür, dass dieser Integrationsprozess dabei ist, in Herz und Geist zu wirken. Wenn Sie diese tief sitzenden Tränen der Erkenntnis weinen, werden Sie sich am Ende besser fühlen. Die Tränen helfen uns, eine mehr integrierte, facettenreichere Persönlichkeit zu werden. Danach kehrt Frieden in Ihr Herz ein, und Sie können sich neu ausrichten.

Das Selbstmitgefühl kommt sozusagen in Wellen daher. Einige dieser Wellen können recht hochschlagen. Wenn Sie viele unverarbeitete Emotionen mit sich herumtragen, kann der Kontakt damit auf den ersten Blick unerträglich scheinen. Es wird Ihnen helfen, sich an eine(n) mitfühlende(n) Freund(in) oder einen Therapeuten zu wenden. Sie brauchen in dieser Situation Trost und Unterstützung, aber haben Sie keine Angst vor diesem natürlichen Vorgang. Ihr Körper weiß, wie er die Trauer verarbeiten kann. Wenn Sie Ihre Gefühle zulassen und versuchen, sie zu verstehen, werden Sie danach ein reiferer Mensch sein. Und Sie werden anderen und sich selbst mit mehr Mitgefühl begegnen können.

Die Freiheit von zu viel Einfühlungsbereitschaft

Da zum Internalisieren neigende Menschen hochsensibel sind, kann es sie verrückt machen, sich ständig in andere Leute hineinzuversetzen und sich deren Leid auszumalen. Manchmal fühlen sie sich dann schlechter als der Betroffene selbst. Haben Sie hingegen ein gesundes Einfühlungsvermögen, können Sie Mitgefühl zeigen, ohne Ihre persönlichen Grenzen zu überdehnen.

Rebecca

Rebeccas schon etwas betagte Mutter Irene war vom externalisierenden Typ und beschwerte sich ständig über alles und jedes. Nichts konnte je richtig sein, obwohl Rebecca ihr Möglichstes tat, um die Mutter glücklich zu machen. Rebecca war ganz gut darin, ihr Grenzen zu setzen, doch einen blinden Fleck gab es da. Eines Tages sagte Rebecca in einer unserer Sitzungen: »Aber es ist doch nichts verkehrt daran, wenn ich möchte, dass es ihr besser geht.«

»O doch!«, hörte ich mich rufen. Was Rebecca sagte, war der Dreh- und Angelpunkt ihrer Selbstaufopferung, wenn es um die Mutter ging. Dass sie sich für Irenes Wohlbefinden verantwortlich fühlte, war ein ernsthaftes Problem, weil es die Verschmelzung mit der Mutter fortschrieb. Ich fragte Rebecca, woher sie wissen könne, dass ihre Mutter sich tatsächlich besser fühlen wollte. Irene führte ihr Leben nicht so, als wollte sie irgendetwas daran optimieren. Ich jedenfalls sah keine Anzeichen dafür, dass sie auf Rebeccas Bemühungen reagierte und sie zum Anstoß für eigenes Bemühen nahm. Da Rebecca sich aber genau das zur Aufgabe gemacht hatte, war das Scheitern ihrer Bemühungen quasi vorprogrammiert. Tatsächlich war Irenes Lebensthema, dass sie nie bekam, was sie wollte. Was fiel Rebecca ein, sich da einfach einzumischen?

Eines Abends, nachdem Rebecca einen ganzen Tag lang versucht hatte, ihrer Mutter im Haus zu helfen, sah Irene ihre Tochter beim Abschied plötzlich an und sagte: »Komm mich doch bitte einfach nur besuchen.« Rebecca war baff. Nach all dem, was sie für ihre Mutter getan hatte, war es letztlich nur das, was Irene wollte. Rebecca beschloss, Irene beim Wort zu nehmen. Sie legte ihr Einfühlungsvermögen an die Kandare und versuchte nicht ständig, etwas für ihre Mutter zu erledigen. So musste sie vor den Besuchen dort auch keine Angst mehr haben. Sie sah endlich ein, dass Irene nie glücklich sein würde, aber das musste ja für sie beide kein Problem sein.

Die Freiheit, etwas für sich selbst zu tun

Mit unemotionalen Eltern aufzuwachsen hat vermutlich dazu geführt, dass Sie das Empfinden von Hilflosigkeit quasi erlernt haben, das dann Ihr Leben sowohl als Kind als auch als Erwachsener prägte. Da Ihre Eltern in Gefühlsangelegenheiten eine sehr geringe Aufmerksamkeitsspanne haben, entwickelten Sie wohl die Vorstellung, Ihre Wünsche und Bedürfnisse zählten nicht wirklich. Vielleicht sind Sie ja mit der Idee groß geworden, Sie müssten warten, bis jemand Ihnen gnädig das Gewünschte gibt, um zu bekommen, was Sie brauchen.

Es ist wichtig zu erkennen, dass diese tief sitzende erlernte Hilflosigkeit sich traumatisch auswirken kann. Die Betreffenden reagieren auf die Empfindung der Ratlosigkeit häufig mit einem vollkommenen Zusammenbruch. Sie sind der festen Überzeugung: »Ich kann gar nichts tun. Niemand wird mir helfen.« Sensible Kinder, die solche Erfahrungen internalisieren, fühlen sich später häufig so ohnmächtig wie das Kaninchen vor der Schlange, wenn Menschen, die Macht über sie haben, sich weigern, ihnen zu geben, was sie wirklich brauchen.

Doch selbst wenn diese typische Opferhaltung tief eingebrannt ist, haben Sie das Recht, um Hilfe zu bitten. Und was noch wichtiger ist: Sie dürfen bitten, solange es eben nötig ist. Selbst aktiv zu werden ist das einzige Mittel, das tatsächlich gegen diese traumatisierenden Ohnmachtsgefühle hilft. Auch wenn Ihre Kindheit mit emotional unreifen Eltern Ihnen zunächst mal ein sehr eingeschränktes Bild all der Möglichkeiten vermittelt hat, die das Leben so bietet, sind Sie jetzt doch vermutlich in der Lage zu sehen, dass Sie diese Möglichkeiten jederzeit vermehren können. Ja, dass Sie es sich schuldig sind, um das zu bitten, was Sie brauchen.

Carissa

Die Erziehung durch ihren strengen und dominanten Vater hatte bewirkt, dass Carissa sich in der Nähe von Autoritätsgestalten immer hilflos und passiv fühlte. Nun aber hatte sie vor, ihre Eltern zu besuchen und die Reifegrad-Gewahrseins-Methode anzuwenden: Sie wollte beobachten, ihre Gefühle ausdrücken, die Interaktion distanziert handhaben und sich ganz auf das Ergebnis konzentrieren statt auf die Beziehung. Und sie war erstaunt, wie wunderbar das klappte. Ihr Mann Alejandro stand ihr ebenfalls bei, sodass ihr Vater mit seinen ewigen politischen Tiraden und dem Geschimpfe über alles, was ihn ärgerte, nicht mehr länger die Szenerie beherrschte. Sobald ihr Vater wieder vom Leder ziehen wollte, unterbrach Alejandro ihn und brachte das Gespräch auf ein anderes Thema – was Bob, Carissas Vater, so aus dem Konzept zu bringen schien, dass er ausnahmsweise mal zuhörte.

Als die Familie dann nach draußen auf die Veranda ging, setzten sich alle instinktiv so, dass Bob auf der einen Seite des Tisches saß, der Rest der Familie ihm gegenüber. Das ideale Szenario also für seine belehrenden Auslassungen. Carissa ahnte, was nun folgen würde, und wurde aktiv. Später erzählte sie mir: »Früher hätte ich einfach gedacht: ›Oje, nun bin ich fällig. Jetzt sitze ich fest.‹ Diesmal hab ich's anders gemacht.« Sie nahm ihren Stuhl und setzte sich direkt neben ihren Vater, sodass sie nicht mehr automatisch in seinem Blickfeld saß. Es funktionierte. Das Gespräch floss den ganzen Nachmittag ruhig dahin, und alle beteiligten sich daran, während ihr Vater früher alle totgeredet hatte.

Mit der Reifegrad-Gewahrseins-Methode hatte Carissa die Interaktion gehandhabt wie ein Manager und dadurch das gewünschte Ergebnis erzielt: Alle haben das gleiche Recht, ihre Meinung zu sagen.

Die Freiheit zum Selbstausdruck

Sich gegenüber emotional unreifen Menschen frei ausdrücken zu können ist ein wichtiger Akt der Selbstvergewisserung: Es unterstreicht Ihren Anspruch auf Ihre eigene Individualität, auf Ihre eigenen Gefühle und Gedanken. Ein wichtiger Schritt der Reifegrad-Gewahrseins-Methode ist ja der Selbstausdruck – und das anschließende Loslassen.

Dabei ist es von zentraler Bedeutung, sich von der Vorstellung zu verabschieden, dass Ihre Eltern Sie ja verstehen müssten, wenn sie Sie lieben. Als unabhängiger Erwachsener brauchen Sie ihr Verständnis nicht. Sie werden vielleicht nie die Beziehung zu ihnen haben, die Sie sich wünschen, aber Sie können dafür sorgen, dass der Umgang mit ihnen für Sie befriedigender verläuft. Sie können höflich Ihre Meinung äußern, wann immer Ihnen danach ist. Und Sie dürfen so anders sein, wie Sie wollen, ohne sich dafür entschuldigen zu müssen. Wenn Sie sich auf diese Weise Ihren Eltern gegenüber klar ausdrücken, sind Sie authentisch, selbst wenn deren Verständnis ausbleibt. Sie drücken Ihre Gefühle aus, um sich selbst treu zu bleiben, nicht um Ihre Eltern zu ändern. Und die Möglichkeit, dass Ihre Eltern Sie lieben, bleibt ja erhalten, selbst wenn sie Sie nicht verstehen.

Holly

Hollys Vater Mel hatte einen Friseursalon in einer Kleinstadt in den Südstaaten der USA. Wenn Holly mit ihm sprach, ging es meist darum, was es Neues in der Stadt gab. Holly, die es immerhin zur Ermittlerin beim FBI gebracht hatte, sehnte sich stets nach Anerkennung vonseiten ihres Vaters. Doch jedes Mal, wenn sie über ihre Arbeit sprach oder über irgendwelche Erfolge in ihrem Leben, schien Mel damit völlig überfordert zu sein. Meist unterbrach er sie und fing von irgendetwas an, was mit ihm zu tun hatte. Holly erzählte ihm immer wieder von sich und dem, was sie jetzt machte, weil sie sich nach dieser authentischen Bindung sehnte, aber er ließ einfach keinerlei Interesse erkennen. Und Holly versuchte stets aufs Neue, loszulassen und sich zu sagen, dass sie den Wunsch ihres Vaters einfach respektieren müsse.

Als sie aber im Job Probleme bekam, wünschte sie sich von Mel moralische Unterstützung. Sie erzählte ihm also, was gerade alles auf sie einstürzte und wie schwierig es sei, da unterbrach ihr Vater sie wieder und wechselte abrupt das Thema, um ihr von der voranschreitenden Renovierung der Stadthalle zu erzählen. Diesmal aber wollte Holly das nicht auf sich beruhen lassen. Sie wollte eine klare, aufrichtige Kommunikation mit ihrem Vater.

»Dad!«, schimpfte sie. »Es geht jetzt um mich. Ich mache gerade wirklich schwierige Zeiten durch. Ich freue mich, wenn du mir Neuigkeiten von zu Hause erzählst, aber kannst du diesmal nicht einfach nur zuhören? Ich muss echt mit dir reden!«

Holly war angenehm überrascht, dass ihr Vater das akzeptierte und ihr wirklich zuhörte. Mel war emotional unreif. Er hatte keine Antennen dafür, wann es angemessen war, das Thema zu wechseln. Indem Holly ihm das deutlich machte, formulierte sie ihre Bedürfnisse klar und fühlte sich schließlich von ihrem Vater wirklich verstanden.

Die Freiheit, mit alten Beziehungen auf neue Weise umzugehen

Wie Carissa und Holly können auch Sie neu auf Ihre Eltern zugehen, alte Muster abschütteln und sich dabei auf das konzentrieren, was Sie tatsächlich erreichen möchten. Nehmen Sie jede Interaktion für sich und lassen Sie zunächst einmal den im

Augenblick nicht realisierbaren Wunsch nach echter emotionaler Bindung oder Unterstützung außen vor. Damit verleugnen Sie nicht Ihre Vergangenheit, sondern akzeptieren Ihre Eltern nur einfach so, wie sie sind, ohne Erwartungen an sie zu richten.

Zuweilen reagieren Eltern auf diese aufrichtige und neutrale Art des Umgangs ebenfalls mit echten Gefühlen. Es scheint paradox, aber manche öffnen sich, wenn man von ihnen nicht erwartet, dass sie sich ändern. Indem Sie einen starken Auftritt hinlegen und Ihre Eltern spüren, dass Sie keine Bestätigung mehr von ihnen brauchen, scheinen auch sie sich zu entspannen. Sie hören auf, um ihre Aufmerksamkeit zu buhlen, und die Wogen der Emotionen glätten sich so weit, dass sie mehr Offenheit zulassen können. Einfach weil sie keine Angst mehr haben müssen, dass Ihre Bedürfnisse sie in eine für sie unerträgliche emotionale Nähe drängen. Und können möglicherweise nun auf Sie so reagieren, wie andere Erwachsene es auch tun würden – höflicher und überlegter.

Das allerdings kann nur geschehen, wenn Sie wirklich das Verlangen nach einer tiefen emotionalen Bindung an sie aufgeben. Und nicht einmal das ist eine hundertprozentige Garantie. Aber wenn Sie sich selbst treu bleiben, sich emotional abkoppeln und ohne Erwartungen auf Ihre Eltern zugehen, dann lösen Sie wenigstens nicht die üblichen Abwehrhaltungen aus. Sobald Sie die Heilfantasie aufgeben, dass Ihre Eltern sich ändern lassen, können Sie sie so sein lassen, wie sie sind. Wie gesagt: Ihre Eltern fühlen sich nicht mehr unter Druck und können anders mit Ihnen umgehen – oder auch nicht. Ihre Aufgabe ist es, sich um Ihr eigenes Wohlbefinden zu kümmern.

Die Freiheit, nichts von Ihren Eltern zu wollen

Die schmerzlichsten Kontakte mit emotional unreifen Eltern sind die, wenn das Kind etwas von ihnen braucht. Ob es sich dabei nun um Aufmerksamkeit, Liebe oder Kommunikation handelt, viele vernachlässigte Kinder streben auch noch als Erwachsene danach, von ihren Eltern Anerkennung und Bestätigung zu bekommen, selbst wenn diese ihnen das nicht geben können.

Emotional unreife Erwachsene stricken gern an dem Mythos, dass Eltern die einzige Quelle für Wohlbefinden und Selbstwert ihrer Kinder sind. Sie mögen es, wenn ihr Kind bedürftig ist und sich nach ihnen sehnt. Dieses Abhängigkeitsverhältnis gibt ihnen ein Gefühl von Sicherheit und Kontrolle. Wenn das Kind da mitspielt, erhalten die Eltern die Macht, seinen emotionalen Zustand vollkommen zu kontrollieren.

Einen Augenblick innezuhalten und sich zu fragen, ob Sie Ihre Eltern tatsächlich brauchen oder ob diese es nicht vielmehr nötig haben, dass sie von *Ihnen* gebraucht werden, scheint auf den ersten Blick ein radikaler Schritt zu sein. Doch wenn man von den familiären Rollen und Fantasien einmal absieht, sind Ihre Eltern möglicherweise gar nicht die Menschen, an die Sie sich freiwillig um Hilfe wenden würden. Denken Sie also ruhig mal darüber nach, ob Sie sie tatsächlich benötigen oder ob dies etwa nur das Echo nie erfüllter kindlicher Sehnsüchte ist, das bis in Ihre Gegenwart nachhallt. Haben Ihre Eltern etwas, was Sie *jetzt* brauchen oder wollen?

Diese Frage ist wichtig, wenn es um den Umgang mit einem emotional unreifen Zeitgenossen geht, ob es sich nun um Partner, Freunde oder Verwandte handelt. Man lässt sich zu leicht davon überzeugen, dass man unbedingt eine Beziehung zu diesem bestimmten Menschen haben muss – dabei kann man das

Zusammensein mit der Person noch nicht einmal als angenehm empfinden.

Kurz gesagt

In diesem Kapitel sind wir der Frage nachgegangen, wie es sich anfühlt, sich von den Rollenmustern und Erwartungen zu lösen, die den emotional unreifen Elternteilen gefallen sollen. Sie haben möglicherweise gelernt, sich selbst abzulehnen, weil Sie eine überkritische Stimme verinnerlichten, die von Ihnen ständig Perfektion verlangt. Doch Sie können Ihr wahres Selbst, Ihre eigenen Gedanken und Gefühle zurückerobern, und zwar ohne übermäßig Rücksicht auf die Reaktionen anderer zu nehmen. Sie können sich die Freiheit gönnen, Ihre Wahrheit auszusprechen und für sich selbst einzutreten. Sie haben das uneingeschränkte Recht, Selbstmitgefühl zu empfinden und um all das zu trauern, was Ihnen als Kind entgangen ist. Sie wissen, dass Ihre wichtigste Aufgabe darin besteht, Sorge für sich selbst zu tragen. Dazu gehört auch, dass Sie dem, was Sie geben, Grenzen setzen und nötigenfalls den Kontakt zu Ihren Eltern einschränken oder ganz einstellen. Sie müssen sich nicht mehr bis zur Selbstaufgabe abmühen, weil Sie die Gefühle anderer mitempfinden. Und Sie werden feststellen, dass Ihre Eltern sehr viel leichter zu handhaben sind, sobald Sie von ihnen keine emotionale Bestätigung mehr verlangen. Indem Sie Ihre alte familiäre Rolle ablegen, können Sie Ihren Eltern künftig ehrlicher begegnen, weil Sie erst gar nicht versuchen werden, sie zu ändern.

Im nächsten und letzten Kapitel dieses Buches werden wir untersuchen, wie Sie den Prozess des Reifegrad-Gewahrseins einsetzen können, um emotional reifere Menschen als Partner und Freunde zu gewinnen. Des Weiteren finden Sie noch eine Anzahl Tipps, die es Ihnen in Zukunft leichter machen werden, befriedigende Beziehungen auf Gegenseitigkeit zu führen.

Kapitel 10

Wie man emotional reife Menschen erkennt

In diesem Kapitel werde ich darstellen, wie Sie Menschen erkennen, die die emotionale Reife aufweisen, sich auf eine beiderseitig befriedigende Beziehung einzulassen. Außerdem werden wir uns ansehen, wie Sie an Beziehungen anders herangehen und auf eine Weise kommunizieren können, die Ihre frühere Einsamkeit ein für alle Mal zu einem Gespenst der Vergangenheit werden lässt.

Fatalerweise hegen erwachsene Kinder emotional unreifer Eltern häufig eine gewisse Skepsis, wenn es um glückliche Beziehungen geht. Sie halten so etwas für ein Luftschloss, viel zu schön, um wahr zu sein. Hinter dieser Vorstellung steckt der Gedanke, dass sich unmöglich jemand wirklich für sie interessieren könne. Derartige und ähnliche negative Erwartungen schreiben ihre emotionale Vereinsamung fort bis ins Erwachsenenalter. Doch wenn Sie sich solcher Vorstellungen erst bewusst geworden sind, können Sie diese ändern.

Der Reiz alter Verhaltensmuster

Erinnern wir uns, was John Bowlby schrieb: Alle Menschen teilen den Urinstinkt, dass das Vertraute Sicherheit signalisiert. Wenn Sie mit emotional unreifen Eltern aufgewachsen sind, fühlen Sie sich vielleicht unbewusst zu Leuten hingezogen, die genauso egozentrisch und manipulativ sind wie diese. Vergleichsweise viele meiner Klientinnen, die in einer Ausbeutungsbeziehung landeten, erinnern sich noch gut daran, dass schon in der Schule die »netten« Jungs für sie völlig uninteressant waren. Rücksichtsvolle Männer fanden sie langweilig. Im Umkehrschluss heißt das leider: Je selbstsüchtiger und dominanter ein Mann war, desto attraktiver fanden sie ihn.

Selbstbezogene Männer ließen diese Frauen stets im Ungewissen, und das fanden sie aufregend. Aber war dieses Prickeln wirklich Erregung, oder war es nicht vielmehr ein Schauder derselben Angst, die sie als Kind erlebten, wenn eine egozentrische Bezugsperson sie ausnutzte? Ein Grundsatz der von Jeffrey Young entwickelten Schematherapie[64] ist, dass Menschen, die wir attraktiv und charismatisch finden, uns unbewusst in alte, negative Familienmuster zurückfallen lassen. Young meint, diese Art augenblicklicher »Chemie« sei ein Warnzeichen, dass unter der Oberfläche Reaktionsmuster aus der Kindheit aktiviert werden, die unsere Entwicklung behindern.

In diesem Kapitel werden wir versuchen, das Steuer herumzureißen. Sie werden Ihre neu erworbene Beobachtungsgabe nutzen, um mit Menschen in Kontakt zu treten, die Ihnen emotional etwas geben können, statt immer wieder dieselben alten Kamellen zu kauen, die Ihren Hunger nach echten Bindungen doch nicht befriedigen können.

Emotional reife Menschen erkennen

Im Folgenden finden Sie einige Beobachtungen, die Ihnen helfen werden, Menschen mit einem befriedigenden Grad emotionaler Reife zu identifizieren. Dann können Sie sich bewusst für solche Kontakte entscheiden, die die beschriebenen Züge tragen. Ob Sie nun einen Partner und Freunde suchen oder sich um ein Vorstellungsgespräch bewerben, die Kennzeichen emotionaler Reife werden Ihnen helfen, die Menschen zu identifizieren, mit denen eine langfristige Beziehung lohnt. Das gilt übrigens auch für Onlinedatings. Natürlich ist kein Mensch vollkommen, aber wenn Sie sich an den hier beschriebenen Charakterzügen orientieren, haben Sie gute Aussichten, dass aus der beruflichen oder privaten Beziehung kein Ausbeutungsverhältnis wird.

Sie sind verlässlich und realistisch

Verlässlich und realistisch – das hört sich vielleicht langweilig an, aber diese grundlegenden Qualitäten sind letztlich unverzichtbar. Es sind die Fundamente, auf denen Sie das Haus Ihrer Beziehung errichten können. Es ist doch völlig egal, in welcher Farbe Sie die Wände streichen, wenn das Fundament nicht tragfähig ist. Gute Beziehungen sind wie ein Haus mit gesunder Baustruktur. Sie merken gar nicht, wie viel Planung hier eingeflossen ist, weil es einfach Freude bereitet, darin zu leben.

Sie gehen mit der Realität, statt gegen sie anzukämpfen

Obwohl sie sich aktiv bemühen, Umstände zu ändern, die nicht ihren Vorstellungen entsprechen, hat die Realität bei emotional reifen Menschen ihren ganz eigenen Stellenwert. Sie sehen Probleme und lösen diese, statt sich erregt darüber zu ergehen, wie etwas eigentlich sein *sollte*. Wenn es keine Möglichkeit zur Veränderung gibt, kommen sie einfach mit dem zurecht, was sie vorfinden.

Sie können fühlen und denken zugleich

Die Fähigkeit, auch in höchster Erregung noch folgerichtig denken zu können, bedeutet, dass Sie mit einem emotional reifen Menschen immer vernünftig reden können. Da die Gefühle die Gedanken nicht überlagern, lassen sich Probleme mit solchen Menschen ausdiskutieren. Sie verlieren auch nicht die Fähigkeit, die Situation mal aus einem anderen Blickwinkel zu betrachten, nur weil sie nicht gleich bekommen, was sie wollen. Und wenn sie ein Problem ansprechen, sind sie sich der emotionalen Anteile dabei durchaus bewusst.

Ihre Kohärenz macht sie verlässlich

Emotional reife Menschen haben ein gut integriertes Selbst, daher überraschen sie ihr Gegenüber auch nicht mit Aktionen, die dazu in Widerspruch stehen. Sie können sich darauf verlassen, dass der andere sich in den unterschiedlichsten Situationen einfach gleich bleibt. Solche Menschen haben ein starkes

Selbst. Ihre fehlende Widersprüchlichkeit macht sie zu verlässlichen Hütern Ihres Vertrauens.

Sie nehmen nicht alles persönlich

Emotional reife Menschen haben einen ausgeprägten Realitätssinn. Daher sind sie nicht immer gleich beleidigt und können über sich und ihre Schwächen auch mal lachen. Sie sind nicht perfektionistisch veranlagt und sehen sich und andere als menschliche Wesen, die zuweilen Fehler machen können, auch wenn sie ihr Bestes versuchen.

Etwas zu persönlich zu nehmen kann ein Zeichen von Narzissmus oder niedrigem Selbstwertgefühl sein. Beide Charakterzüge verursachen in Beziehungen Probleme, weil solche Leute beim anderen ständig Bestätigung suchen. Menschen, die alles zu persönlich nehmen, haben meist das Gefühl, sie stünden selbst auf dem Prüfstand. Sie sehen Kränkungen und Kritik, wo gar keine sind. Diese Abwehrhaltung saugt in der Beziehung sämtliche Energie auf wie ein schwarzes Loch.

Emotional reife Menschen hingegen wissen, dass jeder mal ins Fettnäpfchen tritt. Wenn Sie sich entschuldigen, werden sie nach Ihrem Ableben keine Obduktion beantragen wollen, um herauszufinden, ob Sie nicht doch einen unbewussten Groll gegen sie hegten … Sie können solch einen Fauxpas als Fehler sehen, ohne ihn gleich für eine gezielte Bosheit zu halten. Und sie sind realistisch genug, sich nicht sofort ungeliebt zu fühlen, nur weil Sie einen Ausrutscher hingelegt haben.

Sie sind respektvoll und geben etwas zurück

Emotional Reife behandeln andere als Menschen mit eigener Identität, die Respekt und Fairness verdient haben. Alle Eigenschaften, die im Folgenden aufgeführt werden, verdeutlichen, dass sie auf Kooperation ausgerichtet sind. Das zeigt sich schon in der Art, wie sie mit anderen umgehen. Sie geben Ihnen das Gefühl, dass sie sich um Sie kümmern, statt sich nur auf die eigenen Interessen zu konzentrieren. Um im Bild des Hauses zu bleiben: Das sind die grundlegenden Werte, die die Infrastruktur bilden, wie etwa die Heizung oder die Wasserrohre – all das, was das Heim bewohnbar macht.

Sie respektieren Ihre Grenzen

Sie sind von Natur aus höflich, weil sie Ihre Grenzen akzeptieren. Sie streben nach Bindung und Nähe, nicht nach Kontrolle. Für emotional Unreife heißt Nähe nicht selten, dass sie den anderen für etwas Selbstverständliches nehmen. Und dass in engen Beziehungen Manieren ihrerseits nicht von Bedeutung sind.

Emotional reife Menschen hingegen respektieren Ihre Individualität. Sie gehen nicht davon aus, dass man dieselben Sachen schätzen muss, nur weil man sich liebt. Sie respektieren im Umgang mit Ihnen Ihre Gefühle und Ihre Grenzen. Das hört sich kompliziert an, ist es aber nicht. Entwickelte Menschen stellen sich automatisch darauf ein, wie der andere sich fühlt. Echtes Einfühlungsvermögen lässt Rücksicht auf andere zu ihrer zweiten Natur werden.

Ein ganz wichtiger Schritt in dieser Hinsicht ist es, dem Partner beziehungsweise Freund nicht zu sagen, wie er sich fühlen beziehungsweise was er denken sollte. Ein weiterer ist es, dass man dem anderen unwidersprochen glaubt, wenn er über seine Beweggründe spricht. Unreife Menschen, die nach Kontrolle oder Verschmelzung streben, »analysieren« Sie – meist zu ihrem eigenen Vorteil. Sie sagen, was Sie eigentlich denken, eigentlich sagen wollten oder zumindest was Sie denken sollten. Dies ist ein klares Zeichen dafür, dass sie Ihre Grenzen nicht respektieren. Emotional Reife sagen Ihnen, was Ihr Verhalten bei ihnen ausgelöst hat, aber sie tun nicht so, als wüssten sie besser über Sie Bescheid als Sie selbst.

Wenn Sie als Kind von gefühlskalten Eltern vernachlässigt wurden, sind Sie vermutlich bereit, unverlangte Analysen und Ratschläge von anderen anzunehmen. Das ist recht häufig bei Menschen der Fall, die nach persönlichem Feedback hungern und es als Zeichen dafür nehmen, dass überhaupt jemand über sie nachdenkt. Doch diese Art von »Ratschlägen« ist keine Aufmerksamkeit, die Ihnen etwas bringt. Sie wird einzig und allein von dem Wunsch motiviert, Sie zu kontrollieren.

Tyrone

Tyrones Freundin Sylvie kommandierte ihn oft auf eine Weise herum, die ihm unangenehm war. In letzter Zeit hatte das stark überhandgenommen. Wenn Tyrone es in der Beziehung ein wenig langsamer angehen lassen wollte, analysierte Sylvie dies als Zeichen seiner angeblichen »Angst vor emotionaler Bindung«. Sie sagte ihm, er erlaube sich nicht, sie so zu sehen, wie sie im Augenblick sei, sondern sehe sie immer noch durch die Brille ihrer früheren Verhaltensweisen.

Tyrone wurde in der Beziehung immer unglücklicher. Sylvie aber meinte, er müsse sich nur glücklicher verhalten. Sie sagte ihm, er solle doch einfach mehr lächeln, weil sie sein Lächeln vermisse. Tyrone allerdings vermisste auch etwas: eine Partnerin, die rücksichts-

voll genug war, um seine Gefühle zu akzeptieren und die Möglichkeit in Betracht zu ziehen, dass ihr Verhalten das Problem war.

Sie geben etwas zurück

Fairness sowie wechselseitiges Geben und Nehmen sind das Herzstück guter Beziehungen. Emotional reife Menschen übervorteilen andere nicht, mögen es aber ebenso wenig, selbst ausgenutzt zu werden. Sie helfen gern und sind großzügig mit ihrer Zeit, bitten jedoch auch um Unterstützung und Aufmerksamkeit, wenn sie das brauchen. Sie geben durchaus mal mehr, als sie bekommen, dennoch ist dies zeitlich begrenzt. Sie lassen solche kurzfristigen Ungleichgewichte nicht zur Regel werden.

Wenn Sie mit emotional unreifen Eltern aufgewachsen sind, haben Sie vermutlich kein gutes Gefühl für Fairness entwickelt. Sie haben gelernt, entweder zu viel zu geben oder nicht genug. Die egoistischen Forderungen Ihrer Eltern korrumpierten vielleicht Ihren natürlichen Instinkt für Fairness. Wenn Sie zu den Internalisierern gehören, haben Sie gelernt, dass Sie, um geliebt zu werden, mehr geben müssen, als Sie zurückbekommen. Als Externalisierer hingegen haben Sie die falsche Vorstellung, dass andere Sie nicht wirklich lieben, wenn sie Ihnen dies nicht beweisen, indem sie Ihre Bedürfnisse stets an die erste Stelle rücken und sich selbst dabei hintanstellen.

Dan

Dan kam in die Therapie, nachdem seine Ehe in die Brüche gegangen war. Er hatte eine egozentrische Frau geheiratet, die seine großzügige Natur weidlich ausnutzte und ihm nur wenig zurückgab. In der Therapie merkte er allmählich, dass er zu viel für sie aufgegeben hatte. Er ließ es geschehen, dass das Prinzip des wechselseitigen

Gebens und Nehmens außer Kraft gesetzt wurde, und seine Frau nahm, was sie nur kriegen konnte. Als Dan begann, besser auf sich aufzupassen und nicht allzu viel Großzügigkeit zu zeigen, merkte er, dass er selbst sich nun eher für Frauen interessierte, für die wechselseitiges Geben und Nehmen in der Beziehung kein Fremdwort war.

Und doch fühlte sich das für ihn zu Beginn fremd an. Nachdem er seine neue Freundin zu einem kostspieligen Abendessen eingeladen hatte, reagierte er beinah verstört, als sie ihn mit teuren Konzertkarten überraschte. »Du hast mir doch einen wunderschönen Abend bereitet«, meinte sie. »Ich wollte mich mit etwas revanchieren, was dir Spaß macht.« Dan war baff, dass jemand ihm gegenüber großzügig war, und nahm das Verhalten seiner neuen Freundin als Zeichen emotionaler Reife.

Sie sind flexibel und kompromissbereit

Entwickelte Menschen sind in aller Regel flexibel. Sie versuchen, fair und objektiv zu sein. Ein guter Indikator für Flexibilität ist es, wenn sich urplötzlich Pläne ändern. Kann der Betroffene dann unterscheiden zwischen Zurückweisung und Notwendigkeit? Ist er in der Lage, die Enttäuschung auszudrücken, ohne Ihnen Vorwürfe zu machen? Wenn Sie nichts dafürkönnen, dass aus einer Verabredung nichts wird, dann gilt bei emotional reifen Menschen der (Rechts-)Grundsatz »im Zweifel für den Angeklagten«. Vor allem, wenn Sie die schlechte Nachricht auf einfühlsame Weise überbringen und versprechen, es ein andermal wiedergutzumachen.

Der Großteil von ihnen akzeptiert, dass Veränderungen und Enttäuschungen natürlicher Teil des Lebens sind. Sie lassen ihre Gefühle zu und erkunden andere Möglichkeiten, um die Enttäuschung auszugleichen. Dabei zeigen sie sich offen für neue Ideen und Kompromisslösungen.

Wenn Sie mit so jemandem zu einer Übereinkunft kommen, haben Sie nicht das Gefühl, Sie müssten auf etwas Wichtiges verzichten. Nein, in solch einem Fall sind beide zufrieden. Da entwickelte Menschen auf Zusammenarbeit ausgerichtet sind und nicht um jeden Preis als Sieger vom Platz gehen wollen, hat am Ende keiner das Gefühl, den Kürzeren gezogen zu haben. Kompromiss heißt ja nicht, dass alle Seiten Opfer bringen, sondern dass die Wünsche jedes Partners Berücksichtigung finden. Bei einem guten Mittelweg glauben alle, dass das, was ihnen wichtig war, auch umgesetzt wird. Emotional unreife Menschen hingegen drängen ihr Gegenüber zu Zusagen, die deren Interessen außer Acht lassen. Sie versuchen, Lösungen durchzusetzen, die alles andere als fair sind.

Menschen in unglücklichen Beziehungen äußern oft Sätze wie »In Beziehungen muss man eben Kompromisse machen, nicht wahr?« – doch man sieht es ihnen an der Nasenspitze an, dass es hier nicht um Kompromisse geht, sondern um Entscheidungen, die nicht ihren Interessen entsprechen. Ein echter Mittelweg fühlt sich anders an – als wären die eigenen Bedürfnisse erfüllt, auch wenn man nicht alles bekommt, was man sich ursprünglich wünschte.

Glauben Sie mir, Kompromisse können schön sein, wenn Sie sie mit emotional reifen Menschen finden. Solche Leute haben ein Ohr für die Bedürfnisse des anderen, daher wird es das reine Vergnügen sein, mit ihnen zu verhandeln. Es ist ihnen ja wichtig, wie Sie sich damit fühlen. Sie möchten nicht, dass Sie unzufrieden sind, sondern dass es Ihnen ebenfalls gutgeht. Da sie ein ausgeprägtes Einfühlungsvermögen haben, können sie nachempfinden, wie Sie sich fühlen. Sie sind nicht glücklich, wenn Sie mit dem Ergebnis nicht leben können. Allein zu merken, wie wichtig einen der andere nimmt, macht einen Kompromiss zu einer befriedigenden Erfahrung.

Sie sind ausgeglichen

Je früher es in der Beziehung zu Temperamentsausbrüchen kommt, umso schlimmer sind die Konsequenzen. Die meisten zeigen sich zu Beginn nämlich von ihrer besten Seite. Wenn jemand schon in dieser Phase zu Wutausbrüchen neigt, ist höchste Vorsicht geboten. Das kann zum einen auf emotionale Unausgeglichenheit hinweisen, zum anderen auf ein gefährliches Anspruchsdenken, von der mangelnden Achtung ganz zu schweigen. Zeitgenossen, die leicht an die Decke gehen und erwarten, dass im Leben alles nach ihrer Pfeife tanzt, sind in der Regel keine guten Partner. Wenn Sie dann ganz automatisch anfangen, die Wutanfälle des anderen abzufedern, sollten Sie wirklich achtgeben!

Es gibt unendlich viele Möglichkeiten, Wut zu erleben und auszudrücken. Reife Menschen finden es unangenehm, ständig »erzürnt« zu sein. Also suchen sie einen Weg, das Problem flott zu lösen. Weniger reife Menschen hingegen suchen ständig neue Nahrung für die Wut, die in ihnen steckt, und benehmen sich so, als müsste das Leben sich nach ihnen richten. Bei diesen Leuten können Sie damit rechnen, dass eines Tages *Sie* zur Zielscheibe ihrer Streitsucht werden.

Besonders gefährlich sind Partner, die ihren Zorn durch Liebesentzug zeigen, denn das führt dazu, dass kein Problem sich je wirklich lösen lässt und der andere dafür bestraft wird. Emotional reife Menschen sagen Ihnen, was los ist. Sie bitten darum, dass die Dinge anders gehandhabt werden. Sie toben nicht stundenlang herum, sodass Sie gleichsam auf Zehenspitzen durch die Wohnung schleichen müssen. Entwickelte Menschen ergreifen die Initiative, um den Konflikt zu beenden, und schweigen ihn nicht tot.

Natürlich braucht jeder eine gewisse Zeit, bevor er darüber reden kann, was ihn so wütend gemacht hat, auch wenn er über hinreichende emotionale Reife verfügt. Einen Konflikt lösen zu wollen, bevor die Beteiligten sich beruhigt haben, ist keine gute Idee. Besser wird es sein, sich eine kurze Auszeit zu nehmen. Dann sagt man in der Hitze des Gefechts wenigstens nichts, was man später bereut. Außerdem brauchen manche ein wenig Abstand, um wieder zu sich zu finden.

Sie lassen sich bereitwillig beeinflussen

Emotional reife Menschen haben ein starkes Selbst. Sie fühlen sich nicht bedroht, wenn jemand etwas anders beurteilt als sie. Sie haben keine Angst, schwach zu erscheinen, falls sie mal etwas nicht wissen. Wenn Sie also eine Einsicht mit ihnen teilen möchten, hören sie Ihnen zu und überlegen sich das Gesagte. Sie pflichten Ihnen nicht immer bei, doch aufgrund ihrer natürlichen Neugier versuchen sie wenigstens, Ihren Standpunkt zu verstehen. Der Psychologe John M. Gottman, der sich zeitlebens mit den Faktoren beschäftigte, die eine Beziehung stabil machen, nennt diesen Charakterzug »sich vom Partner beeinflussen lassen«. In seinen Augen gehört dies zu den Geheimnissen einer gesunden, glücklichen Beziehung.[65]

Vor allem Männer neigen dazu, den Input der Partnerin zu verwerfen, da sie darauf sozialisiert sind, selbstsicher zu wirken und sich eben nicht beeinflussen zu lassen. Wenn diese kulturellen Zwänge zu stark werden, wirken sie sich negativ auf das wechselseitige Geben und Nehmen in der Beziehung aus. Doch das Problem ist keineswegs nur ein männliches. Es gibt gerade genug Frauen, die ihre Meinung gegen Gott und die Welt durchsetzen wollen und genauso stur sind wie ein Mann. Ist jemand absolut nicht bereit, sich mit dem Standpunkt eines anderen auseinanderzusetzen, dann ist dies ein deutliches Zeichen emotionaler Unreife. In der Beziehung mit solchen Menschen wird der gemeinsame Weg schnell zum steinigen Pfad.

Sie sind wahrheitsliebend

Die Wahrheit zu sagen ist das Fundament des Vertrauens und ein klares Anzeichen für die Integrität einer Person. Außerdem zeigt man so seine Wertschätzung für die Erfahrung anderer. Emotional reife Menschen verstehen, warum Sie sich aufregen würden, wenn sie Sie anlögen oder Ihnen etwas vorgaukelten.

Immer und unter allen Umständen die absolute Wahrheit zu sagen fällt uns aus den verschiedensten Gründen schwer. Wenn wir mit einem jähzornigen oder kritischen Gegenüber zu tun haben, flunkern wir vielleicht auch mal, um uns selbst zu schützen. Aber Sie können sich darauf verlassen, dass ein emotional reifer Mensch aufrichtig und entgegenkommend ist, wenn die Wahrheit wirklich zählt.

Sie entschuldigen sich und bemühen sich um Wiedergutmachung

Entwickelte Menschen übernehmen die Verantwortung für ihr Verhalten. Sie entschuldigen sich, wenn dies nötig ist. Diese grundlegende Achtung vor dem anderen macht verletzte Gefühle und enttäuschtes Vertrauen wieder gut. Das trägt zu einer guten Beziehung bei.

Obwohl emotional unreife Menschen sich mitunter auch entschuldigen, handelt es sich dabei meist um Lippenbekenntnisse. Sie sollen das Gegenüber beruhigen, ohne dass dahinter wirklich der Wunsch nach Änderung steckt.[66] Solche Entschuldigungen kommen nicht von Herzen und fühlen sich auch eher nach einer Ausrede an als nach dem aufrichtigen Versuch, die Beziehung zu kitten. Aufrichtige Menschen entschuldigen sich nämlich nicht nur, sie sagen auch gleich, wie sie das Ganze wiedergutzumachen gedenken.

Wenn Sie jemandem mitteilen, dass er Sie verletzt oder enttäuscht hat, achten Sie genau auf seine Reaktion. Verteidigt er sich nur, oder versucht er wirklich, etwas zu ändern? Entschuldigt er sich lediglich, um Sie zu beruhigen, oder versteht er tatsächlich, wie Sie sich fühlen?

Crystal

Crystal fand E-Mails, die belegten, dass ihr Mann Marcos eine Affäre hatte. Dieser flehte sie an, ihm zu verzeihen, doch die Nachwehen der Entdeckung ließen ihre Ehe beinah zerbrechen. Nach einer vorübergehenden Trennung stimmte Crystal zu, weiter an der Beziehung zu arbeiten. Eine ihrer Bedingungen war es, dass sie das, was passiert war, im Gespräch aufarbeiteten. Sie wollte verstehen, und dazu brauchte sie mehr Einzelheiten. Marcos wollte dies nicht zulassen. Er meinte: »Ich habe dir doch gesagt, dass es mir leidtut. Was willst du denn noch? Warum kommst du immer wieder darauf zurück? Was soll ich denn deiner Ansicht nach tun?«

Die Antwort war ganz einfach. Crystal wollte, dass Marcos über sein Verhalten nachdachte. Dass er erklärte, warum er eine Affäre angefangen hatte, und dass er verstand, wie sie sich damit fühlte. Sie wollte, dass Marcos ihr zuhörte, statt ihr den Mund zu verbieten. Für Menschen, die betrogen worden sind, ist es häufig wichtig, alle Fakten zu bekommen. Das mag morbid sein, doch dass der Partner ihre Fragen beantwortet, ist ein wichtiger Teil der Aufarbeitung ihres Schmerzes. Entschuldigungen allein reichen da nicht aus. Marcos musste für Crystals Fragen verfügbar sein, weil sie darum kämpfte, das Geschehen zu begreifen.

Sie sind aufnahmefähig

Wenn diese unverzichtbaren Grundlagen vorhanden sind, dann geht es nur noch darum, Menschen zu suchen, mit denen man Spaß haben kann, die einem ein Gefühl der Geborgenheit vermitteln. Die folgenden Charakterzüge sind wichtig, wenn Sie eine befriedigende Beziehung haben wollen – so wie erst Wandfarbe, Vorhänge und Möbel ein Haus zu Ihrem Heim machen.

Ihr einfühlsames Naturell schenkt Ihnen Sicherheit

Einfühlungsvermögen sorgt für Sicherheit in der Beziehung. Zusammen mit dem Selbstgewahrsein schafft es die Grundlage für unsere emotionale Intelligenz.[67] Es lässt uns sozial und fair handeln. Menschen ohne Einfühlungsvermögen können die Gefühle anderer nicht deuten, sich nicht in deren Lage versetzen oder sensibel darauf reagieren. Es ist wichtig, sich dies bewusst zu machen, denn Leute, die nicht sensibel auf Ihre Gefühle reagieren, können gefährlich werden, wenn es zu Auseinandersetzungen kommt.

Ellen

Ellens Freund hatte nur ein sehr gering ausgeprägtes Einfühlungsvermögen. Wenn sie versuchte, ihm abends von ihrem Tag zu erzäh-

len, hörte er gerade so lange zu, bis sich eine Gelegenheit ergab, das Gespräch darauf zu bringen, wie es ihm ergangen war. Irgendwann brachte Ellen den Mut auf, ihn zu bitten, ihr zuzuhören und ein wenig mehr auf sie einzugehen. Ihr Freund empfand das als Vorwurf und sagte, sie wolle ihn schlechtmachen. Er fauchte sie an, sie sei auch nicht gerade vollkommen. Er konnte auf ihre emotionalen Bedürfnisse überhaupt nicht eingehen, weil er ihre Bitte als Kritik an sich selbst wahrnahm, gegen die er sich entschieden verwahrte.

Sie geben Ihnen das Gefühl, wahrgenommen und verstanden zu werden

Es ist ein Geschenk, mit jemandem reden zu können, der an Ihrer inneren Erfahrung interessiert ist! Statt sich zu fragen, ob die eigenen Gefühle irgendwie merkwürdig sind, fühlen Sie sich verstanden, weil Ihr Gesprächspartner auf das eingeht, was Sie ihm auf emotionaler Ebene mitteilen.

Wenn emotional reife Menschen Sie interessant finden, dann begegnen sie Ihnen mit Neugier. Sie hören Ihnen gern zu und wollen mehr über Sie erfahren. Sie erinnern sich an das, was Sie ihnen erzählt haben, und lassen das auch bei künftigen Gesprächen einfließen. Sie schätzen Sie mit allen Facetten Ihrer Persönlichkeit und finden die Unterschiede bereichernd. Dies zeigt, dass sie Sie tatsächlich kennenlernen wollen und nicht nur nach dem bestmöglichen Spiegel suchen.

Emotional reife Menschen sehen Sie positiv und haben Ihre besten Eigenschaften immer präsent. Sie weisen Sie auf Ihre Stärken hin. Manchmal scheinen sie Sie besser zu kennen als Sie selbst. Eingehüllt in dieses Interesse, diese Akzeptanz, haben Sie das Gefühl, ganz Sie selbst sein zu können. Und so erzählen Sie dem anderen Dinge von sich, die Sie noch nie jemandem mitgeteilt haben. Und je mehr Sie dem anderen von sich erzählen, desto mehr gibt auch er von sich preis. So kann sich echte Nähe entwickeln und gedeihen. Sobald emotional reife Menschen zu Ihnen Vertrauen gefasst haben, lassen sie sich auf eine klare Kommunikation ein, die keine Beschränkungen kennt. Sie lassen Sie ein in ihre Innenwelt. Wenn Sie in der Vergangenheit emotional eher vernachlässigt wurden, dann ist dies vermutlich eine geradezu berauschende neue Erfahrung für Sie.

Sie werden feststellen, dass solche Menschen nicht abblocken, wenn Sie unter Druck stehen. Sie haben keine Angst vor Ihren Emotionen und sagen Ihnen nicht, dass Sie sich anders fühlen sollten. Sie nehmen Ihre Gefühle an und schätzen es, dass Sie ihnen erzählen, was mit Ihnen los ist. Und Sie werden ihnen das *mit Sicherheit* erzählen wollen. Es ist nämlich ganz wunderbar, jemanden zu haben, der Ihnen wirklich zuhört.

Sie spenden Trost und nehmen ihn auch an

Sie haben in Gefühlsangelegenheiten einen verlässlichen Instinkt. Sie sind gern mit anderen zusammen, daher spenden sie in stressigen Situationen Trost und können ihn auch annehmen. Sie verhalten sich mitfühlend und wissen, wie wichtig Unterstützung von Freunden ist.

Sie überlegen, bevor sie handeln, und können sich ändern

Sie sind fähig, sich selbst in den Blick zu nehmen und über ihr Verhalten nachzudenken. Sie verwenden vielleicht keine psychologischen Fachbegriffe, verstehen aber durchaus, wie sie andere emotional beeinflussen. Sie nehmen Sie ernst, wenn Sie ihnen sagen, dass Ihnen ein bestimmtes Verhalten ihrerseits unangenehm ist. Sie sind bereit, dieses Feedback anzunehmen, weil sie die gesteigerte emotionale Nähe schätzen, die solch ein Austausch mit sich bringt. Auch darin zeigt sich ihr genuines Interesse an anderen Menschen und deren Wahrnehmung und ihr beständiges Bemühen, selbst dazuzulernen.

Wichtig ist auch ihre Bereitschaft, sich nach erfolgter Selbstreflexion zu ändern. Es reicht einfach nicht aus, sich zu entschuldigen oder die richtigen Worte zu sprechen. Wenn Sie klar sagen, was Sie stört, dann behalten solche Menschen das im Hinterkopf und zeigen dies auch, indem sie sich tatsächlich ändern.

Jill

Jill versuchte seit Jahren, ihrem Mann zu sagen, dass es sie verletzte, wenn er sie ständig ignorierte. Doch jeder Versuch, ihn zur Einsicht zu bewegen, endete in einer Gegenattacke, weil Jill angeblich so schwer zufriedenzustellen war. Mit der Zeit hörte Jill auf, mit ihrem Mann diese Art von Gesprächen zu führen, da er ohnehin nicht bereit war, über sein Verhalten nachzudenken. Kein Wunder also, dass Jill irgendwann ihren Mann wegen eines anderen verließ – dem wichtig war, was sie dachte und wie sie sich fühlte.

Ihr neuer Partner war fähig, über sein Verhalten nachzudenken, wenn sie es ansprach, und er bemühte sich tatsächlich, etwas anders zu machen, wenn sie so übereingekommen waren.

Sie können lachen und ausgelassen sein

Humor ist eine höchst angenehme Art, das Leben anzupacken. Außerdem erleichtert er uns die Reaktion auf Probleme.[68] Emotional reife Menschen haben gewöhnlich einen ausgeprägten Frohsinn und lösen mit ihrer unbeschwerten Art mitunter jede Spannung einfach auf. Das Lachen macht die Menschen gleich. Es offenbart die Fähigkeit, auf Kontrolle zu verzichten und sich auf jemand anders voll einzulassen.

Emotional unreife Menschen hingegen haben so ihre Schwierigkeiten mit dem Humor, zumindest in der Form, die die Bindungen zu ihren Mitmenschen stärkt. Sie drängen anderen ihre Scherze meist förmlich auf, selbst wenn diese an der Situation gar nichts Komisches finden können. Und sie machen sich gern über andere lustig, um sich selbst aufzublasen. Sie genießen es, wenn sie jemanden hereinlegen oder dumm dastehen lassen können. Solche Züge sollten Sie sehr ernst nehmen, denn am Ende wird ein derartiger Mensch auch Sie so behandeln.

Sarkasmus kann sparsam als Würze verwendet werden, aber keinesfalls als Hauptgericht. Moderat genossen kann er witzig sein, aber im Übermaß spricht daraus ein Zynismus, der als tägliches Brot einfach nicht taugt. Spott und überzogene Ironie sind stets Zeichen für einen verschlossenen Persönlichkeitstyp, der Angst vor echter Nähe hat und sich davor schützt, indem er sich überwiegend auf die negativen Eigenschaften anderer stürzt.

Sie sind eine angenehme Gesellschaft

Eine angenehme Gesellschaft zu sein ist eine schwer zu fassende Qualität, trotzdem entscheidend für jede Form der Beziehung. Wenn Sie sich die oben geschilderten Charakterzüge nochmals vor Augen führen, werden Sie merken, dass emotional reife Menschen eine positive Ausstrahlung haben. Deshalb sind die Leute gern mit ihnen zusammen. Natürlich sind auch sie nicht immer glücklich und zufrieden, doch größtenteils scheinen sie das Leben zu genießen und für sich selbst sorgen zu können.

Eine meiner Klientinnen, die nach einer ganzen Reihe unbefriedigender Beziehungen schließlich den Mann fürs Leben fand, erkannte dies daran, dass sie einfach immer gern mit ihm zusammen war, selbst wenn sie nur gemeinsam einkaufen gingen.

Worauf Sie bei Onlinekontakten achten sollten

Wie schon angedeutet wurde, lassen sich die in diesem Kapitel vorgestellten Charakterzüge natürlich auch aufs Onlinedating und auf soziale Netzwerke übertragen. Tatsächlich ist es dort noch sehr viel einfacher, die Signale emotionaler Reife zu erkennen, denn Sie haben es ja schwarz auf weiß vor sich, was die Leute über sich schreiben – in ihren Profilen und in ihren E-Mails.

Natürlich können manche Menschen sich schriftlich besser ausdrücken als andere, doch alles Geschriebene offenbart letztlich, wie der Schreiber denkt, was ihm wichtig ist, worauf er sich am meisten konzentriert und ob er humorvoll und sensibel mit anderen umgeht. Da Sie die Botschaften lesend aufnehmen, haben Sie genug Zeit nachzuspüren, was sie in Ihnen genau auslösen. Auch die ersten Telefonate geben Ihnen noch hinreichend Raum zur Beobachtung. Sie können hören, was der andere sagt, ohne selbst alle mimischen nonverbalen Reaktionen preisgeben zu müssen.

Fragen Sie sich, wie es Ihnen mit dem Tempo und dem zeitlichen Rahmen bei diesem Kontakt geht. Respektiert er oder sie Ihre Grenzen? Achtet er oder sie, wie schnell oder langsam Sie die Bekanntschaft vertiefen wollen? Fühlen Sie sich zu mehr Intimität gedrängt? Oder lässt die andere Person sich irgendwie sehr lange Zeit, um zu antworten? Haben Sie den Eindruck, sie setzt zu viel Hoffnung in Sie, ohne Sie überhaupt kennengelernt zu haben? Oder bleibt sie vielmehr distanziert, sodass Sie jedes Mal die Kommunikation in Gang bringen müssen? Ist die Kommunikation ausgeglichen? Geht Ihr Gegenüber darauf ein, was Sie in Ihrer letzten E-Mail geschrieben haben, oder überschüttet der/die Betreffende Sie gleich mit eigenen Themen? Versucht Ihr Visavis, einen Austausch in Gang zu bringen, indem es Fragen stellt, um Sie und Ihre Ansichten besser kennenzulernen? Läuft der Kontakt locker und ohne große Abstimmungsmühen, oder scheinen Sie irgendwie ständig aneinander vorbeizufunken?

Wenn Sie ein Profil studiert, eine E-Mail oder sonstige Nachricht bekommen haben, sollten Sie sich einen Moment Zeit nehmen, um Ihre Eindrücke festzuhalten. Diese Art der Reflexion wird Ihnen helfen, sich Ihres Bauchgefühls besser bewusst zu werden. Das ist letztlich sogar einfacher, als wenn Sie sich schon von Angesicht zu Angesicht gegenübersäßen. Beschreiben Sie, wie Sie sich nach dem Lesen fühlen. Haben Sie das Gefühl, Sie können Sie selbst sein? Oder fühlt es sich eher so an, als müssten Sie eine bestimmte Rolle spielen und aufpassen, was Sie sagen oder tun? Ihre eigenen Reaktionen zu beobachten ist eine wichtige Fähigkeit, wenn Sie lernen wollen, emotional reife Menschen aufzuspüren. Die Onlinekommunikation bietet Ihnen dazu ein ausgezeichnetes Übungsfeld.

Übung
Wie ich die emotionale Reife meines Gegenübers einschätze

Ich habe all die oben angeführten Charakterzüge zu einer Checkliste zusammengefasst, mit deren Hilfe Sie feststellen können, ob der Mensch, mit dem Sie es zu tun haben, Ihnen die Art von Beziehung bieten kann, die Sie sich wünschen. Wenn Sie diesen Check mehr als einmal durchführen oder nicht ins Buch schreiben wollen, machen Sie sich am besten ein paar Kopien.

Realitätssinn und Verlässlichkeit:

- ☐ Geht mit der Realität, statt gegen sie anzukämpfen.
- ☐ Kann fühlen und denken zugleich.
- ☐ Seine/ihre Kohärenz macht sie/ihn verlässlich.
- ☐ Nimmt nicht alles persönlich.

Respekt und Gegenseitigkeit:

- ☐ Respektiert meine Grenzen.
- ☐ Gibt etwas zurück.
- ☐ Ist flexibel und kompromissbereit.
- ☐ Ist ausgeglichen.
- ☐ Lässt sich auch mal beeinflussen.
- ☐ Ist wahrheitsliebend.
- ☐ Entschuldigt sich und bemüht sich um Wiedergutmachung.

Aufnahmefähigkeit:

- ☐ Sein/ihr einfühlsames Naturell schenkt mir Sicherheit.
- ☐ Gibt mir das Gefühl, wahrgenommen und verstanden zu werden.
- ☐ Spendet Trost und nimmt ihn auch an.
- ☐ Überlegt, bevor er/sie aktiv wird, und kann sich ändern.
- ☐ Lacht gern und ist ausgelassen.
- ☐ Ist eine angenehme Gesellschaft.

Je mehr von diesen Qualitäten auf eine Person zutreffen, umso wahrscheinlicher ist es, dass Sie beide eine authentische und befriedigende Beziehung eingehen können.

Wie Sie neue Beziehungsmuster entwickeln

Nachdem wir beschrieben haben, wie man emotional reife Menschen identifizieren kann, ist nur noch ein letztes Puzzleteil übrig, das man richtig einfügen muss: das eigene Verhalten. Daher werden wir uns hier im letzten Abschnitt des Buches damit auseinandersetzen, was Sie selbst dazu beitragen können, damit Ihre Beziehungen authentischer werden und ein sinnvolles Gleichgewicht zwischen Geben und Nehmen bieten. Sie können an alldem arbeiten. Davon werden auch – aber nicht nur – Ihre Partnerschaften profitieren. Denn wenn Sie selbst auf emotional reife Art mit anderen umgehen, werden Sie überall die Beziehungen knüpfen können, die Sie möchten.

Übung
Neue Arten von Beziehungen

Zunächst einmal zeichnen wir ein gemeinsames Profil emotionaler Reife, auf das Sie hinarbeiten können. Im Folgenden finden Sie Sätze, die die Interaktionen eines emotional reifen Menschen beschreiben. Lesen Sie diese neuen Glaubenssätze, Verhaltensweisen, Werte und so weiter durch und wählen Sie ein oder zwei aus Themen aus, an denen Sie bei sich arbeiten möchten. Gehen Sie dabei möglichst einfühlsam mit sich selbst um. Einige dieser Vorsätze werden Ihnen unweigerlich schwerer fallen als andere.

Um Hilfe bitten können:

- ☐ Ich werde immer um Hilfe bitten, wenn ich sie brauche.
- ☐ Ich werde mich stets daran erinnern, dass die meisten Menschen mir gern helfen, wenn ich etwas brauche.

- ☐ Ich werde in klaren und aufrichtigen Worten um die Dinge bitten, die ich mir wünsche. Ich werde meine Gefühle erklären und die Gründe für meine Bitte erläutern.
- ☐ Ich vertraue darauf, dass die meisten Menschen mir zuhören, wenn ich sie darum bitte.

Ganz ich selbst sein, ob andere das akzeptieren oder nicht:

- ☐ Wenn ich meine Gedanken klar und höflich äußere, ohne etwas Böses zu wollen, versuche ich nicht zu kontrollieren, wie andere Menschen dies aufnehmen.
- ☐ Ich werde nicht mehr Energie geben, als ich tatsächlich erübrigen kann.
- ☐ Statt anderen gefällig sein zu wollen, werde ich ihnen offen zeigen, wie es mir wirklich geht.
- ☐ Ich werde mich nicht freiwillig zu etwas bereit erklären, wenn ich glaube, dass ich es später bereuen werde.
- ☐ Wenn jemand etwas äußert, was ich beleidigend finde, werde ich das deutlich sagen. Ich werde nicht versuchen, die Meinung des anderen zu ändern. Ich lasse dessen Aussage nur nicht einfach unkommentiert.

Emotionale Bindungen aufrechterhalten und wertschätzen:

- ☐ Ich achte darauf, mit Menschen in Kontakt zu bleiben, die mir wichtig sind, und ihre Anrufe oder E-Mails zu beantworten.
- ☐ Ich sehe mich selbst als starken Menschen, der hilft und es umgekehrt verdient, Hilfe zu bekommen – von Freunden ebenso wie von der Gemeinschaft, der ich mich zugehörig fühle.
- ☐ Selbst wenn die Menschen sich nicht »richtig« ausdrücken, so höre ich doch, ob sie mich unterstützen möchten. Wenn ihre Bemühungen mir das Gefühl geben, dass sich jemand um mich kümmert, sage ich ihnen, wie dankbar ich dafür bin.

- ☐ Wenn ich auf jemanden wütend bin, überlege ich, was ich sagen könnte, um diese Beziehung zu verbessern. Ich warte, bis sich mein Zorn abgekühlt hat, und frage dann den anderen, ob er sich anhören möchte, wie ich mich fühle.

Vernünftige Erwartungen an sich selbst stellen:

- ☐ Ich behalte im Hinterkopf, dass Vollkommenheit nicht unter allen Umständen verlangt ist. Ich achte darauf, meine Aufgaben zu erledigen, ohne auch noch die kleinsten Details perfekt hinbekommen zu wollen.
- ☐ Wenn ich müde werde, ruhe ich mich aus und mache etwas anderes. Mein Energiepegel sagt mir, wenn ich mich zu überanstrengen drohe. Ich warte nicht, bis ich einen Unfall habe oder krank werde, bevor ich mir die nötige Ruhe gönne.
- ☐ Wenn ich einen Fehler mache, sage ich mir, dass das nur menschlich ist. Selbst wenn ich glaube, alles und jedes bedacht zu haben, gibt es doch Ereignisse, mit denen ich nicht rechnen konnte.
- ☐ Ich mache mir klar, dass jeder für seine Gefühle selbst verantwortlich ist und auch für den klaren Ausdruck seiner Bedürfnisse. Von den normalen Formen der Höflichkeit einmal abgesehen, ist es nicht meine Aufgabe zu erraten, was andere wollen.

Klar kommunizieren und aktiv anstreben, was ich möchte:

- ☐ Ich erwarte nicht von den Leuten, dass sie wissen, was ich brauche, wenn ich es ihnen nicht klar und aufrichtig gesagt habe. Wenn jemand mich mag, heißt dies nicht, dass er automatisch weiß, was ich empfinde.
- ☐ Falls nahestehende Menschen mich aufregen, nutze ich meinen Kummer, um mir meine dahinterstehenden Bedürfnisse klarzumachen. Dann werde ich ihnen in klaren und vertrauensvollen Worten sagen, wie sie mir genau das geben können.

- ☐ Wenn meine Gefühle verletzt werden, versuche ich zuerst, meine Reaktion zu verstehen. Hat jemand Empfindungen in mir ausgelöst, die eigentlich in die Vergangenheit gehören? Oder hat die Person mich tatsächlich unsensibel behandelt? Wenn jemand grob zu mir war, bitte ich ihn, mir zuzuhören.
- ☐ Ich werde auf andere Menschen Rücksicht nehmen. Wenn diese mich nicht rücksichtsvoll behandeln, bitte ich sie, künftig darauf zu achten. Dann lasse ich das Ganze los.
- ☐ Ich bitte so oft um etwas, bis ich eine klare Antwort erhalte.
- ☐ Wenn mir der Umgang mit jemandem zu viel wird, sage ich dies höflich und frage, ob wir das Gespräch ein andermal fortsetzen können. Ich erkläre freundlich, dass es mir jetzt dazu an Kraft fehlt.

Spüren Sie, wie viel Energie und Leichtigkeit Sie in Ihrem Leben hätten, wenn all diese Aussagen auf Sie bereits zuträfen? Dann wären Sie in Ihren Beziehungen aktiv und könnten sich selbst ausdrücken. Sie würden sich selbst gut behandeln, und andere würden Ihnen zuhören. Sie wären frei von emotionaler Vereinsamung. Selbst wenn Sie diese Werte und Verhaltensweisen als Kind nicht gelernt haben, können Sie sie doch als Erwachsener entwickeln. Emotional unreife Eltern zu haben hat Ihr Selbstwertgefühl, Ihren Selbstausdruck und Ihre Hoffnung auf echte Bindungen möglicherweise untergraben. Doch jetzt, als Erwachsener, können Sie sich all das geben.

Kurz gesagt

In diesem Kapitel haben wir typische Charakterzüge aufgezeigt, die emotional reife Menschen gewöhnlich auszeichnen, damit Sie solche Leute künftig besser erkennen können. Wir haben gemeinsam neue Verhaltensmuster erarbeitet, die Ihnen zu befriedigenden und hilfreichen Beziehungen zu anderen verhelfen können. Sie wissen, was emotionale Reife wirklich ist, und werden nicht einfach auf den Erstbesten hereinfallen, der Ihnen ein bisschen Aufmerksamkeit schenkt und das absolute Minimum an Beziehung, das überhaupt möglich ist. Sie können jetzt Ausschau halten nach dem, was Sie wirklich wollen. Und Sie werden die Welt so lange beobachten, bis Sie es gefunden haben. Während Sie sich mit Ihren emotionalen Stärken und Ihrer Bereitschaft zu echter Bindung auseinandersetzen, werden Sie vor allem eines feststellen: dass Sie den Schlüssel zu glücklichen Beziehungen immer schon in der Tasche hatten.

Nachwort

Ihre Vergangenheit zu verstehen und sich in eine neue Zukunft aufzumachen kann ein bittersüßer Prozess sein. Denn wenn Sie das Licht der Gewissheit auf das richten, was Sie als Kind erlebt haben, und sich gewahr werden, wie dies Sie geprägt hat, dann überkommt Sie vielleicht die Trauer über das, was Sie verloren hatten oder niemals besaßen.

Aber das eben ist die Natur des Lichts. Es taucht einfach alles in Helligkeit, nicht nur die Umstände, die wir sehen wollen. Wenn Sie sich entscheiden, die Wahrheit über sich selbst und Ihre familiären Beziehungen ans Licht zu holen, könnte Sie so manche Überraschung erwarten, vor allem, wenn Sie sich bewusst machen, wie diese Muster mitunter über Generationen weitergegeben werden. Vielleicht fragen Sie sich dann ja, was dieses Wissen Ihnen nützen soll. Oder ob es nicht besser gewesen wäre, all das im Dunkeln zu lassen.

Letztendlich geht es bei dieser Frage darum, was Ihnen im Leben wichtig ist. Halten Sie es für eine bedeutende oder sinnvolle Aufgabe, die Wahrheit herauszufinden und Selbsterkenntnis zu erlangen?

Sie sind der einzige Mensch, der diese Frage beantworten kann. Meiner Erfahrung nach – und diese Erfahrung teile ich mit vielen Menschen – ist mehr Bewusstheit ein Geschenk, das uns eine tiefere, innigere Verbindung zur Welt und zu uns selbst verleiht. Sich durch eine schwierige Vergangenheit durchzuarbeiten lässt die Gegenwart realer und noch kostbarer werden. Wenn Sie sich selbst und Ihre Familie zum ersten Mal richtig verstehen, werden Sie das Leben mehr schätzen als je zuvor. Nachdem Sie die Verwirrung und Frustration im Umgang mit emotional unreifen Menschen endlich als solche erkannt haben, wird das Leben leichter und lockerer. Meine Hoffnung ist es, dass dieses Buch Ihnen nicht nur Einsicht schenkt, sondern auch die Freiheit, sich zu Ihren ureigensten Gedanken und Gefühlen, zu Ihrer Persönlichkeit zu bekennen, statt immer nur aus dem trüben Fundus überkommener familiärer Muster zu leben.

Wenn ich in die Gesichter von Klienten blicke, die zum ersten Mal ihre echten Gefühle wahrnehmen, nachdem sie endlich realisiert haben, dass ihre Umwelt von emotionaler Unreife geprägt ist oder war, dann strahlt daraus ein tiefer Friede. Man könnte fast von »Erleuchtung« sprechen. Nicht einer von ihnen hätte sich hinterher für das Ignorieren all dessen entschieden. Mit jedem Stück Wahrheit mehr, das sie in sich freilegen, holen sie sich ihre Persönlichkeit zurück. Auch wenn da oder dort das Bedauern aufflammt, so empfinden sie doch ein unverkennbares Gefühl des Ganzseins und wissen, dass ihr Leben an einem neuen Anfang steht.

Und das ist tatsächlich so. Menschen, die sich auf die Erforschung ihrer selbst einlassen, auf eine emotionale Entwicklung, fangen ein neues Leben an – eines, das sie sich nicht hätten träumen lassen, solange sie noch in den alten Familienrollen und Heilfantasien verhaftet waren. Auch Sie fangen tatsächlich neu an, wenn Sie ein anderes Bewusstsein Ihrer selbst und Ihres Lebenswegs erlangen. Oder wie einer meiner Klienten sagte:

»Ich weiß jetzt ganz genau, wer ich bin. Die anderen werden sich nicht ändern, ich kann das sehr wohl.«

Es gibt keinen Grund, dass nicht auch Sie ein neues, glückliches Leben beginnen könnten. Jetzt, in diesem Augenblick. Meiner Ansicht nach ist es vielleicht sogar befriedigender, sich als Erwachsener ein glückliches Leben zu erobern, als ein solches schon als Kind gehabt zu haben. Als Erwachsener der Geburt eines neuen Selbst beizuwohnen ist ganz schön aufregend. Wie viele Menschen gibt es denn, die ganz bewusst das Heranwachsen der Persönlichkeit miterleben dürfen, die in ihnen seit jeher angelegt war? Wie viele können denn schon zwei Leben in einem führen?

Also sagen Sie mir: Ist es nicht all den Kummer wert, ein neues Leben geschenkt zu bekommen? Sind Sie froh, dass Sie sich für den Pfad des Gewahrseins entschieden haben?

Ja?

Ich auch!

Dank

Mit dem Schreiben dieses Buches ist für mich ein Traum wahr geworden, in privater wie in beruflicher Hinsicht. Die hier vorgestellten Ideen haben meine psychotherapeutische Arbeit mit meinen Klienten lange Zeit geprägt. Daher wollte ich sie unbedingt mit anderen teilen. Dabei war mir nicht klar, wie viele nette und hilfsbereite Menschen mich bei der Verwirklichung dieses Traums unterstützen würden. Ihr uneingeschränkter Beistand hat mir nicht nur beim Schreiben gutgetan.

Die Idee zu diesem Buch entstand auf Hawaii bei einem heiteren Treffen mit Tesilya Hanauer, meiner früheren Lektorin bei New Harbinger Publications. Ihre Begeisterung angesichts meiner Idee trug mich durch den langen Prozess des Entwerfens, Schreibens und Redigierens hindurch. Sie war mit ihrem hilfreichen Feedback immer für mich da. Und sie setzte sich unermüdlich für das Buch ein, bis klar war, dass es gedruckt werden würde. Ich bin zutiefst dankbar für ihr Vertrauen in mich und ihre Begeisterung für meine Idee.

Das Verlagsteam bei New Harbinger war hilfsbereiter, als ich mir je hätte vorstellen können. Besonderer Dank gebührt Jess Beebe, die das Manuskript lektoriert hat, vor allem dort, wo sie mit ihren Änderungsvorschlägen meine Arbeit in die richtige

Richtung lenkte. Mein Dank geht des Weiteren an Michele Waters, Georgina Edwards, Karen Hathaway, Adia Colar, Katie Parr und das Marketingteam: Sie haben unendlich viel dafür getan, dass dieses Buch zu den Leuten gelangt, die am meisten davon profitieren können. Danke, Jasmine Star, die die Schlussredaktion vornahm und unermüdlich auch noch den kleinsten Satz aufpolierte, sodass das ganze Manuskript immer noch klarer und flüssiger wurde.

Ein dickes Dankeschön an meine Literaturagentin Susan Crawford, die mich durch die ganze Prozedur der Buchveröffentlichung geleitete und sich auch nicht beschwerte, als ich sie beim Campen mit meinen Fragen nervte. Ich hätte mir keine bessere Agentin wünschen können. Ein herzlicher Dank an Tom Bird, dessen Workshops im kreativen Schreiben mir unendlich viel geholfen haben, als es daranging, dieses Buch zu verwirklichen.

Ich habe das Glück, eine wunderbare Familie und viele liebe Freunde zu haben, die mich ständig anfeuerten und mir sogar erlaubten, ihre persönlichen familiären Erfahrungen für dieses Buch zu nutzen. Danke an Arlene Ingram, Mary Ann Kearley, Judy und Gil Snider, Barbara und Danny Forbes, Myra und Scott Davis, Scotty und Judi Carter und meinen Schriftsteller-Cousin Robin Cutler. Außerdem möchte ich Lynn Zoll für ihre »Schreib-einfach-weiter!«-E-Mails und -Karten danken. Und Alexandra Kedrock, die mir in vielen Gesprächen half, meine Ideen auf den Punkt zu bringen.

Esther Lerman Freeman war mir die sprichwörtliche Freundin in der Not, die immer ein offenes Ohr für mich hatte, wenn ich einzelne Aspekte des Buches diskutieren wollte. Und natürlich las sie auch immer die fertigen Kapitel! Ihr Feedback war wirklich wertvoll, und ich erfreue mich ihrer unerschütterlichen Freundschaft schon, seit wir – jede für sich – an unserer Doktorarbeit saßen.

Meiner allerliebsten Schwester Mary Babcock ein großes Dankeschön und alles Liebe! Sie hat sich immer für meine Arbeit interessiert und mich dabei fleißig unterstützt. Sie ist einer der wichtigsten Menschen in meinem Leben. Ihr Optimismus, was meine kreativen Erzeugnisse anging, hat mich immer befeuert. Nicht viele Menschen haben das Glück, eine enge Freundin, eine kluge Mentorin und eine absolut loyale Verwandte in einer Person zu besitzen. Mary ist all das und noch mehr!

Mein Sohn Carter Gibson hat mich mit seinem unwandelbaren Enthusiasmus und seinem »Prima, Mom!« in der Spur gehalten. Ich bin so dankbar dafür, dass er diese Begeisterung und diesen Spirit in mein Leben bringt, weil in seinen Augen immer alles möglich scheint.

Und zu guter Letzt: all meine Liebe für meinen unglaublichen Lebenspartner und Ehemann Skip. Ich musste ihm nur sagen, dass dieses Buch der Traum meines Lebens war, und schon tat er alles nur Erdenkliche, um ihn wahr werden zu lassen. Er umsorgte mich während der langen Schreibphase, war begeistert von der Mission, die ich darin sah, und von meiner Rolle als Autorin. Es war eine der schönsten Erfahrungen meines Lebens, dass mir ein so authentischer und liebevoller Mensch zuhört, wenn ich ihm von meinen Vorhaben erzähle. In seiner Gegenwart begann mein wahres Selbst zu erblühen.

Anmerkungen

1 Bowlby, J., *The Making and Breaking of Affectional Bonds*, New York 1979. Siehe auch Grossmann, K. und Grossmann, K. E., *Bindung und menschliche Entwicklung. John Bowlby, Mary Ainsworth und die Grundlagen der Bindungstheorie*, Stuttgart 2015.

2 Bowen, M., *Family Therapy in Clinical Practice*, New York 1978.

3 Kohut, H., *Self-Psychology and the Humanities*, New York 1985. Siehe auch Kohut, H., *Die Heilung des Selbst*, Frankfurt a. M. 1979.

4 Erikson, E., *Childhood and Society*, New York 1963.

5 Goleman, D., *Emotionale Intelligenz*, München 1996.

6 Bowen, a. a. O.

7 Vaillant, G., »Adaptive Mental Mechanisms: Their Role in a Positive Psychology«, in: *American Psychologist*, 55 (1), 2000, S. 89–98.

8 Siebert, A., *Erfolgreich Krisen bewältigen. Anleitung zum Überleben*, München 1996.

9 Vaillant, a. a. O.

10 Bowen, a. a. O.

11 Ebenda.

12 Grossmann, K.E, Grossmann, K. und Schwan, A., »Capturing the Wider View of Attachment: A Re-Analysis of Ainsworth's Strange Situation«, in: *Measuring Emotions in Infants and Children*, hrsg. von C. Izard und P. Read, Bd. 2, New York 1986, S. 127.

13 Fonagy, P. und Target, M., »Attachment, Trauma, and Psychoanalysis: Where Psychoanalysis Meets Neuroscience«, in: *Mind to Mind. Infant Research, Neuroscience, and Psychoanalysis*, hrsg. von E. Jurist, A. Slade und S. Bergner, New York 1008. Siehe dazu auch Fonagy, P., *Bindungstheorie und Psychoanalyse*, Stuttgart 2006.

14 Goleman, a. a. O.

15 Dalai Lama und Ekman, P., *Gefühl und Mitgefühl. Emotionale Achtsamkeit und der Weg zum seelischen Gleichgewicht*, Heidelberg 2011.

16 Spock, B., *Säuglings- und Kinderpflege*, Frankfurt a. M./Berlin 1995.

17 McCullough, L., Kuhn, N., Andrews, S., Kaplan, A., Wolf, J. und Hurley, C., *Treating Affect Phobia. A Manual for Short-Term Dynamic Psychotherapy*, New York 2003.

18 Ezriel, H., »Notes on Psychoanalytic Group Therapy: II. Interpretation and Research«, in: *Psychiatry*, 15 (2), 1952, S. 119–216.

19 Piaget, J., *Psychologie der Intelligenz*, Stuttgart 2015.

20 Ainsworth, M., *Infancy in Uganda. Infant Care and the Growth of Love*, Baltimore 1967.

21 Bowlby, a. a. O. Siehe auch Bowlby, J., *Frühe Bindung und kindliche Entwicklung*, München/Basel 2016.

22 Hatfield, E., Rapson, R.L. und Le, Y.L., »Emotional Contagion and Empathy«, in: *The Social Neuroscience of Empathy*, hrsg. von J. Decety und W. Ickes, Boston 2009.

23 Fraad, H., »Toiling in the Field of Emotion«, in: *Journal of Psychohistory*, 35 (3), 2008, S. 270–286.

24 McCullough et al., a. a. O.

25 Ebenda.

26 Gottman, J., *Die 7 Geheimnisse der glücklichen Ehe*, Berlin 2014.

27 Winnicott, D., *Vom Spiel zur Kreativität*, Stuttgart 2006.

28 Bowen, a. a. O.

29 Libby, E. W., *The Favorite Child: How a Favorite Impacts Every Family Member for Life*, Amherst 2010.

30 Bowen, a. a. O.

31 Ebenda.

32 Vaillant, a. a. O.

33 Bowen, a. a. O.

34 Ainsworth, M., Bell, S. und Stayton, D., »Individual Differences in Strange-Situation Behaviour on One-Year-Olds«, in: *The Origins of Human Social Relations*, hrsg. von H. R. Schaffer, New York 1971. Ainsworth, M., Bell, S. und Stayton, D., »Infant-Mother Attachment and Social Development: ›Socialization‹ as a Product of Reciprocal Responsiveness to Signals«, in: *The Integration of a Child into a Social World*, hrsg. von M. Richards, New York 1974. Siehe dazu auch: Grossmann, K. E. und Grossmann. K., *Bindung und menschliche Entwicklung. John Bowlby, Mary Ainsworth und die Grundlagen der Bindungstheorie*, Stuttgart 2003.

35 Ainsworth et al., »Infant-Mother Attachment«, a. a. O.

36 Ebenda.

37 Ebenda.

38 Young, J. und Klosko, J., *Sein Leben neu erfinden. Wie Sie Lebensfallen meistern*, Paderborn 2006.

39 Ainsworth et al., »Infant-Mother Attachment«, a. a. O., und »Individual Differences«, a. a. O.

40 Bowen, a. a. O.
41 Ebenda.
42 Ebenda.
43 Vaillant, a. a. O.
44 Bowen, a. a. O.
45 Porges, F., *Die Polyvagal-Theorie. Neurophysiologische Grundlagen der Therapie – Emotion, Bindung, Kommunikation und ihre Entstehung*, Paderborn 2010.
46 Conradt, E., Measelle, J. und Ablow, J., »Poverty, Problem Behavior, and Promise. Differential Susceptibility Among Infants Reared in Poverty«, in: *Psychological Science*, 24 (3), 2013, S. 235–242.
47 Porges, a. a. O.
48 Tronick, E., Adamson, L. B. und Brazelton, T. B., »Infant Emotions in Normal and Perturbed Interactions«, Vorstellung der Forschungsarbeit auf dem Zweijahrestreffen der Society for Research in Child Development in Denver im April 1975.
49 Porges, a. a. O. Siehe auch http://stephenporges.com/index.php/scientific-articles/scientific-articles/publicationss/19-polyvagal-theorie-die-drei-neuralen-kreislaeufe-als-regulatoren-fuer-unser-reaktives-verhalten.
50 Gonzales, L., *Deep Survival. Who Lives, Who Dies, and Why*, New York 2003.
51 Young und Klosko, a. a. O.
52 Fosha, D., *The Transforming Power of Affect. A Model for Accelerated Change*, New York 2000.
53 Gibson, L., *Who You Were Meant to Be. A Guide to Finding or Recovering Your Life's Purpose*, Far Hills 2000.
54 Piaget, a. a. O.
55 Dabrowski, K., *Psychoneurosis Is Not an Illness*, London 1972.

56 White, M., *Landkarten der narrativen Therapie*, Heidelberg 2010.

57 Main, M., Kaplan, N. und Cassidy, J., »Security in Infancy, Childhood, and Adulthood. A Move to the Level of Representation«, in: *Growing Points of Attachment Theory and Research*, hrsg. von I. Bretherton und E. Waters, Monographs of the Society for Research in Child Development, 50, 1985, S. 66–104.

58 Bowen, a. a. O.

59 Ebenda.

60 Firestone, R., Firestone, L. und Catlett, J., *Conquer Your Critical Inner Voice*, Oakland 2007.

61 McGilchrist, I., *The Master and His Emissary. The Divided Brain and the Making of the Western World*, New Haven 2009.

62 McCullough et al., »Treating Affect Phobia«, a. a. O.

63 Siegel, D., »Emotion as Integration«, in: *The Healing Power of Emotion. Affective Neuroscience, Development, and Clinical Practice*, hrsg. von D. Fosha, D. Siegel und M. Salomon, New York 1978 (Nachdruck). Siehe dazu auch Siegel, D., *Die Alchemie der Gefühle*, München 2010.

64 Young und Klosko, a. a. O.

65 Gottman, a. a. O.

66 Cloud, H. und Townsend, J., *Safe People. How to find Relationships That Are Good for You and Avoid Those That Aren't*, Grand Rapids 1995.

67 Goleman, a. a. O.

68 Vaillant, a. a. O.